新潮文庫

面白南極料理人

西村　淳著

まえがき

「南極観測隊って知ってる?」

こんな質問をもし貴方《あなた》がされたら何と答えるだろうか?

「名前くらいならー」

「タロ・ジロでしょ」

「ペンギンがいてオーロラが出て……」

「高倉健も行ったんだよねー」

「昭和基地!　どこにあるか知らないけれど……」

こんなところだろうか。知名度の割に中身が知られていないのが「南極観測隊」の実体ではないかと思う。人によっては「まだ行ってたの?」なんて答えもかえってくるだろう。

行っているのですよ、それもずーっととぎれることなく……。私は今を去る一五年ほど前に、第三〇次隊として昭和基地で越冬隊生活を送り、今回は第三八次隊として、昭和基地から離れること一〇〇〇㎞、標高三八〇〇m、平均気温マイナス五七℃・最低記録気温マイナス七九・七℃の世界で最も過酷な観測地帯と言われる「ドームふじ観測拠点」通称「ドーム基地」で八名の隊員と共に、越冬してきた。

生物はおろかウイルスさえも生存することが許されない、地の果て・白い砂漠とも言える地で、九名の普通のオッサンたちがどんな生活をしていたのか。帰国してはや六年、今は所属するそれぞれの組織で活躍している隊員諸氏だが、越冬隊当時は、過酷な自然や環境にびっくりしたり、めげたり、楽しんだり、今考えても思わずニンマリしてしまう人間模様が、それこそ分単位で繰り広げられた。高倉健のようなりりしい隊員は出てこず、ペンギンやアザラシもはるか一〇〇〇㎞の彼方《かなた》。映画になるような、命がけの冒険も起きないが、それでもとぼしい機械力・資材・燃料・人力等々を駆使して毎日の生活を楽しみながら、笑いをたやさず越冬生活を送ってきた「第三八次南極地域観測隊　ドームふじ観測拠点越冬隊」の九名の普通のオッサンたちと共に、しばしの「南極ワンダーワールド」を楽しんでほしい。

平成十六年八月

目次

面白南極料理人

大雪原の小さな家

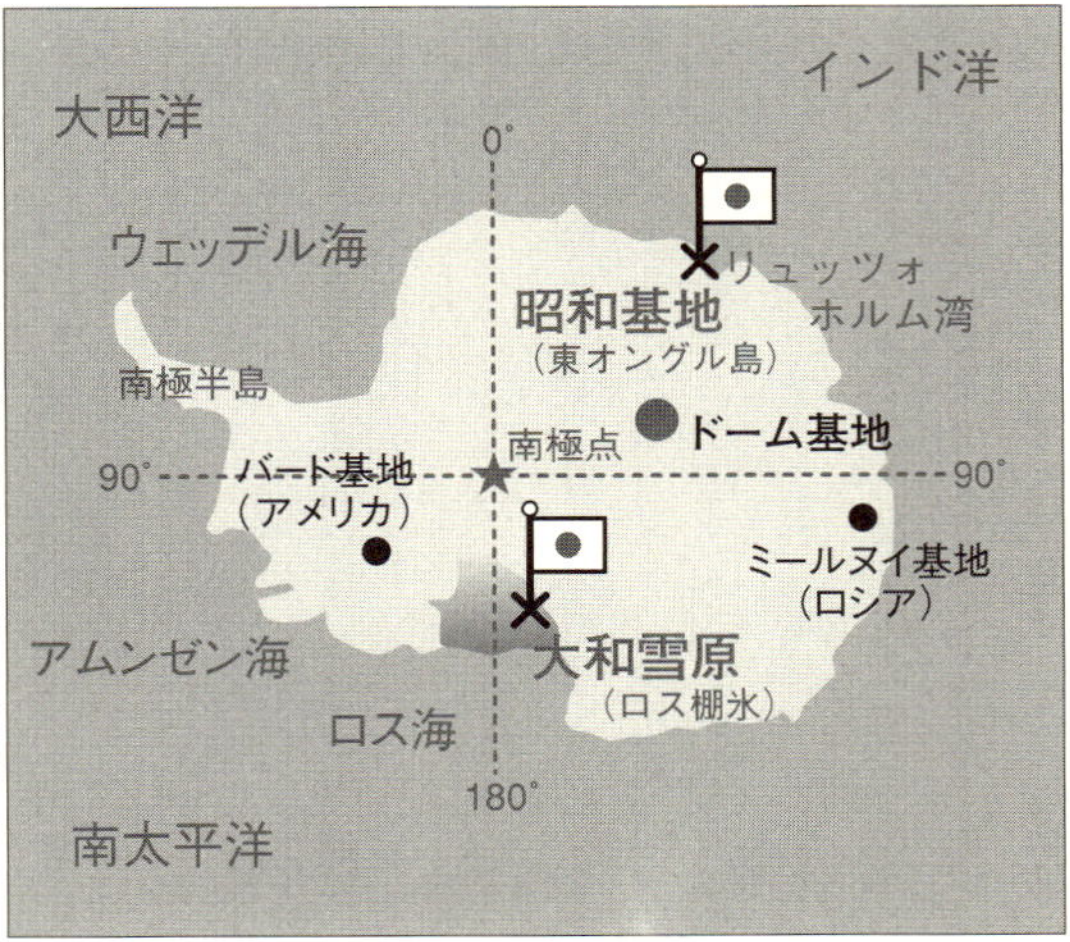

インド洋
大西洋
0°
ウェッデル海
リュッツォ
ホルム湾
昭和基地
（東オングル島）
南極半島
ドーム基地
南極点
90°
バード基地
（アメリカ）
90°
ミールヌイ基地
（ロシア）
アムンゼン海
大和雪原
（ロス棚氷）
ロス海
180°
南太平洋

帰ってくるぞ

南極観測隊の一年ごとの交代は、ヘリコプターで行われる。飛行時間にして五分前後、沖合に停泊している南極観測船「しらせ」までの短い旅である。海氷の上をトコトコ歩いていくのも可能な距離。しかし、知名度だけはメジャーな「南極観測隊」、ドラマチックな場面をつくるべく、残される次の越冬隊が見送る中、昭和基地のヘリポートから涙なみだの出発風景が演出されている。

ちょうど一年前、私たち三〇次隊が南極に残されたときも、万感の想《おも》いをこめて帰国する夏隊を見送った。日頃あまり仲のよくない人とも、ヘリコプターのジェット音と、ゆっくり浮かび上がっていくロケーションには思わず涙が頬を伝い、かたい握手と抱擁とともに別れを告げることができた。ヘリコプターが東オングル島を一周し、機体をローリングしながらローパスでヘリポートの上を飛び抜けていった光景はまさに感動の嵐《あらし》で、「一年後は俺たちもあのように……」となるはずであった。

が、三〇次隊が南極を去るときに乗せられたのは、ヘリコプターではなく、なんと雪上車に引っ張られた、そり。天候が思わしくなく、ヘリのフライトがキャンセルになったためである。海上自衛隊の航空機の安全規則は非常に厳しく、いくら地上で晴れていると言っても、「しらせ」の航空管制が「だめ！」と言ったら、ＴＨＥ ＥＮＤ。

三〇次隊では、このヘリコプターオペレーションで「すか」をくらったことが何度かあった。当時まだ越冬隊が常駐していた「あすか基地」に物資を運ぶオペレーションで、撤収時間になってもホワイトアウト（一面の雪の乱反射で上下、方向、距離などの感覚が失われること）のため臨時ヘリポートのある内陸地帯にお迎え便は現れず、食料も何もない結構やばい状況になった。必死で「しらせ」が目の前に見える沿岸地帯まで、雪上車をぶっ飛ばした。ようやく到着したが、VHF無線から響いてきた無情な声は「本日のフライトタイムはもう過ぎたため、今日はなんとかそこで野営してください……終わり」。

時に一九八九年一二月二四日、クリスマスイブ。

雪上車は「あすか基地越冬隊」が持っていってしまった。残された七名は、緊急避難場所で聖《きよ》しこの夜を過ごすことになった。そこは、「居住カブース」と呼称されている、そりの上に乗った〈四畳半位の箱〉の中。放置されていたものである。

ガサゴソ探して出てきた食料は、なんと第七次隊が使用した残りのパンと紅茶のティーバッグ。二三年前の代物《しろもの》だ。それを灯油コンロであぶってなんとか口に入れ、夕食とした。肴《さかな》は、ときおりクリスマスパーティーで盛り上がっている「しらせ」艦上からの、「ケーキとローストターキーとドンペリで盛り上がっていまーす。届けましょーか……どうぞ」とよけいなお世話を焼いてくれる、酔っぱらった隊員諸氏の声。内心ではウルセーと思いつつ「私たちは大丈夫ですから心配しないでください」の無線に「全然心配してませーん。まだ飲まなければならないので、あまり呼ばないでくださーい……さようなら」。

二三年前のパンをケーキの代わりに食したチームは、顔で笑って心にはリベンジの炎を燃やしつつ翌日「しらせ」に降り立った。あかだらけの体とペンギンのような臭《にお》いを武器に、二日酔いでうなっている親切な隊員たちに丁寧な挨拶《あいさつ》をしてまわったのは言うまでもない。

別れの風景はてきぱきと進んでいった方が、形としてはすっきりするのかもしれない。空港でも駅でも、「さようなら」「またね」くらいの声を軽く掛け合って、飛行機は空へ、列車はホームを滑り出ていくもの……。時速二㎞のそりだと「じゃーお元気でー」と別れてから五分ぐらいして振り返っても、ほとんど大きさが変わっていない。これはなんとなくばつの悪いものだ。転勤していく上司を駅のホームに見送りに行き、「発車ベルが鳴り響くと同時に満面笑みを浮かべて万歳三唱した瞬間、発車時刻延期のアナウンスが流された」ような、帰るに帰れず、かといって話すこともなく、沈黙タイムが延々と……。みたいな光景が続くことになってしまう。

一年間苦労した（ほんとは他人に苦労をかけた）結果がこれでは、しまらないことおびただしい。アデリーペンギンが雪原を移動する速度よりも遅いそりの中で、ガタゴトゆられながら心の中で呟《つぶや》いた。

「I　WILL　BE　BACK!!」

そして再び南極へ

　なんとなく忘れ物をしたような気持ちで帰国して、はや七年の時が流れていた。カムバックの気持ちを心に誓っていたはずの元越冬隊員（＝私）も、ひねればいくらでも出てくる水、新作が並べられているレンタルビデオ店、本屋、コンビニなどの文化生活にどっぷり首までつかり、「ただの酒好き・ごろ寝好きのオッサン」になっていた。

「心に誓ったことはどうするんだー‼」なんて天の声が響いていたのかもしれないが、そんなことはどこ吹く風、テレビを見ては馬鹿《ばか》笑いをし、楽しくないことは極力避け、お気楽な毎日を送っていた。

　オホーツクの街「紋別市《もんべつ》」に転勤してからもその姿勢は変わらず、春は浜ボウフウやセリ摘みに出かけ、夏はキャンプ、秋は山ブドウやキノコ狩りと北の自然を満喫し、毎年新聞やテレビで発表される「しらせ」の南極行きにもこれといった興味をしめさず、それなりに楽しく、美しい妻と可愛《かわい》い子どもたち（こう書け！　と言われた）に囲まれ、定年まで幸せに過ごしたのでした……とはならなかった。

年明け早々の一九九六年一月二日、正月休みで札幌の実家へ向かう車の中、天候は吹雪。「あー、これは南極のブリザードみたいだワ」なんて天を見上げつつブツブツ呟いていたとき、突然携帯電話が鳴りだした。

電話のベルは突然鳴るものだが、今みたいに携帯着メロがあるわけでもなく、無粋な呼び出し音が車内に響き渡った。「第三八次南極地域観測隊越冬隊長の山内です。観測隊候補に選ばれたので行く意志はありますか？　もし身体検査が通ったらドーム基地で越冬を予定しているのですが、かまいませんか？　詳しいことは……」との内容。

何がなんだかよくわからず「南極から電話があって、もし行けたら東京ドームで巨人戦を見に行けるとかなんとかって電話だワ」という私に、女房は「このアホオヤジ！　また変なことを言い出した」という表情を顔に浮かべながら「なにそれ？」と無関心な様子……。

この時点で、ドーム基地がまさか標高三八〇〇ｍ、年平均気温マイナス五七℃。最低気温はマイナス八〇℃にも達する、ウイルスさえも生存を許されないすさまじいところだとは、ついぞ気がつくはずもなかった。

これが三八次隊参加の第一歩だった。そして身体検査を受けるため、上京。病院は飯田橋《いいだばし》の「東京厚生年金病院」。人間ドックの四・八倍くらい厳しい精密検査を脳波やロールシャッハを含め、三日間にわたって受けた。日頃の怠惰な暮らしのせいか、尿酸値や中性脂肪が若干高いと言われ、前の日三〇次隊に続き一緒に越冬する予定の「鈴木君」と午前二：〇〇まで旧交を温め合っていたため（飲んでいた）、「あなたのおしっこはほとんどアルコール!!」とドクターにしこたま怒られた。結果は後日ということなので無事だったかどうかわからないが、とにかく検査は終了した。

三月も終わりになろうとする二一日、乗鞍岳《のりくらだけ》で冬期訓練が開始された。冬期訓練とは何をするのか？　裸になって耐寒訓練をしたり、野ネズミやウサギを捕獲して非常食の訓練……なんてのはしない。スノーモービルや雪上車を持ち込んで、内陸旅行に備えた訓練でもするのかと思ったら、これもしない。

では何をするのか？　わがドーム越冬隊候補者に課せられた課題は、なんと山スキーを使っての登山訓練と雪中キャンプだった。

「いやだ！　詐欺《さぎ》だ！　何の役に立つんだ？」

わめきちらしても冷たい視線が返ってくるだけなので、やむなく訓練開始。前回、菅平《すがだいら》で登山訓練をしたとき自販機で缶ジュースをしこたま仕入れ、山頂で闇屋《やみや》のごとく立ち回って大成功したことを思い出し、今回も大儲《おおもう》けをたくらんだ。ペットボトルのミネラルウォーターをリュックサックに隠し持ち、喉《のど》がカラカラのみんなに密《ひそ》かに売りつけようとしたが、大失敗！　キャンプ地で気づいたが、なんと季節は冬。水の原料の雪がいくらでもあるではないか！　かくして、大儲けをたくらんだ「六甲のおいしい水」も、大汗の素《もと》の単なるバラストとしてその役目を終えた。

気温が夜になると、マイナス二〇℃まで冷え込む。夕食はこれまた訓練を兼ねて、簡単で体が温まりカロリーが高いもの。ただし、総予算五〇〇〇円以内とのリクエスト。そこで、地元の小さなスーパーで、一番安い豚バラ肉のスライスを仕入れ、野菜はタマネギとニンジンとダイコンをあらかじめ皮をむいてカットしてポリ袋に詰めてきた。

サッポロ一番みそラーメンと唐辛子・豆板醬《トウバンジャン》・キムチ・ニンニクなどの目に付く辛いものを仕入れ、「チゲ風ゴチャゴチャサッポロ一番みそラーメン鍋《なべ》、余ったら朝の雑炊用」にした。御飯も「食べたらわかるサトウのごはん」の超手抜きキャンプ食。これに、同行してきた山岳ガイドの山本さんが作ってくれた「練乳一本すべて投入ミルクティー」を一緒に食すると、金玉の裏まで冷え切った体が、ぽかぽかと心地よくなってきた。

ここで調子に乗って用意してきたカティサークを水割りで飲んだのが大失敗。体温はどんどん下がり、背骨の奥から震えが押し寄せてきた。就寝時は二人一組で簡易テントに……。あまりの寒さと、名前は言えないが「鈴木隊員候補」のいびきのうるささに「一睡もできなかったよー」と翌朝文句をたれたが、あっちからも同じ言葉が返ってきたので、この件はこれ以上追及することはやめにした。

下山していくと、途中で「昭和組」（昭和基地越冬隊員候補）がリフトの辺りで、拍手をして出迎えてくれた。「一晩の苦労を察して温かな友情のエールを送ってくれるなんて」と、シドニーオリンピックで金メダルのゴールに向かう、高橋尚子《なおこ》選手になったような気持ちで前を通り過ぎた。が、後で聞くと「オレンジヤッケにでかいリユックを背負ったオッサンたちがペンギンのようによたよた通り過ぎて行くのを見ると、まるでけがをしているボリショイサーカスの熊《くま》がちゃりんこの曲芸をこなしているようで、あまりのいたましさに思わず拍手をしてしまった」のだとか。「ほっといてください」。

ともあれ、けが人も出ず、無事冬期訓練は終了した。その夜に行われた「身体検査に合格して、夏訓練で観測隊員になってまた再会しよう」宴会。詳細はばれると文部省（現・文部科学省。以下、当時の名称・文部省と記述）から予算が打ち切られる可能性もあるので㊙だが、ちょこっと教えると、便器で寝た者数名、廊下で倒れていた者数名、腕相撲で筋を違えた者一名、女風呂《ぶろ》に入って管理人に怒られた者二名、酒乱がばれた者数名などなどだった。

なお申し添えると、私の身体検査は結局再検査となった。内科のはずがなぜか泌尿《ひにょう》器科《きか》で検査となり、親にも見せたことのない姿、しかも美人のドクターの前で恥ずかしいポーズを取ること三秒、無罪放免となった。そして、夏訓練も無事終了。一九九六年七月一日付けをもって、南極地域観測隊を拝命し「国立極地研究所」に詰めることとなった。

南極観測隊のスポンサー「国立極地研究所」は、文部省に所属する大学院大学である。詳しいことはさておき、学生のいない大学と言ったところか……。池袋のすぐ隣町の板橋に籍をおき、都営地下鉄三田線の板橋区役所前で降りて商店街をトコトコ歩いていくと、結構広い前庭を持った六階建ての建物が現れる。正門をくぐって左手に本館をいただき、正面のやや低い三階建ての建物の一階が「隊員室」と呼ばれる「南極観測隊隊員事務室」になっている。ここには観測部門の科学者諸氏を除く、設営部門、すなわち機械・通信・医療・調理・航空・建築・庶務等の南極観測行動を直接的に支える隊員たちが、一一月一四日の晴海埠頭《はるみふとう》出港まで、一年間の暮らしに必要な物資を買い揃《そろ》えるために日本全国から集まってくる。

とはいえ、最初から目の回るほど忙しい日々が始まるわけではなく、

「どんなものを持っていったらいいのかなぁ」

「南極ってどんなところなんだろう？　知ってる人いる？」

といった間延びした会話から第一歩が始まる。

食料部門の流れを言うと、集合→挨拶→業者へ電話→カタログ読み→寄付のお願い→お盆休み、で七月、八月は終わってしまう。

もちろん後半になって、「しらせ」への積み荷リストや保税倉庫への入庫報告書等を提出する時期になると、それこそ寝る暇のないくらいドタバタ騒動が始まるが、最

初のうちは本当にのどかに時間が過ぎてゆく。南極へ持っていく調達食料の手引きとして、代々の隊が積んでいった調達リストがある。この量に従って積んでいくと、大体過不足なく越冬生活を送れるようになってはいるが、そのときのチーフが中華やフレンチのシェフだったりすると、専門用語がずらりと並び、「なんじゃ、この妙な漢字やフランス語は」なんてことになってしまう。

三〇次隊の頃を思い浮かべても、一緒に昭和基地で越冬した鈴木隊員は、かの有名な半蔵門にある東条会館から参加したフレンチのシェフ。調達の打ち合わせで（一回目は真面目《まじめ》にしていた）、

「トマトソースでさ、サルサポモドーレとダイストマトどれくらい買う？」

「えー、トマトソース？　ケチャップでいいんじゃないの」

「？…………」

「フィメドポワソンとクールブイヨン、どれくらい持っていくの？」

「フィメドなんちゃらって、魚のだしでしょ？　そんなもの、なんで買うの？」

「？…………」

と、ぼけた会話の毎日だった。

あまりの無知さ加減に、彼にしてみれば、泣きながら外に飛び出して行きたかった

ことであろうが、そこはやさしい鈴木君。黙ってこらえて、ソース類は完璧《かんぺき》に揃えてくれた。

今も若いが、あの頃もっと若かった私たちは、イメージとして、「日本中から選抜された観測隊員に対しては毎日ごちそう責めにしてやらなければいけない」と崇高な使命感に燃えていたので、それこそ鵜《う》の目鷹《たか》の目で毎日食材のカタログを読みあさった。

その結果として、フォワグラやキャビア、トリュフやロブスター・鯛《たい》・平目・ひらまさ・かんぱち・伊勢《いせ》エビなどの高級食材はごっそり持ち込んだが、秋刀魚《さんま》・鯖《さば》・目刺しなどの大衆魚と呼ばれ、日頃食べなれているものは見事に忘れることになった。オーストラリアの牛肉の安さに驚喜した私は、Tボーンステーキやラムラック、骨付きハムなどを買い込んだが、鶏肉《とりにく》や豚肉を見事に忘れた。航海中に「しらせ」の厨房《ちゅうぼう》を預かる四分隊に酒を持って日参し、結構な量を分けてもらったが、それでも越冬期間終盤には豚肉・鶏肉不足になってしまった。

三〇次隊の皆様は、Tボーンの焼き豚風・牛ヒレのハンバーグ・伊勢エビ団子の味噌汁・サーロインの角煮など、日本の調理人が聞けば、あまりの採算度外視、八方破れに脳溢血《のういっけつ》を起こして倒れてしまうメニューが並ぶこととなった。

今回は、昭和基地で越冬する鈴木隊員ともども、肩の力を抜いて気楽なスタンスで臨もうと思っていたが、思わぬ伏兵が現れた。

日本料理の板前「北田隊員」である。もちろん初めての観測隊参加。まなじりをキッとあげて隊員室に現れた。彼は京料理の店でみっちり修業を積んできた和食の料理人で、関西出身。「日本人の料理の心は関西や。穴子は明石《あかし》でないとアカン」。毎日毎日、関西弁攻撃が続いた。

「昭和基地」から一〇〇〇km離れたところで越冬する私は、直接的には関係ない。が、心の中で「これは血の雨降るワ」と思った。でも生の魚は「南極キス」しか捕れない昭和基地で寿司《すし》屋さんを開店したり、精力的に活動して越冬生活を楽しんだみたい。まあ、結果よければすべてよしで締めましょう。

とかく人間、気合いを入れて臨むと肩に力が入るものだ。三〇次隊の「若葉マーク越冬隊」時も、「買い物が不可能だから絶対忘れ物をしない。越冬終了時まで何一つ品切れにはしない」とまなじりを決して調達作業に取り組んだが、それでも秋刀魚・鯖・豚肉・鶏肉忘れである。

力を抜いてリラックスした状態の方が、スポーツと同じようにいい結果が出るようだ。「忘れ物をしたら似たようなものを代わりに使うか、思い切って抜いてしまっても結果としてそんなに変わらないし、品切れの食材が出たとしても、それだけ越冬が進み、日本にまた一歩近くなったくらいに考えるようにしよう」と鈴木隊員とは話していた。しかし、やはり最初の南極ということもあって、北田隊員、肩にガチガチ力が入っていたようで、次回チャンスがあって南極に行くことがあれば、リラックスして頑張ってくれるでしょう。

テレビの料理番組でさまざまな料理のレシピが出てくるが、ご家庭の奥様たちがトライしないのは、聞き慣れないさまざまな食材や調味料、それにカップ何杯、何グラムといった数字の圧力が重苦しくて「魚でも焼いておくか、ジャンジャン！」となってしまうのではないだろうか。いいんですよ……すっぱり無視して！

もし貴方《あなた》が女性で、好きな男に一つローストビーフでもと思ったとき、擦り込むスパイスのローズマリーがなかったり、下にレギュームと称する野菜くずを敷かなくても、絶対大丈夫。牛肉の塊に塩・コショウを多めになすりつけて、凧糸《たこいと》がなかったら結ばないで、サラダオイルでも塗りつけてしばらく室温になじませてから二二〇℃のオーブンにドーンと放り込んで待つことしばし、箸《はし》でも竹串《たけぐし》でもさしこんで、透き通った汁がぽこりと出てくればでき上がり。

後はそれをアルミホイルにくるんで一〇分くらい置いておけば、立派なローストビーフができ上がりますヨ。

ホースラディッシュがなくても芥子《からし》醤油《じょうゆ》やわさび醤油で結構旨《うま》く食えるし、天板に残った汁に醬油とワインか酒かみりんをドポッと注ぎ入れて、一沸かしで立派なグレービーソースができてしまうし、「ローストビーフって、最初は山火事で焼け死んだ牛を牧童が生焼けのところを食べてみたらすごくおいしかったので、それから牛肉料理の定番として発展していったんだって……」くらいのコメントを付け加えれば、貴女《あなた》のさっそうとした凜々《りり》しい姿に見とれている男たちは感動の涙とともに、コロッとだまされること請け合いである。

同じようにカレーライスに必ず入れろと言われているガラムマサラもなければ入れないでいいし、どうしても入れたかったら、ハウスジャワカレーに太田胃酸を小さじに半分入れるだけで、インドカリーの親戚《しんせき》の又従兄弟《またいとこ》くらいには化けてくれる。

分量も小さじ何杯の呪文《じゅもん》に惑わされることなくひっきりなしに味見をして、「ちょっと薄いかな?」で止めると大体ビンゴ! になる。後で食したとき「甘い!」と言われたら「あなたの体を心配してるのヨ」とやさしい声で切り返し、「辛い!」と言われたら「ごめんねー、料理本通りにやったらこんな風になっちゃった」とその本を書いた筆者のせいにしてしまえばいいし、何回か作っていくうちに、絶対自信作になっていくことは間違いない。

何回も味見を重ねるうちに舌が馬鹿《ばか》になってきて「うー、わからん？」状態になってきたら、まず水で口をゆすぎ、それからおもむろに作っている料理に酢を一、二滴たらたら落とすと味がはっきりしてくるからお試しを。また食べさせる相手を空腹にしておくこと、絶対うまく作ってやると右脳に念じると旨いものができると昔から決まっている……かどうか知らないが……できるはずである。

肩の力を抜いてトライすれば絶対大丈夫、世界に二つとない貴女だけの料理ができ上がる。頑張って!!

冷凍食品の話

人間は一年間にどれくらいの食料を摂取するのか？

南極観測隊の統計によれば、酒やジュース類の飲料も含め、大体重さにして一トン弱ぐらいとなっている。したがって調達量も、これに準じておおざっぱではあるが決められていく。種類が決まったところで重さを概算してみると、

昭和基地……約三〇トン
ドーム基地……約一一トン

となった。昭和基地では、物資の積み卸し作業も、ヘリコプターですみやかに搬送されるが、わがドーム基地まではすべて雪上車で引っ張っていかなければならない。それも一〇〇〇㎞……。

気温は内陸に入るに連れてぐんぐん下がり、すべてのものの凍結が予想される。今回の調達ではこの低温が大きな課題となった。しかも、すべての食料をコンパクトかつ軽量化してパックしなければならない。普通の人間の感性でいくと、いくら超高級のステーキが目の前にあっても、それに付随するサラダがなかったら食が進まないものだし、トロや平目などの高級魚を使った刺身でも、大葉や、つま、けんなどの緑がなかったら、なんとなく格好がつかない一品になってしまう。

今回の調達作業で最初の関門は「野菜」だった。書店に行って「無限に続く冷凍庫の中を旅して大丈夫な冷凍野菜」という本を探したが、ない……あるわけがない!!しかたないからホームフリージングの本をめくってみても、「シチューやカレーはパックに入れて小出ししやすいようにしましょう。冷凍したら便利なものはダイコンおろし。なお、肉ジャガやおでんはこんにゃく類が凍ると……」なんてことしか書いていない。

おでんも食いたい、肉ジャガも食いたいのに、キュウリは？　ダイコンは？　芋は？　考えてみると、ドームで越冬するのは日本国民一億数千万のうちわずか九名なのだから、そんな人を対象にした本を出版しても採算が採れるわけがない。

だが執念で探した結果、見つけた！　さすがハイテク立国　ＪＡＰＡＮ!!　冷凍ジャガイモをまず見つけた。メーカーは本場北海道「ホクレン」だった。それもダイスカット・冷凍メークイン・ベイクドポテト・クォーターカット等さまざまな種類が出ている。これは迷わずゲットした。次に探したのが長ネギ、これもありました。小口切りにしたものまである（メーカー不詳）。タマネギも生のスライスやカレー・シチュー・ソース用の色づくまで炒《いた》めてパックしたものを発見した（商品名：オニオンアッセ）。

その他に用意した冷凍野菜は、ニンニクの芽・アスパラ・白菜・芽キャベツ・コーン・絹さや・インゲン・ホウレンソウ・春菊・にら・カボチャ・タケノコ・菜の花・レンコン・ピーマン・長ネギ（姿）・ニンジンなど大体揃った。

どうしても見つからなかったのが、ダイコンとキュウリ。ここで必殺の伝家の宝刀、南極食料調達のプロ「東京港船舶食糧品（株）（以下、東京港船食）」に泣きついた。この千葉さん、稲田さんとは三〇次以来のおつきあいで、社長でもある千葉さんは、ベンツを乗りこなし、海外留学も経験した青年実業家である。

千葉さんとの初対面はドラマチックだった。初めて極地研で会ったとき、こっちはジャージにサンダル姿。一方、千葉社長はブランド物（名前は知らない）のスーツをびしっと着こなし、ベンツでさっそうと登場。てきぱきと話を進め、風のように去っていったが、まもなく戻ってきた。

「すいません……車、レッカーで持って行かれてしまって……」

生き馬の目を抜く東京では、たとえベンツでも持って行かれてしまうのかと、今さらながら大都会のおそろしさに身をすくませた。

東京港船食は、本来外航船に食料を積むのがメインの仕事だが、船も南極も似たようなものだと、私の勝手な解釈からおつきあいが始まり、現在の南極観測隊では大手の業者さんの一つになっている。

「どうしてもキュウリとダイコン持って行きたいんだけど、なんとかならないべか……」と私の標準語・北海道弁を駆使してお願いすると、快く引き受けてくださり、何回かの試作を経て無事完成した。

商標登録でもしておけば大儲《おおもう》けできたかもと後で思ったが、よく考えると（考えなくてもそうであるが）私の職業は国民の奉仕者、副業禁止の「国家公務員」。いつか役所を放逐されたとき、わが愛する家族が路頭に迷わぬよう、今回培《つちか》った冷凍野菜のノウハウは深く胸の中に仕舞いこむことにした。

野菜の次に課題となったのが卵だった。卵も殻付きのまま冷凍庫に入れておくと、白身の部分は何とか原型に復してくれるが、黄身は、なんとなくゴムあるいはスポンジのようになってしまう。ドームへの旅は、大半が荒れた雪面で動揺も激しいことが予想され、生卵は最初から持っていく気はなかった。

「宗谷」が南極へ行っていた遥《はる》かな昔、卵は「粉末卵」と称するものを持っていった。これは旧海軍でも使用されていたが、水で溶くと、卵焼きの原型の液体状になり、味は「あー卵だよね……」くらいの代物《しろもの》。口の肥えた現代人にはとても実用にならないものだとか……。だいいち作っているメーカーがわからない。しからばどうするか。

……あるのです、冷凍卵という素晴らしい製品が!!

メーカーはかのマヨネーズで有名なキユーピー株式会社。実は三〇次隊のときも冷凍卵は存在した。パック入り牛乳のように攪拌《かくはん》した卵の液体が、一パックに数にして二〇〜三〇個分ほど入っている。そのまま卵焼きやオムレツなどに使うには全く問題なし。しかし、親子丼《どん》やカツ丼、卵綴《と》じのように、半熟状態を保つ卵料理ではなぜか固まらず、炒《い》り卵を投入したようにころころのだまっこになってしまう。丼《どんぶり》というのは基本的に男が好きな料理だが、いくら鉄の胃袋を持った越冬隊員といえども、トロリとカツをおおっているはずの卵の代わりにスクランブルエッグが乗っていたのでは興ざめてしらけること、はなはだしい。

この「卵の特性を保ったまま冷凍状態になっている」製品の確保が、次の課題となった。まずは情報の宝庫、カタログ拝見から始めた。冷凍卵の項を見て、先進国日本の日進月歩の技術の成果が、この目に飛び込んできた。

列挙すると、

凍結全卵　↓　従来通りの冷凍卵
濃縮茶碗《ちゃわん》蒸しの素《もと》　↓　とき卵にだし汁をプラスしたもの
エクターNo.2　↓　忘れた
エグロンホール　↓　無塩卵黄
凍結卵　↓　読んで字のごとし

アングレーズソース→液体カスタードソース
加塩凍結卵黄→味のついた液体卵黄汁
チルドロングエッグ→棒状ゆで卵
錦糸卵《きんしたまご》→水に戻すとあっという間に錦糸卵

まさにいろいろな種類の冷凍卵製品が発売されていた。

さらに目を通していくと、なんと「凍結全卵丼用」が目に飛び込んできた。これは卵をパックしてそのまま下にグシャッと落とした状態、と言えば大体の形ができ上がる。

全部攪拌しないで卵の凝固作用をそのままにして冷凍した製品は、まるで「私のために作ってくれたのか」と叫びたくなるタイムリーなものだった。これで満足すれば、卵の調達は大成功、である。だが、根が北海道弁でいうところの「ほいと根性」&「欲たかり」丸出しの私は、この世で愛する食べ物の中で二番目に好きな料理「おでん」をどうしてもマイナス八〇℃の大地で食してみたいと思っていたので、これで満足することなく次は「ゆで卵」を探し始めた。

ちなみに愛する食べ物ナンバーワンは「ざんぎ」だが、このネーミングが北海道以外の隊員にはどうも気になってしかたなかったようだ。これは北海道に帰って愛妻の「お帰りなさい　JUNちゃん料理」で食おうと心に誓っていたので、とうとう越冬中は食膳《しょくぜん》にあげなかった。「鶏《とり》のさー、唐揚げのうまい奴《やつ》だって……」とお茶を濁していたが、今考えるとちょっとかわいそうなことをしちゃったかなぁなんておおいに反省している。まあ北海道に来た折には山ほど食べさせてあげますのでご勘弁をネ！

　話を戻して……。いくら探しても、冷凍ゆで卵というのは見つからなかった。その代わりというか「鶏卵水煮の缶詰」を見つけた。「うずら卵水煮缶詰」のおっかさんくらいのサイズだと思えば間違いない。これも迷わず、うずら共々二ケース（四八缶）ゲットしたが、大失敗!!

　ドーム基地に着いて、「さて使いましょう」と缶を開けたところ、氷に囲まれている灰色に変色した塊が視界に入ってきた。解凍すれば大丈夫、と、戻したが皮はゴム状に変化し、ぶよぶよのガチガチ……。ピンポン玉か海亀《うみがめ》の卵でも持ってきたかと錯覚するほど変質していた。確かホームフリージングの本には「ゆで卵は多く作ってフリーザーで冷凍保存して置きましょう」と書いてあったはずなのに。作者に向かって「ほら吹きのくそばばあ、ぶっ殺す!!」とわめいても、まだ会ったことのないその人は、はるか一万五〇〇〇㎞の彼方《かなた》に離れてしまっている。涙を呑《の》んで、越冬中はゆで卵なしの「おでん」で我慢することにした。

卵の調達も無事選定が終わり、おはぎ・柏餅《かしわもち》・桜餅・鯛《たい》焼き・冷凍ケーキなどのお菓子も片づき、後は魚だけとおおよその目処《めど》がついてきたある日、隊員室で暇つぶしに前次隊の越冬報告書をめくっていた福田ドクターからこんな質問が来た。

「昭和基地では越冬後半になるとLL牛乳でも下にクリームみたいなものが沈殿して飲めなくなるって書いてあるけど、ドームではどうなるのかしら？　私牛乳を飲まないと元気出ないのだけど……」

今まで、常温保存可能なLL牛乳を持っていき、飲めなくなれば全脂粉乳でも飲めばいいや、くらいに軽く考えていた私は一瞬言葉に詰まった。

ちなみに福田ドクターとは、年も近いせいか越冬中の愚痴友達で、ストレスが溜《た》まると、人の陰口をたたいて慰め合う仲に発展していくことになる。活字に書くとおねえ言葉で喋《しゃべ》っているようだが、顔を一目みればオカマでないことは一目瞭然《りょうぜん》!!　鹿児島県人特有の太い眉《まゆ》に大きな目、えらの張ったでかい顔に図太い声で話す、顔面人殺しというか鬼瓦権三《おにがわらごんぞう》というか、とにかく迫力満点の顔立ちだった。

この人との最初の会話は、あの死ぬほど苦しかった乗鞍の冬訓練のとき、疲れをいやすべく入浴していた湯船の中が最初だった。やっちゃんが見れば「ガンをとばした

愚痴友達

な！」と因縁をつけたくなってしまうような眼でギョロリと目をむき湯船の中に浸《つ》かっている様は、まさに映画『大魔神怒る』で湖を割って出現する大魔神そのもの!! 初対面のこれから越冬するかもしれない奴に対しての第一声が、

「いやー、私ねー、癌《がん》かもしれないんですよ」

（……無言……困惑……無視しよう……）

これが福田ドクターとの最初の会話だった。

ちなみにこの大魔神おじさん、ドーム基地で癌になって骨で帰国するどころか、マイナス七〇℃でジョギングはするわ、ドラム缶転がしをマイナス七五℃でするわ、元気なこと元気なこと……。おまけに「走れ南極大氷原」ではないけれど、帰るときに何とクロスカントリースキーで雪上車の前を快調にすっとばした。一瞬轢《ひ》いてやろうと思ったけれど、雪上車が壊れたら

困るのでしぶしぶ取り止《や》めた。

で、牛乳の話を再び。確かに冷蔵庫でＬＬ牛乳を保管しても、八カ月ほど経《た》つとドロドロのクリームみたいなものがパックの底に沈殿して、飲めたものではなかった。三〇次隊の頃は牛乳を毎日飲まなくても死ぬ人はいなかったのであまり大きな問題にもならなかったが、「いっそ冷凍してやろか」との考えが浮かび上がってきた。

小学校時代をマイナス三〇℃まで気温が下がる、日本でも有数の低温地帯・名寄《なよろ》市で過ごした経験で、凍った牛乳はおなじみだった。宅配されてくる一合瓶は寒さで紙のキャップが持ち上がり、石炭ストーブの横か、電気冷蔵庫に入れて解凍して飲んでいたことを思い出した。クリームが上の方にわずかに付着していたが、別に問題もなく飲んでいたので、これでいってみようと決めかけたが、なにせ行くところは超低温地帯、ドームふじ。もし、仮に分離状態が戻らず、飲料不可なんてことになったら、例の大魔神ドクター、怒りのあまり、体を巨大化させ国家財産のドーム基地を破壊しかねない。そんな博打《ばくち》はとてもおそろしくて打てず、そっと某メジャー乳業メーカーお客様相談室に電話した。

「あのーちょっと聞きますけど、ＬＬ牛乳って冷凍しても大丈夫なんでしょうか？」

返ってきた答えは、

「LL牛乳は常温で保存し、長持ちすることを前提に販売している商品ですので冷凍保存となると前例がございません」

「はい！　わかりました」と返事をしたくなるほどの当たり前の答えが返ってきた。

「すべて凍ってしまうところに大量に持っていくんですけれど……」。この時点でこれはいたずらと判断されたのか、応対してくれている女性の声が硬化した。

「お客様、製品の保存法等はパックの横に書いてあるので、その通りに使用してください」

ガチャン!!　切られた。

もう一つの大メーカーに、今度は南極観測隊と名乗って電話した。こちらは「後日返事を差し上げます」といくらかは丁寧な対応をしてくれたが、その後日はついに訪れなかった。南極観測隊と自称してすぐに信じてくれるのは、「紅白歌合戦」の電報だけのようだ。しかしここで引き下がってはと、あちこち電話をかけまくり、そのうち大日本冷凍牛乳研究所なんてところに突き当たり、見事解決法を見いだした。と書きたいところだが実際は、電話してもけんもほろろに扱われ、結構精神的に引いてしまった。「この問題は先送り!!」と生来の「いやなことは避けて通る性格」が台頭。午後いっぱいは頭の隅っこに引っかかっていたが、夜になって居酒屋で冷たいビールを一口飲んだ途端、きれいさっぱり忘れてしまった。

これは削除！　と書いたかのように頭の中から姿を消し、思い出したのはなんと数カ月後、物資搭載作業をしている最中の「しらせ」艦内だった。日本通運の積み込み責任者の人から「牛乳冷凍ってなっているけれど本当にしちゃっていいんですかー？」と聞かれ「えー!!　あー、そうだった！」。

全部で一〇〇〇トンの物資の中のほんの数百kgである。口ごもっているうちに五〇ケース、三〇〇リットルの牛乳はあっという間に「しらせ　冷凍庫」に消えていった。結果は？　ビンゴだったのです。一〇カ月たって大豆粒ほどのクリームがちょっとできたものの、解凍すると見事にフレッシュミルクに戻ってくれた。同時期に搭載した昭和基地の同じものは、ドロドロの分離した気持ち悪いものが沈殿していて、とても飲めたものではなかった。

「へー、西村さんって冷凍品にかけては日本のオーソリティーなんだネー」と福田ドクターも尊敬の（？）眼差《まなざ》しを送ってくれたということで、ジャンジャン！

積載開始

夏も過ぎ、肌に感じる風もさわやかな一〇月、いよいよ南極へ持っていく食料の「しらせ」への積載作業が開始された。各部門別にそれぞれ日取りが決められ、順序よく進められていくわけだが、その時期には、どちらかといえばのどかな雰囲気だった隊員室もにわかにあわただしくなる。公式文書として提出しなければならない「積み荷リスト」や「貨物入庫報告書」の仕上げに追われ、隊員諸氏の顔も殺気立ってくる。

この書類は実に細かく細分化され、A3サイズの書類に番号・品目・梱包《こんぽう》数・荷姿、冷凍、冷蔵庫、冷房庫のどれかへの行き先、段ボールの寸法・立方……と今見返してもぞっとするくらいだ。これを考えた奴は会計業務一筋に生きてきて、そのあまりの細かさに、二五〇〇人ぐらいの女に振られ、その報復として、南極観測隊の統計業務にボランティアで参加している奴だ!! と断言できるぐらい、重箱のすみどころか車の掃除を絵筆でやるみたいに、細かく細かく規定されていた。そして普通にやっても

「早く終われ」と叫びたくなるような作業を、今回二度も繰り返す羽目になった。

その原因はパソコン。三八次隊に参加するまで、パソコンという機械にまったく触れることなく、平和に過ごしてきたおじさんが、久しぶりに参加した南極観測隊で最初に味わったカルチャーショックがこれだった。

ソフトなるものが入っていなければ、ワープロも何もかも起動しない、ということすらわからない超初心者だった私は、観測隊に来る前、友人からＮＥＣのノートパソコンを購入し、これで時代の最先端とばかり、意気揚々と隊員室に現れた。しかし、どうも自分の機械と他人のものが、最初にスイッチオンしたときの画面が違うことに、ある日気がついた。

今考えると、Windows 3.1 と 95 の違いなのだが、「俺の機械は壊れているんじゃないか」と疑心暗鬼の毎日を送っていた。それを救ってくれたのが、ＮＥＣから参加していた菅原《すがわら》隊員だった。それはそれは事細かに、幼稚園の園児でもシステムエンジニアになれるくらい丁寧に、丁寧にご教授してくれた。

「聞くは一時の恥、聞かなくても一時の恥」を座右の銘にする私は、まわりを見渡すと、東大・京大・名大・電通大・高専・北大・筑波《つくば》大・室蘭《むろらん》工大と受験戦争を勝ち抜いた、私よりほんの少し頭のいい人がごしゃまんと存在することに気づき、何でも聞きゃいいんだー、とばかり「上書き？　挿入？　保存？　なんだそりゃー」と生きているわかりやすいマニュアルに質問しまくり、どうにかこうにか一太郎は上辺だけマスターできた。

が、しかし、今回の提出書類は慣れ親しんだというかそれしか知らない一太郎ではなく、「ロータス1・2・3」という聞き慣れない名前のものを使うとのこと。もちろん例の「何じゃそりゃー」だが、とにかく数字を打ち込めば自動的に計算してくれる、それはそれは便利な代物《しろもの》だとか……。なんとかかんとか八八〇項目打ち込んで、締め切り一日前にアップしたのだが、ダブった品名があることに気づき、これを消してやりましょ……とよけいなことを考えたのが、命取り。そこだけドラッグしたつもりが、なんだか全体が青い背景で彩《いろど》られた。一太郎では「削除！」で問題解決と行くのだが、なんとEnterを押すと、全体が消えてしまった。

きれいさっぱり真っ白になってしまった。それでも大したことないと考えて「なんだか消えたけど、どこ押せば戻るんだべ」と菅原隊員にご質問。「バックアップから起こし直せばいいですヨ」との答えに「バックアップ？　なにそれ？」。

かくしてその日から二日間の徹夜作業をすることになった。息も絶え絶え・半死半生でなんとか書類も提出。無事に「しらせ」に搬入できる日を迎えた。日通マンのプロの仕事に驚嘆し、昭和基地の分と合わせて約四〇トンの食料も手際《てぎわ》よく艦内に収納され、一一月一四日の出港日を待つばかりとなった。

出港

一九九六年一一月一四日、たくさんの人たちの、テープの波、励ましの声、そして涙に見送られて、海上自衛隊砕氷艦「しらせ」は静かに晴海埠頭《はるみふとう》を出港した。

行き先ははるか一万五〇〇〇㎞彼方《かなた》の南極大陸。第三八次南極地域観測隊、越冬隊四〇名、夏隊・観測交換科学者・報道オブザーバー総勢六〇名余り……。越冬隊にとっては泣いても吠《ほ》えても、再来年の一九九八年三月二八日までは、寄港地のフリーマントルか「しらせ」が南極大陸を離岸するときまでに急病にならない限りは、日本に帰ってくることはできない。

一回目のときは「全日本だ。がんばろー!!」と心に強く誓い結構悲壮な覚悟で日本を後にしたが、今回は前夜の全日空ホテルで挙行された「壮行会」で、無料だからと卑《いや》しく飲みまくった酒が重く胃に残り、「早くベッドで寝たいなあー」と真《まこと》に不逞《ふてい》な

気持ちで出港を迎えた。

テープのやりとりで埋まった岸壁を「しらせ」は定刻通り離岸した。隣では、涙のラインを頬に引いている同じ「海上保安庁通信」田中結《むすぶ》隊員が感慨深げに直立不動。岸壁も遠くなったところで、さて艦内に入りましょうと思ったら、ビデオやカメラを持った隊員諸氏が、後部に一目散に走っていく。なんだろうと思って寄っていったら、なんと「しらせ」後方にその純白の船体を浮かべているのは、わが海上保安庁の巡視船だった!!

指揮をとっているのは、親友・池田耕治氏である。これはちょっとやらせで、前に逢《あ》ったとき「かっこいいところ見せるからねー」とのお約束をかわし、パトロールの合間に見送りに来てくれたのである。これが感傷的になっている隊員に受けたらしく、少なくとも二三本ぐらいのフィルムは消費されたと思う。巡視船はそのスマートな船体を翻《ひるがえ》して汽笛とともに水平線に消えていった。「巡視船が見送りに来るなんて、西村さんそんなに偉いんですか？」と、仲良しになった海上自衛隊某氏。「うーん、長官から数えて三番目ぐらいかな」とおおぼらをふきまくった。

出港して、何をするか？　すべては、免税品の酒の配布作業から開始される。免税品倉庫から全員作業で「隊員公室」と呼ばれる食堂に運び上げ、注文リストに従って個人に配布された。これは越冬が開始される次の年の二月一日までの個人消費分なので、必然的に量も増える。これは支度金と呼ばれる観測隊手当の中から天引きされる。

知らない人が見れば、アルコール依存症ではないかと勘違いされるぐらいのビールやウィスキー、ブランデー、ワイン等を各居室に運んだところで、その日の作業は終了。後はひたすらベッドで、出港前のアルコールを追い出すべく、休憩タイムに突入。日本を出て四〜五日すると、「レイテ沖海戦」が戦われた海域に到着した。

ここでしめやかに戦没者の追悼式が行われ、それから二日ほどで赤道を通過する際には、盛大に「赤道祭」が挙行された。海上自衛隊、観測隊ともども大いに楽しみ、やがて懲役一年四カ月を迎える前の最後のしゃば（？）フリーマントルに入港。最後の休養と補給が行われた。

一九九六年一二月一日、いよいよ南極へ向けての航海が始まった。フリーマントル港に居並ぶ水産庁や日産のコンテナ船等の日本船が、汽笛と帽フレーで見送ってくれる中、南極観測船「しらせ」はしずしずと離岸した。

南極まであと二〇日余りの行程である。暴風圏も越え、初氷山を視認する頃、いよいよ陸揚げ準備が艦内でも始まる。一番大変な作業が、「ドーム基地」まで行く途中の内陸旅行等で使用する食料の配布（「しらせ」からもらう）、仕分け、レーション化だった。

量もこれまた莫大《ばくだい》で、私たちは一三名のパーティーでドームまで行くので、一日に消費する食料が朝・昼・夕食で一三×三＝三九、これが一日分。往復で四〇日かかるとして三九×四〇＝一五六〇。

要するに一五〇〇人が一度に食べる量が配布されるわけである。普通に生活を送っている人がおそらく今までの人生でお目にかかったことのないような量が（スーパーとかは別にして）、ドカンと目の前に並べられた。

陸地でやっても結構大変な作業を、風浪で動揺する艦内でやるわけだから、なかには作業の最中にこみ上げてきて、口を押さえてトイレに直行してしまう隊員も少なからずいた。食料は夏期観測オペレーションに参加するグループの分も一緒に配給され、一番量が多いドーム部隊が仕分け頭みたいになって、配分作業を進めていったが、ここで大失敗。

これから我々が行くところは高地で、お湯の沸点も約八五℃くらい。まだそんなところで暮らしたことのない浅はかさで、即席ラーメンは使いものにならないと早合点し、配布された即席ラーメン約二〇ケースを気前よく他のパーティーにドーンと配ってしまった。

しかし、一度油で揚げてある「サッポロ一番」他の即席ラーメンは、使いものにならないどころか、ドーム基地で越冬中でさえも十分おいしくいただくことができた。もちろんわが隊の分は持って行っていないのだから、手持ちは皆無で、ドーム基地に非常食として残されてあったのを食したのであるが、ほんとに今考えても、なんとももったいないことをしたものだと悔やまれる。

反対に「生麵《なまめん》タイプ」Ｓｐａ王・ラ王はまったく食えたものではなかった。これらが冷凍されると、お湯を添加したとき、麵は一様にぶつぶつと一㎝くらいに切れてしまう。コシもなくなり、ラーメンの味がするできそこないのマカロニか、たらこスパの風味がするへんてこなものに変身し、「食わなければよかった‼」と心の底から叫びたくなる代物だった。

帰国後にコンビニをのぞいて「冷凍ラ王」なる商品を発見し、「ああ、どこかで誰かが冷凍して食って、そのあまりのまずさに電話でも……で、新製品ネ」と思わずにんまりとしてしまった。もちろん外側のフィルムに「貯蔵温度常温」と明記されてあるから、メーカーの責任ではないけれど、冷凍してはいけないよ、と書いてあるものを冷凍してはいけませんヨ。

南極だー

晴海を出港して四〇日余りで、「しらせ」はついに南極に着いた。夏期調査に出かける地質調査隊を見送り、最初に昭和基地に入る昭和越冬隊も見送って、いよいよ我々ドーム越冬隊の出発日がきた。

行き先はS16という内陸地点。飛行甲板に一列に並んで見送ってくれた「しらせ」乗組員と固い握手をかわし、ヘリコプターへ……。プロペラのピッチ音が変わったと思ったら、フワリと浮かんでいた。当分は、水洗便所・風呂《ふろ》・ビデオとはおさらばである。艦内にいるときはあれほど大きかった「しらせ」も、ちょっと飛び上がっただけで、プラモデルのジオラマのように見える。

「マイルドセブンのCMだな……」。久しぶりに見る南極の大パノラマもなんだか今ひとつ胸にせまってこない。ビデオを片手に福田ドクターが近づいてきた。

「ねえ西村さん。あれはどこ？　下に見えるのは何？　あれは？　これは？」。初めての南極にいささかハイになっているご様子……。自分の世界に浸っていた私は無愛想に「あれはラング、あそこは西オングル（うー、めんどくせー）、あとは、あれも南極！　これも南極！　全部、全部南極!!」。彼は哀愁を背中に漂わせ、寂しく離れていった（今考えるとゴメンナサイです）。

途中、サービスで昭和基地上空を飛んでくれたが、チラッと視界を横切った程度で「何か建物があるなぁ」くらいにしか感じなかった。

越冬が終わって昭和基地を見学したときに、どうしてじっくり見せてくれなかったのかわかるのだが、それは一年後にわかったことで……（つまり、これからドーム基地の耐乏生活をする者に、豪華な昭和基地を見せない方が良いという配慮だったわけですね）。十数分の飛行でヘリコプターはＳ16に着陸。ここは昭和基地から一六㎞ほど内陸にある、いわば物資集積場で、大型雪上車や二トンも積載することのできるそりが置いてある。業界用語では「デポ」と呼称されている。

「S16は風もなく天気の良い日だったら、Tシャツ一枚で作業できるくらい暖かいところだよ」なんて先輩諸氏の言葉を真に受けたのが大間違い。

降りたとたん、まだひ弱なドーム越冬隊を歓迎してくれたのは、強烈な「カタバ風」。南極特有の大陸から吹き下ろされてくる凍りつくような風だった。隊員諸氏の中にはアドバイスをそのまま取り入れて、支給品の防寒ヤッケも防寒靴も身につけず、なんとスニーカーを履いていたアホもいたが、顔を引きつらせ、必死の形相で装備を身につけた。頭の中によぎったのは「左遷《させん》……それも大左遷」の三文字。「だまされたワ、これは……」心の中でブツブツ言いながらもまずは寝ぐらの確保から。快適な空調の効いている艦内とは違い、ずーっと野ざらしになっていた雪上車の中の寝台が、これからドーム基地に着くまでのマイベッドになる。

寝具はシュラフが貸与にはなっているが、今回は雪上車にそのまま放置されていたふとんを使うことにした。これがふかふかとはほど遠い状態で、シーツ・カバー類はもちろんなし。どこの誰が使ったのかもわからず、低温のため臭《にお》いこそ気にならないが、粗大ゴミの日にゴミステーションを探しても見つからないようなグレートな外観。神経質な人だったらたぶん一睡もできない、どころか火を放って熱消毒をしたくなる

代物だった。このときばかりは、寝付きの良さは人には負けない、親からもらったアバウトな性格を天に感謝した。
　雪上車の立ち上げ・キャンプ地の整備・荷受け作業・荷物の受け入れ準備など作業をしているうちに、「しらせ」から越冬物資を満載したヘリコプターが飛んできた。大型ヘリコプターで一回に運んでくるのは約二トン。一年間越冬するのに必要な食料から燃料まで総量約一〇〇トンの物資が、すべてヘリコプターで運ばれてくる。
　降ろされた荷物は人力で小さなそりに積まれ、雪上車で牽引《けんいん》するそりにこれまた人力で運び込んで、二〇〇〜三〇〇m離れたところに止めてある大型そりまでゴトゴト運ぶ。降ろすのも積むのも、人力・人力・人力・人力・人力……。

ヘリコプターという機械力とそり運び原始力が組み合わされた、まさに「これが南極だ!!」と地平線を指さし、竹刀《しない》を持って走りたくなるようなシチュエーションだった。

昼食は温かい弁当・スープ・飲み物をヘリコプターが運んできてくれた。従来は、海上自衛隊のサポートチームだけがこの恩恵に与《あずか》っていたのだが、「しらせ」の炊事作業を統括している四分隊の石川曹長と小山調理員長、陰の黒幕・中下海曹に、おそるおそるお願いしたところ快く引き受けてくださり、大助かりだった。

それにしても、わずか二〇人前ほどの弁当を、時価数億円のヘリが運んできてくれるなんて……。仮にこれが営利企業であれば、アッというまに採算割れで倒産してしまうだろう。日本で遊覧飛行か、チャーターで小型ヘリに搭乗しても、数万円は取られる。仮に原価計算をしたとして、ひょっとして私たちは毎日、一個何万円もするものをガツガツとろくに咀嚼《そしやく》もせず、胃に放り込んでいたのではないだろうか? おそろしい……世界で一番高いケータリングサービス?

ヘリコプターが毎日運んできてくれるでき立ての温かい昼食。ほんとに骨身にしみるほどうまいもので、南極行動中食った中で、他を圧してダントツ、ナンバーワンのスーパーランチだった。

そして、ドームへ

延々と続いた「S16」での荷積み作業も一二月二八日にすべて終わり、明けて二九日、遥《はる》か一〇〇〇㎞彼方《かなた》にあるドーム基地に向けて出発の日を迎えた。大型雪上車（SM一〇〇型）三台と、中型雪上車（SM五〇型）四台の部隊である。大型雪上車は八台、中型雪上車は三台のそりを後ろにずらりと従え、なかなか壮観だった。このコンボイ、そばに寄ってみると、ドラム缶の上に板が束になって積んであったりと、あまり整然と積んであるとは言えない状態だった。しかし、これも九名が一年間に使用する生活物資と観測器材を三六台のそりにすべて積まなければならないということを考えると（七〇％は軽油・灯油などの燃料類）、仕方のないことだろう。

山内隊長・帖佐《ちょうさ》艦長の見送りを受けて、いよいよ出発の時を迎えた。「エンジンの音ごうごうと……」と勇壮な気持ちで、出発。が、まもなく私の乗車している「SM一〇五」の車内がなんとなくもやってきたのに気づいた。ぽやぽやとした煙が、秋刀《さん》魚《ま》とバルサンと発煙筒を一緒に焚《た》いたようなすさまじい煙の渦になるのに、そう時間

はかからなかった。

ゲッ、やばい!! 心の中で「南極観測隊　雪上車原因不明の炎上!! 隊員一名　焼死」などという見出しが飛びまくり、パニック寸前になったが、そこは元々の本職＝海上保安官……「いざとなりゃ逃げりゃいいや」。身体《からだ》は半分、心は全部車外に乗り出し、「燃えてしまった雪上車を弁償しろ!」と言われても困るので、先頭を走っている副隊長の金戸《かねと》氏に「一〇五、原因不明の煙が車内に充満してきましたので、一時停車します」と送ったところ、帰ってきた返事は「……了解……」の一言。

車外に出て見てみると、先頭の一〇三号車は方向転換するどころか、そのままどんどん走行し、やがて視界から消えてしまった。後ろを見ても後続部隊は出発せず止まっているし「歩いて帰っちゃおうかなぁ……」なんて、そのときは真面目《まじめ》に考えた。

まもなく今回の旅行で同行している昭和越冬隊の機械担当・関口隊員が追いついてきた。詳しく調べてみると、停車時にアイドリングで回していたエンジンが原因だと判明。不完全燃焼のガスが排気管内に溜《た》まり、それが走行中に高温の排気ガスによって燃やされ、煙となって車内に充満したのである。

やがて煙も薄れ事なきを得たが、それにしても不可解なのは「……了解……」の一言を残して地平線に消えていった、金戸氏座乗の先頭車。後で聞いてみても「…気づきませんでした…」の一言だけ。ちなみに前後の「…」は沈黙時間を表わし、「・」ひとつにつき一五秒と考えれば、大体会話のタイミングが理解されると思う。愛想がない（というよりも）超無口と気がつくのにこの後三カ月ほど費やすことになった。

南極はどこまで行っても景色が変わらない。まるでコピーしたようにどこまでいっても白・白・白。おまけに内陸に入るに連れて天気もどんどんよくなってきて、毎日が「どぴーかん」の快晴の日々が続く。前の雪上車のトレース（雪上車の重さでできる、二本のみぞの事）を頼りに進んでいくと頭もだんだんぼんやりしてきて、半分寝ているような起きているような妙な気分になってくる。

「下は真っ白で、空は真っ青……ああ、これは巡視船の色だワ……」などとしょうもないことばかりぼんやりと考えながら、ごとごと進んでいく。毎日が単調・たんちょう・丹頂千歳鶴《たんちょうちとせつる》の世界が、エンドレスで繰り返される。

私の横に座っているのは報道で同行してきた、その筋では有名なカメラマンの宮嶋《みやじま》茂樹《しげき》氏。自衛隊の突撃取材やオ○○真理教の超望遠取材などでマスコミに登場している御仁である。この男のぼやくこと、ぼやくこと。

「なんでこんなところに来たんやろー、やっとれませんワー、こういう大変な経験は一生のうちで経験しなくてもいい体験ですワー」

帰国後新潮社から『不肖・宮嶋　南極観測隊ニ同行ス』という本が刊行されたが、これがなんともすごい代物《しろもの》で、わがドーム越冬隊からは「告訴してやるー!!」という声が多々聞かれた。私も「みずほ基地」でうんこが途中で凍ってしまって往生したおじさんになっていた。宮嶋氏によると、南極観測隊は女装好きで、大酒飲み。おまけにむさ苦しく、小汚く、中国人の交換科学者は諜報《ちょうほう》部員にされてしまう。毎日宮嶋氏はファインダーを覗《のぞ》きながら、観測隊の将来を心から憂《うれ》えていたことになっていた。確かに、観測隊の中には「高倉健」も「渡瀬恒彦《つねひこ》」もいなかったが、雪を食べては凍りついて血を流し、燃料を垂れ流して、全員を命の危険にさらした人はいなかった。ちょっと近い人はいたが……。

ごく普通の人の集まりが南極観測隊員だが、彼の本の中では、みんなが道化となっていた。週刊誌に掲載され、しかもこちらは、はるか一万五〇〇〇㎞の彼方にいて、手も足も出すことはできない状態。一方的に大嘘《うそ》をこかれるというのは、ちょっと悲しかった。

それはさておき、とにかくドーム行はまだまだ続く。毎日の流れの中で定常の種々の観測は行われていたが、単調なリズムの中にいつしか組み込まれてしまっていた。

一日の生活の最後を飾るというか、重要なポイントになるのが、その日のキャンプ地に到着してみんな一緒に雪上車の中でとる夕食である。私のいつも乗っていたSM一〇五という車が一応食堂車になっていた。各車のパワーの違いや各種観測を途中で行うせいで、キャンプ地に全車が集合するのは早くて二一：〇〇頃。へたをすると二四：〇〇を回ってしまうこともしょっちゅうあった。

いくら遅くなってもこの時期の南極は夜がないから、気温が下がってくるだけで、いつまでも明るいままで昼間が延々と続いていた。私の大型雪上車は二〇トン以上の荷物を引っ張っていたが、そのありあまるパワーでいつも最初の二～三台目にキャンプ地に着いていていた。

キャンプ地に着くと、まずは命の綱の雪上車の給油・メンテナンスを行い、早速食事の支度にとりかかる。車のすぐ後ろにつないである、周囲をベニヤ板で囲ったそり（箱ぞりと呼ばれた）が、旅行中の食料ぞりとなっていた。

ここからその日のメニューを適当に決め、サポートしてくれる日替わり当番の隊員と一緒に、そりのラッシング（縛りつけるという意味のノルウェー語だそうです）をといてカチカチの食料を引っぱり出す。レーションといっても何種類かのインスタントものをのぞけば、ほとんどが原料そのままの状態で食料ぞりに積載されていた。越冬を終了して帰る頃には、基地で越冬中に作った、ちょっと熱を加えるだけで簡単に食べられる本当の意味でのレーションが大量にあることになるのだが、まだ初めのうちはそうもいかない。また設備のほとんどは、家庭の小さな台所に毛もはえていないようなもので、こぎれいな台所で可愛《かわい》らしい料理を作っている主婦をここに連れてきたら、まずは沈黙……、目が点……、その後で絶望……というところか。でも、高校時代可憐《かれん》な美少女だったわが妻みゆきちゃんも、今では号令一下、わが家族を完全にその掌握下においているから、案外女性をここに連れてきたら毎日をたくましく、エネルギッシュに過ごしていくのかもしれない。

南極には世界の真水の七〇％があると言われる。しかし、雪・氷はほぼ無限に存在しても、これから水を造るとなるとひと手間になる。前の三七次隊は、電気炊飯器を応用した「造水器」を持ち込んでいた。これは炊飯器のヒーターの部分をはずして周りにステンレスの円筒をかぶせたもので、一回に二〇リットル近く造水できるというすぐれものではあったが、なにせぶかっこうで……。『スター・ウォーズ』のR2D2に小汚い毛布を巻けば、大体のイメージができ上がる。

今回はそれを大幅に改造した、造水能力も三〇リットルまでアップしたものを持ち込んだ。朝のうちに雪を放り込んで蓋《ふた》をねじでしっかり締めておくと、夕方には水ができている。この雪の補給も当番の隊員の重要な仕事で、忘れると、その日の水はゼロ……という恐ろしい状態になってしまう。

と言っても、わずか総量三〇リットルしかない。今回のメンバーはドーム越冬隊九名、サポート隊二名、報道二名の計一三名で、一日に使用可能水が三〇リットルぽっきりということだ。したがって、当然調理に伴う諸作業で省略してしまう過程が必然的に増えてくる。

まずは、材料の洗浄、これはすべて無し。次に米を研ぐ、これも無し。今回は「しらせ」艦内で米は研いでパッキングしてきたので、研がない米は食べなくて済んだが、代々の隊はこの無洗浄米を食べていた。味は「少々粉っぽい」とのこと。

調理に使った鍋《なべ》・釜《かま》の洗浄、これはさすがに洗った。が、洗剤を使ってザブザブと洗うことは、水も無し、シンクも無しの状態ではまったく不可能、インポッシブルだった。そこで、まず使った鍋は水を少し入れて、オプティマス（灯油コンロ）にかける。沸いてきたところで、お湯を捨て中をペーパータオルで拭《ふ》いて、おしまい。さすがにこれだけだと油汚れは落ちないので、隊員の人たちには内緒で、拭いた後「スキナクレン」という水無しで使える手洗い用の発泡石鹸《せっけん》で拭いてみたら、きれいに油汚れは落ちた。隊員の腹具合はその後なんでもなかったので、大丈夫ということにしておこう。食器ももちろん洗わない。各自で使い終わったらお湯を食器に入れ、そのお湯は胃袋に投入し、またまたペーパータオルでキュッと拭いて終了。

さて食事をすると当然余りものが若干出てくる。日本だとゴミとして捨ててしまうが、南極でもゴミの問題が持ち上がっており、なるべく出すゴミは少なく少なくというのが最近の風潮になっている。ゴミを出してもゴミ収集車は絶対来ないし（来たら怖いだろーな）。そこで「余り物使い回し大作戦」を取ることにした。隊員の胃袋を「ゴミ処理工場」として使用するのである。

「しらせ」からもらってきた食料の中に冷凍食品の「和風煮物野菜ミックス」というのがあった。これはサトイモ・ニンジン・シイタケ・タケノコなどが適当な大きさにカットされてパッキングされたものだが、これを内陸旅行中に三段階に変化させて使った。旅行も毎日毎日続いていくと、種類の限られた原料と乏しいレパートリーではどうしてもパターンが決まってきてしまう。ある日の夕食時この「和風煮物野菜ミックス」を使って煮物を大量に作ったが、毎日寒い中で移動していると体が肉類を要求するせいか、今ひとつ売れ行きがよくない。「こりゃ余るワ……」と心の中でつぶやいていたとき、隊員の一人が「あーあ酢豚が食いてぇなぁ」とつぶやいた。「いいよ明日作ってやるよ」と言ったまではよかった。しかし、がっちりラッシングしてある越冬食の中から引っぱり出してこなければ、まったく酢豚の原料がないことに気がついた。それに揚げ物もせまい雪上車の調理室（?）では「ちょっと勘弁してよ」という感じ。でも約束は約束。大量に余った煮物を利用することにした。まずは豚肉の代わりに鶏肉《とりにく》を適当な大きさに切って片栗粉《かたくりこ》をまぶし、フライパンで火を通した。それを煮物の中に投入し火を通して温める。これでは正月に食べるうま煮とあまり形状は変わらない。これを中華に化けさせるために甘酢に登場してもらおう。

あんもいろいろな調味料を加えて作らなければならないが、ここではそれも不可能。中華と書いてあるものを探して回りをグルッと見渡すと、目に留まったのが中華ドレッシング。ごま油で瓶詰めの刻みニンニクを炒《いた》めて香りが出てきたところにこの中華ドレッシングをジャーと一瓶あけた。

ぷくぷくと沸いてきてから水溶き片栗粉を入れてとろみをつけ、先ほどの「鶏肉入り前日余った煮物」を投入してよく混ぜたら、見事にメイド・イン・ジャパンの料理がチャイニーズに化けてくれた。味も適度にピリッと辛味が効いて間に合わせ料理とは思えないくらい程良い味加減。中華ドレッシングもくらげやキュウリにぶっかけるだけでなく、こんな使い方をしてみると目先が変わっていいかもしれない。

中国からの同行科学者・李《リ》さんも「うまい!!」と中国語でほめてくれたので合格点だったとは思うけれど、ひょっとして中華を食ったことがない？　まさか……。

次の日はこの余った「鶏肉入り前日余った煮物中華ドレッシングかけ酢豚風」をプレートに並べ、マヨネーズをたっぷりまぶして二二〇℃に熱したオーブンレンジで焼き上げた。和・洋・中が一挙に合体したまるでオリンピックのようなグラタン風のものが出現した。結果としてはこれが一番好評だった。

苦しまぎれ料理を作りつつ、やがて旅行隊は一九九七年一月一日昭和基地から二八〇㎞離れた「みずほ基地」に到着した。

みずほ基地でお正月

S16から二六〇㎞ほど内陸に入ったところに「みずほ基地」がある。無人で、基地自体は雪の下に埋もれ、常駐する観測隊員はいない。現在は、観測隊が内陸に向かう中継拠点になっている。

一九九七年一月一日はここから始まった。実はみずほ基地に到着したときにちょっとしたハプニングがあった。「ブチル特急便」と名付けられた三七次隊が、「ドームふじ」から降りてきたのである。ドーム基地では三六・三七次隊によって、深層掘削という、一言で言うと「氷掘りサンプル採集作業」が行われていて、それまでに二五〇〇ｍくらいまで掘り進んだとか……。

ところが、その肝心のドリルがスタックしてしまって、どうにもこうにもならなくなった。二五〇〇ｍも掘った穴を維持しておくための液体「酢酸ブチル」が足りなくなり、三八次隊の輸送しているものを緊急に取りに来たのだ。

メンバーは藤井理行三七次越冬隊長他、米山ドクター＆谷口機械隊員の三名。いずれも超極寒地ドームで越冬した自信に満ち溢《あふ》れた強者《つわもの》たちだった。特に、現在は札幌市立病院で外科医長として活躍しておられる米山ドクターは、はっきり言ってアブナイ人の匂《にお》いをプンプンさせたオッサンだった。髪は腰までたらし、インディアンのようにニカ所で止めて耳にはピアス、それも二つ……。目つきは、一人で海外旅行をすると必ず税関でチェックが入りそうな形状。医者だと教えられても「ホントー？　ウソー!!」と声に出したくなるような、とにかくそんなヒトだった。

藤井隊長も、一昔前にフォークソングを唄《うた》っていた「売れない歌手のなれのはて」のようだし、「一番星」とあだながついていた谷口隊員はモヒカン刈りで……。夕食に用意した「野菜たっぷり冷凍ラーメン」と「キャベツの千切り」をばくばくと食べたかと思うと、雪上車の点検をアッと言う間に終え、おみやげがわりにさしだした「しらせ」からの生野菜を積み込むと、酢酸ブチルぞりと三八次の隊員二名、SM一〇四号車をひきつれてとんぼ返りで引き上げて行った。往復一四〇〇㎞あまりを一週間で走破するというスーパーハードスケジュールで、谷口隊員は基地帰投後しばらく血尿が止まらず寝込んだとか……。

さて、二名減となり総勢一一名になったパーティーだが、とにかく元旦《がんたん》である。新年会をやりましょうということで、手持ちの正月セットをなんとか引っぱり出してきて、口取り・伊勢《いせ》エビ・小鯛《こだい》の塩焼きなどを用意した。

しかし、盛り合わせにする大皿がない。有田焼や青磁の盛り皿と贅沢《ぜいたく》は言わないが、せめて、居酒屋で出てくる「刺身盛り合わせ一〇人前用」ぐらいのものはないかなあ……と探したところ、そりの横についている縦四〇cm×横五〇cmくらいのネームプレートが……。それをはずしてきて、アルミホイルを敷くと、和懐石には使えないが、小学校卒業の謝恩会くらいには使えそうな、何とも見た目はきらきらとした大皿が出現した。なんとか格好をつけて種々の料理を盛り合わせにして出した。

雑煮は、だしをひいてやりたかったが、カツオも昆布もなかったので即席のワカメスープにオーブンレンジで火を通した切り餅《もち》を浮かべて我慢してもらった。これはこれで、まあまあいける一品になったのではないか、と自分だけで思っている。ワカメと餅が微妙にからまりあって、なんとも不思議な味覚を醸《かも》し出してくれた。もちろん余った伊勢エビの頭や鯛の塩焼き等は、味噌汁《みそしる》や潮汁《うしおじる》に姿を変えて隊員の胃袋で成仏《じょうぶつ》してもらった。

鯛の身はほぐして、醬油《しょうゆ》・七味唐辛子・マヨネーズ・乾燥タマネギで和《あ》えて、次の日の昼食のサンドイッチの具にしたら、めちゃくちゃうまいシーチキンサンドに。魚嫌いの子どもでも、たぶんおいしく食べてくれるのではないだろうか。日本で作るときには、乾燥タマネギでなくて、フレッシュのタマネギで作った方がよりおいしくなると思う。その際はタマネギを塩でもんだりしないで、薄くスライスしたものをそのままはさんだほうが辛味もきいてうまいと思うが、そこはお好みで。

「大雪原の小さな家」到着

地平線の向こうに、ボヤーッとしたものが点々と見え出した。雪上車が進むに連れて、徐々にはっきりとした建物の輪郭をなしてきたドーム基地は、雪原の真ん中にポツリと建っている。

一九九七年一月一六日、総行程一〇三五km、延べ日数一九日間で、わが三八次隊は遂《つい》にドーム基地に到着した。「大草原の小さな家」という物語があるが、ドーム基地はまさに「大雪原の小さな家」であった。

余裕を持って、この日はドーム基地から一〇kmばかり離れたところでキャンプとなった。「しらせ」を離れて二〇日も過ぎると、さすがにみんな手慣れたもので、そりの切り離し・燃料補給・長距離通信用のHFアンテナの設置・飲料水用の雪の採取・

炊事作業・雪上車の点検等々、流れるように作業が進んでいく。毎日毎日ただ雪の上を走行して、食って寝るだけの単調な生活とも今日でおさらばかと思うと、動作にも自然気合いが入ってくる。

今夜のメニューはすき焼き。

オーストラリアの牛ヒレ肉を一人あたり一kgくらいスライスして、残り少なくなってきたタマネギをどっさり、干しシイタケと冷凍のインゲンや絹さやを青味に入れる。シンプルと言えばそれまでだが、焼き豆腐もしらたきも長ネギもすべて無しの「超手抜き牛肉ごっそりすき焼き」。隊員諸氏は、これまたオーストラリアで積んできた、約一カ月前の卵にどっぷりと浸し、旺盛《おうせい》な食欲で胃に放り込んでいく。

夕食時の話題は自然に、明日から始まるドーム基地の食生活に流れていった。「越冬中は、松阪牛とか米沢牛とか食べられるんでしょ？　日本ではあまり高い肉は食べられなかったから楽しみだなあ」と極地研から参加している大気と気象担当の平沢隊員。

「肉はなんでもあるよー、牛は松阪・米沢・三田《さんだ》からAUビーフまで積んできたし、黒豚・いのしし・鴨《かも》・馬・七面鳥からチキンまでありとあらゆるものを調達してきているよー」と調子のいい私。ただし、すき焼きをしても生タマネギは今日が最後で、しらたきも長ネギも無し、おまけに卵も明日からすべて冷凍になるなんてことは、まだこの時点では秘密である。

一〇kgくらいあった肉も残り少なくなり、ビールと酒とウィスキーとワインと焼酎《しょうちゅう》と、とにかくこの日、食前・食中・食後酒として出した他に隊員がそれぞれ持ち寄った酒の酔いで頭がふんわりトロトロと流れ出すにつれ、つらかった二〇日余りの内陸旅行のことが思い出されてきた。

出発前夜、昭和基地からVHF無線で「北の国から」を餞別《せんべつ》として熱唱してくれた同じ海上保安庁の田中結隊員。冷凍品の搬出時、「しらせ」に戻ったとき垂れ幕付きの大送別会を開いてくれた海上自衛隊「しらせ」四分隊のみんなの顔。一〇〇トン余りの荷物をわずか一三～一四名で三五台余りのそりに積みこんだ「地獄のS16作業」、出発時軽油の不完全燃焼の煙が立ちこめた雪上車の車内で、軽い一酸化炭素中毒にかかり寝込んでしまった佐藤隊員。燃料をなぜか五リットルしか給油しないで出発し、わずか一㎞で止まってしまった一〇三号車。

「こんな経験しないでもいいことですよー。ほんまは来たくなかったんですよー。なんでこんなところまで来て観測するんですかー」と朝から晩までぼやきにぼやいていた報道の宮嶋カメラマン。アグネス・ラムと山口百恵《ももえ》の水着のポスターがまだ現役でがんばっていた、マイナス三五℃の雪の中に埋もれている「みずほ基地」。

みずほ基地といえば、三〇次隊で参加したときにマイナス四〇℃の中、外で半切りドラム缶で炭火を起こし、バーベキューをやったことをふと思い出した。旅の思い出……。普通は、自然の風景とか隊の具体的な運用とかが出てくるのだろうが、南極に来てみると、思い出すのはなぜか自分たちに関わってくれた人たちのことばかり……。これも南極観測隊がハードウェアに頼っている部分が実は少なくて、大きな流れは海上保安庁がサポートしていた一次隊からの「偉大なる手工業制」が未《いま》だに踏襲されているからだろうか……。とにかくなつかしいあの顔もこの顔も、今は一〇〇〇㎞の彼方《かなた》に行ってしまった（宮嶋氏はまだそばにいた）。

朝になっていよいよ最後の行程が始まった。隊列を整えて出発準備も整ったとき、例のぼやきの宮嶋カメラマンがダッチワイフを持って、「みゆきターボ」と名付けたわが愛車SM一〇五に乗り込んできた。

「『週刊文春』のデスクにこれを南極の大地に立ててこいと言われたんだけど、他のどの車もいやがって、なんとかなりまへんやろか……ホンマ、しゃれにならんですワー」としゃれにならない一言。と言われても、自分の車の上にも本庁から預かってきた「保安庁旗」がひるがえっているし……。「まあ週刊誌に載ることもないやろ……」と考えたのが浅はかだった。

越冬が始まって二〜三カ月ほど経《た》ったとき、日本から送られてきたFAXにびっくり。なんと正面からアップで撮った雪上車の屋根の上で、高々とひるがえっている保安庁旗の横に口を「ガバー」と開けている南極二号ならぬ「麻衣ちゃん」が仲良く並んで写っている写真が掲載されているではないか!! 訓告・戒告・依願退職の三文字が飛びまくったが、なんのおとがめもなく無事に巡視船に戻れたところをみると、時効成立と解釈した。参考までにこの写真を見たい人は、『不肖・宮嶋　南極観測隊ニ同行ス』という本にアップでドーンと載っている。が、お勧めはしない。

一二：〇〇カップヌードルとおにぎりの昼食を済ませ、いよいよ出発時間。雪上車コンボイが一直線に並びドーム基地に向かう。蜃気楼《しんきろう》のようだった基地のシルエットが、だんだんはっきりした形をなしてきた。遠くから見たときに建物だと思ったのは、アングルとドラム缶と足場板で組み上げられた、物資を集積しておくための棚。南極用語でデポ棚だとわかったのは、二〇〇～三〇〇mくらいに近づいてからだった。

越冬を交代する前次隊の三七次隊は、先発隊五名がもう昭和基地に帰ってしまっていたので、残留四名でのお出迎えを受けた。気象庁から参加している池谷隊員がお約束のバニーガールの格好で道案内をしてくれ、七台の雪上車は、遂にドームふじ観測拠点に到着した。

基地の中へ

まずは基地内拝見から。「ドームふじ観測拠点」と書かれたでっかい看板の横にある小さなドアを開けて中に入ったら、そこはなんと冷凍庫だった。と言ってもここは年間平均気温マイナス五七℃、世界一でかい冷凍庫の中に立っているようなもの。暖房が入っていないところは全部超低温冷凍庫だから驚くには値しないが、そこはまだ新参の「ドーム基地越冬隊」、なんとなく感心してしまった。

いよいよ建物の中へ。「うっ暗い！」。強烈な紫外線を二〇日間も浴びてきた目には、基地の中は真っ暗に見えた。基地内の第一印象は、古い倉庫の中に裸電球をつるして板で通路をつけたような……。まだ建てられて三年しか経っていないはずなのに、古い！　そういえば、初めて越冬隊に参加した三〇次隊のとき、あの有名な「昭和基地」はどんなところだろう、と土方仕事の合間に四輪バイクをとばして個人見学としゃれこんだときを彷彿《ほうふつ》とさせる。まるで山奥の工事現場の飯場というか、見たことはないけれど、たこ部屋というか、余りの汚さに「ゲッ」と思ったものだったが……。

基地内の建物（全部パネル工法のプレハブ仕様）は居住棟・食堂棟・観測棟・医療棟・発電棟のわずか五棟で、それに付随するように深層掘削用のドリルを設置している施設が通路でつながっているだけ。建物の数が五〇棟以上ある昭和基地から比べると、まさに零細・過疎《かそ》・小規模・田舎・テント村……。あらゆる言葉を並べ立ててもその規模は「おてんとうさんと番頭さん」、「月とすっぽん」以上の違いがあった。

この基地で一年間生活していた越冬隊員はと言えば、国立極地研究所・＊＊病院・気象庁・北大と、それぞれ堅気の（？）組織から参加しているのに、外見は腰までの長髪あり、ピアスあり、仙人髭《ひげ》ありとみんな、全員、すべての人たちがあぶないおじさんの雰囲気をぷんぷん漂わせていた。あの例のぼやきの宮嶋氏の一言「ここはオウムのサテイアンですワー」。

「一年経つとみんなこんな風になるんだろうか?」と思ったが、もう後戻りは絶対不可能。ちなみに私も越冬終了後「しらせ」に戻って「自然食屋のおやじみたい」と言われた。

雪上車の点検後、当面の荷物を持って三八次隊が食堂に集まってきたところで、いくつかのグループに分かれて基地内旅行が始まった。案内役の米山ドクターが「雪洞に入りますので羽毛服着て下さい。下の温度は平均マイナス五〇℃くらいですので、凍傷になるかもしれませんから……」とさらりとおそろしい一言。このときはまだ、超低温体験初心者。一カ月も経つと、サンダルとジャージ・Tシャツ一丁で水割り用の氷を作りに雪洞に平気で降りて行くようになる。まずは全員がそそくさと羽毛服に着替え、二班に分かれて基地ツアーの開始。

居住棟・観測棟・医療棟は、最初のイメージ通り、「狭い」「小さい」「暗い」というたものだったが、雪洞に入ってびっくり!!「綺麗《きれい》」「華麗」「神秘的」……つたない形容詞では到底言い尽くせないほど素晴らしい光景が眼前に開けている。ウォルト・ディズニーのアニメ『アラジン』で、洞窟《どうくつ》の中にきらめく金・銀・ダイヤ等の宝物が積み上げられてきらめく光を放つ場面が出てくるが、あれに勝るとも劣らない、いや完璧《かんぺき》にこちらの方が勝っている、輝く光のオブジェがあった。

基地下にある雪を縦横二mくらいの大きさで掘り進んであったが、それがまた素晴らしい！

裸電球の下で雪がキラキラと少女漫画の主人公の瞳《ひとみ》のように、光を放って目に飛び込んできた。雪の結晶が、まるでシャンデリアのように集合体になって垂れ下がっている。手をふれるとシャラーンと金属のような音を立てて崩れていく。某乳業メーカーの宣伝担当が見たらすっ飛んでくるような、完璧な雪印のマークがはっきりとわかる。雪の結晶一つが一cmほどの大きさといったら、少しはイメージが伝わるだろうか……。途中寄った「みずほ基地」でも似たような光景にお目にかかったが、みずほ基地の結晶を少年野球とすると、ドームの結晶はメジャーリーグ・オールスターほどの差があった。

この天国のような光景を後にして、次に向かったのが「発電棟」。ここはいわゆる基地の心臓部で、発電用のエンジンが二台。風呂《ふろ》とトイレも設置してある。風呂は、昭和基地のように脱塩フィルター付きのまるで温泉のような立派なものではなく、家庭用のユニットバス。ぽつんと隅っこに設置されていた。

中を覗《のぞ》いて驚天動地！　家庭用二四時間循環風呂なのに、日本全国の温泉が束にな

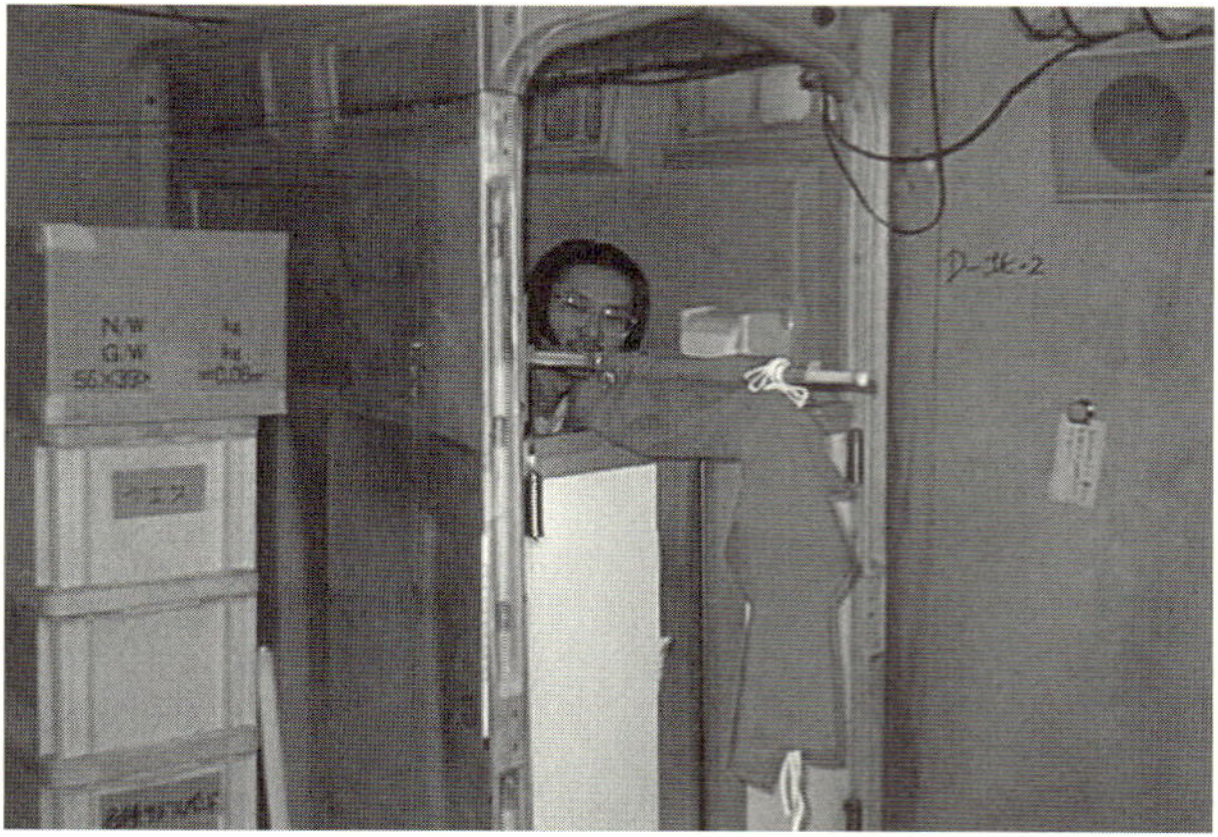

トイレ

ってかかってきたかのような強烈な硫黄臭がモワッと押し寄せてきた。「フィルターが切れたのでしばらく風呂の水変えていません。みなさんにこれから一カ月ぶりに風呂に入ってもらいますが、風呂のお湯を間違っても口に入れないでください。死にますから」と案内の米山ドクター。

「ここが大用のトイレです」と指し示したのが、四方板囲いがしてあって、一段高いところにポツンと設置してある便器。竹竿《たけざお》に赤旗がくくりつけてあって、使用中は旗を倒しておくのだとか。もちろん個室用の鍵《かぎ》はない。というよりも完全な扉そのものがない。基地で「爆弾投下」のできる場所はここだけ、それも一つだけ。三七次隊が帰り、三八次越冬隊だけになっても、しばらくの間、朝のトイレタイムは、便器争奪戦が繰り広げられた。

方式も、もちろん水洗ではない。「パック方式」と言って、連続したサランラップみたいなのが便器の内側にビルトインされており、爆撃終了した後ペダルを踏むと、電動でこの連続ラップが動き出して、投下物を包み込んで下の受け皿に一人分ずつラッピングして収納という仕組み。それをその日の当直が一日の終わりに取り出して、外に置いてある空きドラム缶にデポすると、瞬間冷凍永久保存になる寸法。

ただこのパック方式の欠点は、一緒に「小〇」ができないことで用足しの前には、五mくらい離れている小用専用のドラム缶、通称「ションドラ」で済ませておかなければならない。慣れるまではこれが結構大変で、座り込んでから「あっ、忘れた」ってことがしばらく続いた。「人の前で大〇なんてとんでもない!」と言われる人が国民の九八%はいるだろうが、慣れというのは恐ろしいもの。トイレの前に洗面所があるので、用を足しながら、洗顔している人とその日の腹具合について、実況中継で話をするのも何でもなくなった。

帰国してからはまだやっていない。

最初の洗礼

そんなこんなで「スーパー硫黄温泉」のお湯を飲むこともなく、気持ちよく入浴を済ませ、雪を溶かして水を作る造水槽に原料の雪を入れるべく、雪入れ作業の準備をしていたとき、それは起きた。突然足下から「ズーン」と鈍い音。落盤だ!!

雪を掘るために何人か下の雪洞に降りていたのは知っていたので、あわてて羽毛服に着替え吹っ飛んでいった。途中ですれちがったのが例の「…」の「・」一つが一五秒かかる超無口な金戸基地長。湯上がりのほこほこした顔で歩いてきた。「何人か埋まったのだろうか?」との質問に、返ってきた答えは「……知りません……」。

当然、答えを待つ余裕もなく背中で聞き流し、心の中では「あほ・ばか・ぼけ・かす」と毒づきながら、雪洞に降りていく梯子《はしご》に飛びついた。かなりビビリながら奥をのぞいてみると、人の出す水蒸気と雪煙で濃霧注意報が発令されたようにぼんやりとなっており、視程一㎝といったところ。洞内は思いの外シーンと静まり返っていた。

沈黙を最初に破ったのは例の最初から最後までぼやきっぱなしの「不肖・宮嶋」こ

と、宮嶋カメラマンだった。「冗談やないっすよ。しゃれになりまへんワ、やってられないすよー」と連呼をしつつ梯子を駆け登っていった。確かこの人のキャッチフレーズは「不肖・宮嶋、死んでもカメラを離しません」だったはずなのに、この場合は生きていたから、カメラを離したのだろうか？　後日、日本からＦＡＸで送られてきた宮嶋氏の記事（『週刊文春』に掲載）を見て、正直ひっくり返った。そこには、「大丈夫ですか？　なんでもないですかー」と連呼しつつ、先頭に立って救助活動をしたように書いてあったのだ。

結果的にこの落盤事故は死人もけが人も出なかった。しかし、基地ツアーの最中に、案内役の三七次池谷隊員が、雪洞内で深く切れ込みの入った天井を指さして「ここは雪洞を掘ってい

るときにできたチェーンソーの跡でーす」と大嘘《うそ》をこいていたのを思い出した。まさに落盤はその場所を起点に起きたのだから……。

ちなみに過去四〇年を経てきた南極観測隊の歴史を振り返ってみると、殉職者は二名。一人は有名な「福島隊員」（第四次越冬隊。ブリザードの最中に、犬にえさをやりに外に出たまま行方不明。遺体は七年後に発見された）で、もう一人は氷山から転落した観測支援の南極観測船「ふじ」乗員の海上自衛隊員である。二五次隊の作業棟全焼事故や、二九次隊の隕石《いんせき》調査隊の雪上車クレバス転落事故など死者が出てもおかしくない大事故は何度か起こっているが、奇跡というか、よほど体の頑丈な人を連れてきているのか、日本国内の平均の事故率と照らし合わせても、まさに驚嘆すべき安全係数ではないかと思われる。最初の強烈な洗礼を味わった後は、三七次隊が歓迎会を開いてくれた。主催者の顔ぶれは、次のとおり。

【藤井隊長】昭和基地を副隊長にまかせたまま、遂《つい》にドーム基地で越冬してしまった人で、つらら隊長と呼ばれていた（山羊髭《やぎひげ》のせいか？）。娘さんの名は「みずほ基地」で越冬したことにちなんでか「みずほちゃん」という。折しも受験生で、基地に着いた頃は合格発表の時期で、なんとなくそわそわしていた。めでたく第一志望に合格されたようで、厳しい越冬を味わった顔に「父親の顔」が加味されて、何ともいい顔が印象的だった。

【米ドク】現在は札幌市立病院で外科医長をしている米山ドクター。この人は「副隊長」兼「二番シェフ」兼「影のチーフ機械隊員」を受け持った、何ともスーパーな人だった。

帰国してまもなくの頃の後日談――稚内《わっかない》市立病院に勤務していた際、札幌在住の愛妻に逢《あ》うべく愛車のハーレーを走らせていたとき、留萌《るもい》近郊の小平《おびら》という町で、トラックと接触して足を骨折。留萌市立病院にかつぎ込まれたが、その日のうちに札幌から奥様を呼び寄せて病院を脱走。家に帰ってビールをしこたま飲んだら、足が丸太のように膨れ上がったとか……。

それでも病院を欠勤することなく、ズボンははけないので奥様のスカートを身につけて手術室に入ったそうで、札幌市在住の方は市立病院に行くことがあったらぜひとも周りを見回してほしい。ロン毛を束ねて、耳にはピアス。ちょび髭をたくわえた、ちょっぴりあぶない目をしたおじさんが米山ドクターその人である。

【池谷隊員】現在は森永さんという名前に戻っている。詳しいことは『週刊文春』を読んだ人にはわかるのだが、プライベートに関することなので、ここでは省略ということで。

この人もご多分にもれず耳に三個もピアスをつけていた。所属が気象庁なのに、はたして帰国してから無事に登庁できたのだろうか？ わが隊がドーム基地に到着したとき、バニー姿で出迎えてくれたのも彼だった。とてもさわやかな青年で、三七次隊が和気藹々《あいあい》と越冬できたのも何となく納得できる、そんな雰囲気を持った青年だった。ニックネームはなぜか「ベネトン」。

【藤田隊員】北大から参加していた、雪と氷の科学者。「ミラーマン」と呼ばれていた。とても物静かな人で、三八次隊が世間の垢《あか》を持ってきたためか、みんなに逢ったとたん重い風邪にかかって寝込んでしまった人。ウイルスさえも死滅してしまう平均気温マイナス五七℃の超清潔な空間で生活してきたせいだろうか？　現在は札幌の大学に戻り研究生活に明け暮れていると思うが、風の噂《うわさ》ではフランスのマドモアゼルと結婚して幸せな日々を過ごしているとか……。うらやましい。

さあ、いよいよ歓迎会開始。約一カ月の間、水も無し・食器洗いも無し・ゆったり座れるスペースも無し、何から何まで何にも無し、といった耐乏生活を強いられてきた隊員たちにとっては、暖かい室内で、きちんと皿に盛られた料理を、途中で凍る心配のないビールを飲みながら食することができるなんてそれだけで涙々……。しかも、食堂に入ってみて、さらにびっくり！

緑色が眼に飛び込んできた。大皿にきれいに盛られたビーフンサラダの周りを彩《いろど》っていたのは、緑色もみずみずしいサラダ菜だった！　種から持ち込み、野菜製造器で大事に大事に育てられた何株かが、皿の上でみずみずしい緑色を放ち、白・白・白・白と単色の世界で暮らしてきた眼にはすさまじい鮮やかさ。

ちなみにこの野菜の種だが、今回のドームには、レタス・グリーンカール・もやし・貝割れ・サニーレタス・大葉・チャイブ・ミニトマト・キュウリなどの、主としてサラダで食べるものの他に、観賞用として各種の花の種子を持ち込んだ。基地内に

搬入するまでマイナス五〇℃くらいまで下がった外に放置していたが、レタス・貝割れ・もやしなどは元気に発芽して、一年間食卓を飾ってくれた。

大葉は全然発芽しなかった。ミニトマトやキユウリも葉っぱが出てくるところまではいったが、その後の実となるとバツだった。これも太陽に当てるとか何とかしなければいけないのだろうか？　超低温に種をおいて、それから発芽させるというような例は世界中見渡しても全くないようなので、今となっては謎《なぞ》となってしまった。

歓迎会が始まった。オイル用のピッチャーにドーム産のビールが入れられて回された。わが隊も同じメーカーのものを持ち込み、福田ドクターが一年間作ってくれることになる。これは市販されている自家製ビールキット「NBジャパン」製で、マニュアルでは〈最後の仕上げ段階時、空きのビール瓶に、でき上がったビール液を詰めて炭酸を発生させる〉となっていたが、ここには瓶と名のつくものはいっさい持ってきていなかったため、コンクウィスキー（六五度）を詰めてきていた五〇リットルのアルミタンクで最終発酵を行った。

味はそのときによって、馬のションベンだったり、酸《す》っぱかったり、まあビールみたいなものだったりと様々で、ドクターとの友情に免じてバラエティに富んでいたということに。このときも喉《のど》が渇いていたのと冷たさのせいで結構グビグビと飲んだが、後で考えても「ビールみたいな」くらいの味で……。真心だけごちそうさまです。

この後米山ドクター特製の「おこげのあんかけ」が出たり、三七次隊恒例の「闇《やみ》ケーキ」（手製のデコレーションケーキの中身に唐辛子・カツオの塩辛・御飯などが入っていて、当たりどころによっては超まずい！）が出たり、和気藹々・なごやかな雰囲気のうちドーム基地最初の夜はふけていった。

といっても外は白夜で、いつまでたっても夕方みたいで、夜という雰囲気はまるでないのだが。翌朝はみんな少し寝坊して、三七次の藤井隊長手製の朝食で始まった。基地内放送でZARDの「揺れる思い」が一斉に響きわたり一日がスタート。この曲は以後三八次隊でも、食事やパーティーのときなどに一年間使用された。この曲を聴くと自然に腹が空《す》いてくるというくらい、馴《な》らされた隊員も少なからずいた。

温かい味噌汁《みそしる》・卵焼き・海苔《のり》・ホッケみりん漬けの心のこもった朝食を食べ終わると、本日の作業スケジュールが発表された。三七次隊は帰国準備と、二五〇〇m分掘り下げた氷が五〇cmずつにカットされケースに梱包《こんぽう》されている「コア」と呼ばれているサンプルを雪洞より掘り出し、そりに積む準備。三八次隊は基地持ち込みの物資搬入準備と、今回新たにもう一棟建築する予定の「観測小屋」の基礎工事と盛りだくさんのメニューだった。

従来、南極観測隊の隊同士の越冬交代に関しては、文書でこそ明記されていないものの、昭和基地ではかなり厳密に行われていて、前次隊は一月三一日までは昭和基地にとどまり、新しく来た隊は昭和基地から一kmほど離れた二階建ての「夏宿」別名「レイク・サイド・ホテル」と呼称されている建物に入る。「しらせ」がいる間は食事・風呂・生活全般のサポートは自衛隊が運用し、観測隊員は主に建築作業という「土方仕事」にかり出され、残業手当のいっさい出ない残業の嵐《あらし》の中、連日夜遅くまでこき使われる。その間まもなく帰国する隊は、楽しそうに荷物の整理・基地引き渡しの準備などをいそいそと（これからここに残される隊にとってはそう見える）進め、一年間の越冬を控えた身にとっては、出るのはため息だけ……。

昭和基地にはウォシュレット付きの立派な水洗トイレやサウナ付きの温泉並みの風呂場があり、その辺のスナックなどはぶっ飛びそうな、ビリヤード、カラオケも完備されたBARがある。隊の好意でBARは臨時営業して新しい隊や自衛隊を迎えてくれるのだが、なかには相性の悪い隊もあって、そのときはBAR使用はもちろん、トイレなども丘を越えて、夏宿まで戻らなければならないことになる。

これが二月一日を境に基地引き渡しが行われ、何から何まで（BARの名前まで）新しい隊のものに変わってしまう。前回昭和基地で越冬を行ったとき、どれだけ二月一日を待ちこがれたことか。

その辺のことはさておき、ここ辺境のドーム基地では、全部あわせても現在の人数は一七名。好きも嫌いも言っていられない。新旧とりまぜて何日間か一緒に暮らしていくことになる。私も早速、今日の昼飯から食事当番に入ろうと、作業の前に、前次隊の備蓄食料を調べに、福田ドクターと一緒にまずは雪洞内にある冷凍食品（全部冷凍食品だが）の保管スペースに降りて行った。ここは昨日落盤のあった雪洞の隣で、なんと越冬中に一度落盤がおきているとか。冷凍野菜を中心にいろいろあったが、崩落の後も生々しい雪塊がごろごろしているなか、なぜか天井を支えている形で納豆の段ボールが六〜七個積み上げてあった。

面倒なことは少しでも先送りにしよう。早く言えば怠け者というのだろうか。この「いい性格」がこのときはモロに出て「このあたりの問題は、越冬が軌道に乗ってからにしよう！」と〇・一秒で結論を出した。早々に雪洞から退去し、次は冷蔵室&冷凍室に向かった。冷蔵庫は食堂のすぐ横の通路を改造して、棚をしつらえて造ってあった。奥には換気扇があったが、これは屋内の空気を排出するのではなく、屋内の温度が上がりすぎたときに、屋外の冷気を取り入れて冷蔵室内を冷やすために配線が逆にされ、サーモスタットがプラス二℃にセットしてあった。

入り口には厚手のプラスティック製カーテンがぶらさがり、庫内温度が下がりすぎたときに、これを開けて温度を上げるという仕掛け。単純ながらなかなか合理的な設定で、一年を通じてほぼ一定の適温を保ってくれた。

次に冷凍庫へ。これはスペース的には世界一といっても過言ではない広さを誇っている。外に置けばの話だが。なにせ暖房が通っていないところはどこでも平均マイナス五六℃なのだから……。このときの冷凍室は入り口脇《わき》の暖房の通っていないスペースに、ただ冷凍庫用の分厚い扉がついているだけのものだったが、ここも一年間で最高マイナス三四℃。最低マイナス七五℃と冷凍庫としては、必要にして十分な環境を保ってくれた。

肉類はほぼ使い切った状態だったが、前任者があまり魚類を好きでなかったのか、魚は小鯛《こだい》・アジ・カレイをはじめ、さまざまなものがごっそりと残っていた。このときの心情はほんとにうれしいもので、ボーナスの日に、宝くじが当たったような、ほんとに得した気分になる。もちろん二～三年前のものでも品質の変化無し。越冬中六月ぐらいまでは三七次隊の残していった魚類で十分に間に合った。

今回は、基地内に日本から持ち込んだ一〇トンあまりの食料をどう搬入するかという下見もあった。が、雪洞はあの落盤の状態をみるとどうしても使う気になれない。冷蔵室や冷凍室の完成されたスペースは限られていて、新しく持ってきた食料をここに納めるのはどうしても無理。幸い昭和基地のように屋外に放置していても砂をかぶる心配はないし、冷凍品が溶けることもない。これも、「このあたりの問題は越冬が軌道に乗ってからにしよう!!」ということにした。

さて、最初の昼飯デビューがやってきた。作る時間はあまりない。揚げたり、焼いたりといった手間はかけず、手軽で、しかもうまいものはないか。世の奥様たちが毎日思っていることを考えながら冷凍室をごそごそあさっていたら、目についたのが「冷凍カツオのたたき」。これを五本ほど持ってきて室内へ……。室温にふれた途端、表面にサー、とみるみる霜が付着してくる。

室温はプラス二〇℃、冷凍品はマイナス六〇℃。室内の水分が、八〇℃の温度差であっというまに表面に凍り付く。これを水につけると、「パキッパキッ」という音とともに解凍が始まる。一〇分ほどで水からあげ、ペーパータオルでくるんでおくと、約三〇分で程良い状態に解凍される。

業者さんに聞いた受け売りだが、冷凍のマグロなどは、室温でゆっくり解凍するよりも、三〇～四〇℃の塩水（塩湯？）で一気に解凍した方が格段にうまいという。もちろん何分もつけるのではなく、五～六分ほどであげて、水気をよく拭《ふ》き取るのは言うまでもない。脱水シート（「ピチットシート」の商品名で市販されている）でくるんで、後は冷蔵庫でゆっくり戻していくと、身がきれいな赤色のまま解凍される。ついでに「ピチットシート」だが、アジや鮭《さけ》などを掃除して塩をふり、これに包んで水分を抜いていくと干物《ひもの》や新巻鮭ができてしまう。もちろんシートが水気を含んだら取り替えるという作業を二～三回はしなければならないが……お試しを。

話を戻して。包丁が通るようになった「カツオのたたき」を小さな賽《さい》の目に切り、二：一の割合で混ぜた醬油《しょうゆ》と酒の混合液につけ込む。身は水分をたくさん吸い込むようなので、漬け込み液はたっぷりめにして一時間ほど時間をおき、電気圧力炊飯器で

炊《た》いた熱々の御飯にこれをおたまでたっぷりとぶっかける。レ・ホールというすさまじく辛い「冷凍西洋わさびダイコンすりおろし」をのせ、刻み海苔もたっぷりあしらって出したら、お代わりの続出になった。マグロではなくてカツオを使ったので「銀火丼《どん》」とでも命名しておこうか……。

板前をやったり、土方をやったりほんとにめまぐるしいが、午後からは建設作業の地均《じなら》し作業員になった。これもユンボやブルドーザーなどの機械力を使うわけではなく、ひたすら人力で行う。建設予定地は、観測棟に隣接しているところだったが、ここには吹き溜《だ》まりがたっぷりとできていて、まずはこの除雪作業から始まった。

次に五m四方に大体の線を書いてひたすらス

コップで掘っていく。出た雪は二〇mほど離れたところまでプラスティックのそりで引っ張っていくのだが、これがつらいのつらくないの……。なにせこのドーム基地は標高三八〇〇m、富士山よりさらに高いところにあるので、酸素の量も二〜三割少ない。ちょっと動くだけでも酸欠で「ヒーヒー、ゼーゼー」となるのに、この土方作業は正直死ぬかと思った。

例の文句たっぷりの宮嶋カメラマンもこの作業にかり出され、こき使われていた。「この世でいちばんつらい拷問《ごうもん》は、穴を掘ってそれをまた埋めて、別のところにまた穴を掘ってまた埋めてを繰り返すことやそうだけど、これがそうやないですかー、ほんましゃれにならんですワー」とぶつぶつの嵐。

しかし、手伝わないと飯が当たらない原始共産社会に徐々に慣れてきたせいか、一生懸命やっていた。三七次隊やサポート隊が引き上げた後にこの建物は無事に完成するのだが、このころまだ高地に慣れていない体には本当につらく、越冬中一番つらい肉体労働となった。手作業でのドラム缶ころがしや、Tシャツ一枚での廃棄ドラム缶の掘り起こし、マイナス七〇℃での大型観測気球の打ち上げなど、物理的にはもっとつらい作業がたくさんあった。しかし体感した作業のつらさはこれがナンバーワンであった。

諸作業は毎日淡々と進み、二台のそりに収納されている食料も建物のすぐ近くまで移動され、搬入準備もようやくできたところで、早くも三七次隊およびここまで一緒に行動を共にしてきた三八次サポート隊とのお別れの日が近づいてきた。

別れの日

出発準備も整った夜、「三八次ドーム隊」主催の送別会が開かれた。メニューは、三七次隊のリクエスト、およびオブザーバーで参加していた中国の交換科学者・李さんに敬意を表して中華のフルコースにした。米山ドクター手製の雪上車のベアリングを使って作られた回転テーブルの上に、酔鶏《すいけい》・上海蟹《シャンハイがに》・鯛の中華風刺身・くらげ・鮑《あわび》の蒸し物・北京《ペキン》ダック・中華まんなどをごっそりと盛り合わせ、この日ばかりは缶ビールも飲み放題、コンクではないウィスキーも飲み放題とした。

宴が盛り上がるにつれ、三七次隊はまもなく訪れる帰国の日々に思いが飛び、「新鮮な生ビールも死ぬほど飲んでやる。毎日流しっぱなしのハリウッドシャワーもしこたましてやる。クソとションベンも日に三度は一緒にぶちかましてやる」とボルテージはガンガンあがっていった。

対する三八次隊は「はいはい、何をしても金のかかる下界に早くお戻りください。こっちは酒も煙草《たばこ》も食事も何から何までみーんなただの世界でゆっくり楽しませていただきます」と返すが、今一つインパクトに欠けた。

明けて次の日の午後、いよいよ三七次隊・サポート隊の出発の時がやってきた。雪上車の暖機運転が終わり、残される三八次隊が一列に並んで見送る中、出発するメンバーが一人一人握手をして、雪上車に乗り込んでいった。

半死半生でドーム基地にたどりついた我々を温かく出迎えてくれた三七次藤井隊長・米山ドクター・池谷隊員・藤田隊員。ビールを温めて飲むのが大好きで、いつも笑顔を絶やさなかった中国からの李さん。不平不満の嵐の連発の中、精力的に写真を撮りまくっていた宮嶋カメラマン。圧力差を考えないでインスタントコーヒーの瓶をあけて中身をばらまいたり、雪上車の中で転倒したりと、ドジさにかけては誰もかなわなかった、気象庁から派遣された中島隊員。雪上車のプロで、食欲がついに一度も落ちなかった大原鉄工所からの関口隊員。みんなが順番に雪上車に乗り込んだところで、先導車から高らかにクラクションが鳴らされた。

四台の雪上車がそれぞれ何台ものそりを引っ張って、目の前を通り過ぎていく。出

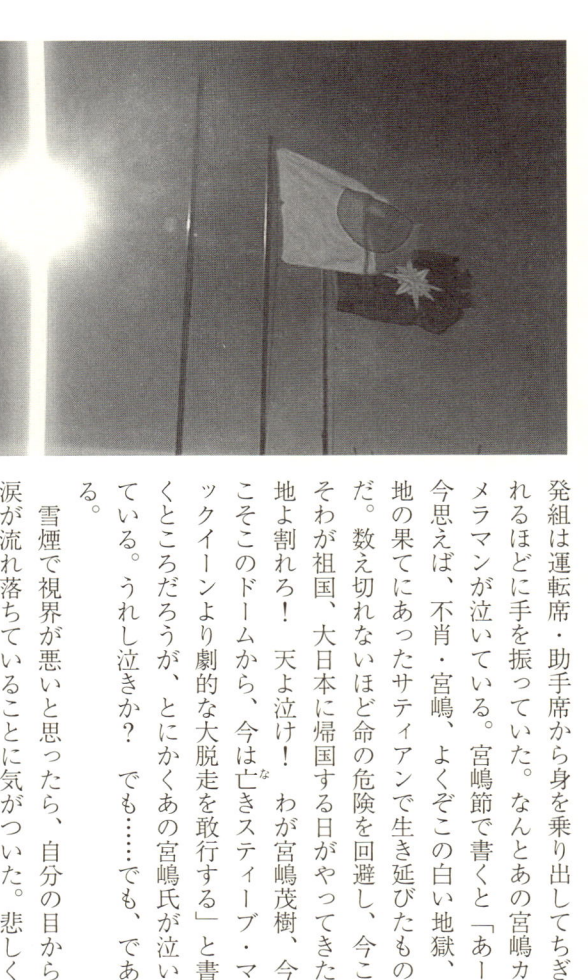

発組は運転席・助手席から身を乗り出してちぎれるほどに手を振っていた。なんとあの宮嶋カメラマンが泣いている。宮嶋節で書くと「あー今思えば、不肖・宮嶋、よくぞこの白い地獄、地の果てにあったサティアンで生き延びたものだ。数え切れないほど命の危険を回避し、今こそわが祖国、大日本に帰国する日がやってきた。地よ割れろ！　天よ泣け！　わが宮嶋茂樹、今こそこのドームから、今は亡《な》きスティーブ・マックイーンより劇的な大脱走を敢行する」と書くところだろうが、とにかくあの宮嶋氏が泣いている。うれし泣きか？　でも……でも、である。

雪煙で視界が悪いと思ったら、自分の目から涙が流れ落ちていることに気がついた。悲しくはないのになぜか涙腺《るいせん》が緩んで止まらない。涙は下にはホロホロと落ちず、すぐ凍って、顔がガバガバになる。でも去る者、見送る者、それぞれ万感の思いを込めて手を振っていた。

残された三八次越冬隊は、雪上車が地平線に消えていっても、しばらく刻まれたトレースを眺めていた。頭上にはハローと呼ばれる、太陽にかかった大きな輪が、私たちを見守るようにキラキラと光り輝き、硬質のスポットライトを浴びせてくれた。

いよいよ九名だけの長い長い越冬生活が、この瞬間から始まった。

作業と宴会の日々

越冬が始まった

映画『南極物語』のテーマ「ヴァンゲリス」がドラマチックに流れることもなく、九名の越冬隊が手に手を取り合って太陽に向かって明日へのまなざしを向けることもなく、きわめて淡々と普通にわが「ドーム越冬隊」の生活はスタートした。

夕食のときに気づいたのであるが、どうもわが隊は無口な人が多いようだ。しばらくぶりの少人数で囲む家庭らしい温かい夕食の席でも、あまり会話は弾まない。早くもホームシックにかかったかと思い、そっと一人一人に話しかけても格別機嫌が悪いわけでもなく、どうやら単に無口な人が集まっただけ、ということに気づいたときはすでに遅し。他の人類は遠く遠く一〇〇〇㎞の彼方《かなた》に遠ざかっていた。

同じように感じていたのは、奈良女子大から日本に新妻をおいて参加している川村隊員。酒はほとんど飲めないが、そこは関西人。

「このメンバーはやばいでっせー。一年間二人でつないでいかんとまずいですワ」

本山隊員

この日の夕食を境に、以後一年間しらふの関西弁と、ほろ酔いの北海道弁が食卓に飛び交い、その合間に鹿児島弁から広島弁、はたまた名古屋弁がポッポッと入ってくることになった。第三八次ドーム越冬隊のメンバーを紹介しよう。

【金戸副隊長】「きんちゃん」。例の「・」一つの間が一五秒の御仁。気象庁から派遣され、一年間深夜と早朝の観測をロボットのように続けた。無口かというとそうではなく、時々ジョークをかましてくれたが、発声と音量が乏しく、ほとんど聞き取った隊員はいないはずである。繊細なようで実は性質は荒く、ドームへ向かう内陸旅行では、結構キレて爆発したみたいではあるが、さだかではない。

過去南極で二回越冬した経験を持つ。

【本山隊員】「もとさん」。「国立極地研究所」か

ら参加した雪氷学者。雪のサンプリングや、ドリルで採取した太古の氷「コア」の解析・梱包《こんぽう》を毎日モクモクとこなした。

私が毎日夕食前に行っていた「アペリチフタイム」のよき相棒で、ほぼ二人で一〇月までに、六五度のコンクウィスキー約一五〇リットルを飲んでしまった大酒飲み。私は一〇リットルくらいしか飲んだ記憶がないので、一四〇リットルは飲んでいる勘定である。いつも腹を押さえて「肝臓が痛いの！」と叫んでいたので、帰国した今日もう戒名がついているかと思ったら、まだまだ元気なご様子。世の中には凄《すご》い人がいるものだ。

この人も南極経験者。

【平沢隊員】「ひらさん」。「国立極地研究所」から派遣された気象学者。初めての南極大陸を踏みしめて毎日ご満悦の様子。頭脳明晰《めいせき》にして、物静か・上品で・理論的な外観である。が、「隊一番の食いしん坊にして、無類のスケベ」がばれるのに、そう時間はかからなかった。甘いものが大好きで、水曜日恒例の「平沢ベーカリー」の社長である。しかし雇い入れた数少ない職人に、腕の方ではすっかり抜かされ、後半は出来映えの評論家、実はただ食べる人になってしまった。

別名「極研一のいい男」。

林隊員

【林隊員】「りんさん」「バイキンマン」「カメムシ」「スピッツ」「えてこう」。名古屋大学から参加の大気学者。エアロゾル等を計測するために大気球を持ち込んだ人。細い体にむち打って、観測のためならば五m四方の大雪洞を掘ったり、マイナス六〇℃の中で素手で気球のロープを結んだり、寝食を忘れて観測に打ち込み、文字通り命をかけた人。
風呂《ふろ》が大嫌いで、八日に一度回ってくる当直日にしか入浴せず、「バイキンマン」の通称が後に一般的となる。場末の一杯飲み屋よりまだ侘《わ》びしい、それでも基地唯一《ゆいいつ》のBAR「りんさん」のママさん（?）でもある。ただ、かなりのからみ酒で、飲みながら説教をくらった隊員も。
【福田隊員】「ドック」。この人とは越冬中愚痴を言ったり聞いたり、最も密度の濃い時間を過ごした。鹿児島県出身の九州男児で、北海道は砂川市立病院から参加した、麻酔科のドクター。四六歳ながらトライアスロンで鍛えた頑健な体は、乗鞍《のりくら》で実施された冬訓練、菅平《すがだいら》で行われた夏訓練を通して、猛烈なパワーで他の隊員を圧倒した。

基地生活でも、自家製ビールの醸造主任、公式ビデオのカメラマン、水曜日恒例の「カレーライス」の調理人といった副業を精力的にこなし、マイナス六〇℃のときパンツ一丁での自転車こぎや、マイナス七〇℃の超低温の中、羽毛服でジョギングしたり、マイナス七五℃・五m/sの風の中、ドラム缶を一〇〇m余りゴロゴロころがして基地に搬入したり、医者というよりも、人力万能・全天候・ハイパワーロボットとして、ドーム越冬隊には貴重な人材だった。

陰の声「人の言うことはほとんど聞かないアホおやじというのもありまっせ」。

【川村隊員】「浪速《なにわ》の兄ちゃん」。奈良女子大から雪氷部門のサポートで参加した人。その軽妙な浪速弁は、長い越冬生活でともすれば落ち込みがちな越冬隊の潤滑油として、大いに役立ってくれた。無口な隊員が多い中、夕食時のしゃべりまくる部門の貴重なパートナー。

【西平隊員】「盆」。共同通信社から参加の通信・機械担当。サブシェフとしても腕をふるった。パソコンの達人で、写真名人（?）。越冬生活を何千枚も撮っていたみたいではあるが、そのフィルムがどうなったかはさだかではない。広島出身で広島カープの熱狂的なファン。一九九七年のシーズン、もし優勝できなかったら頭を丸める予定だったが、元々毛が少ないので毛を刈ったかどうか気がついた人は誰もいない。私といつも行動が一緒で、弟のような存在だった。

【佐藤隊員】「主任」。いすゞ自動車から参加の機械担当。寒さに異常に弱く、肉体労働は苦手。涙もろく、酒を飲むと泣き上戸はさらに加速された。出発前にカメラ・デジタルビデオ・パソコン等ハイテク機器をごっそり買い込んで、越冬に臨んだが、それらを使っているのを見た人は誰もいない。

【西村隊員】「大将」。不肖私のことである。調理担当として海上保安庁より参加。第三〇次隊についで、二回目の南極。前回は昭和基地で越冬したが、無我夢中の一年間であったため、今回は南極を楽しんで越冬生活を送りたいと強く願っている。性格はわがままにして怠け者。好奇心が強いものの、あきっぽい二面性を持つ。

煙草《たばこ》・酒・夜更《よふ》かし・ごろ寝・塩辛いもの・甘いもの・体に悪いものすべて大好き！　ジョギング・トレーニング・節制・早寝・早起きなど健康にいいと思われているものにはあえて背をむけて生きている不良中年。その生き方が反映されたのか、つ

西村隊員

いたあだ名が「大将」とは。

以上九名が「第三八次南極地域観測隊 ドームふじ観測拠点越冬隊」のメンバーである。

最初の宴会

一九九七年一月二九日、越冬隊最初の大仕事「大気観測棟」の落成式を迎えた。この建物、目的は文字通り「大気を観測するための研究室」兼「物置部屋」で、八畳ほどの部屋。材質は、断熱材がはさまれた三m×五〇㎝くらいのパネルを、横に出ているフックに引っかけて組み立てる仕組みになっている。

その方式自体は、「技術」の点数が赤点ばかりのメンバーが集まったとしても、数時間ででき上がってしまう簡潔にして合理的なもの。来る前に極地研の庭で一度仮組みを行ったが、ここは標高三八〇〇m、酸素も下界と比べて二割ほど少ないドーム基地。案の定、土台を他の建物と水平にするための雪運びの作業だけでも「ヒーヒー、ゼーゼー」。重度の呼吸障害を持っている人に、フルマラソンを走らせるほどのつらいつらい作業となった。

艱難辛苦《かんなんしんく》を乗り越え、昭和基地の本格的な建物と比べると若干、いや相当見劣りするが、寝ころんで視点を低くすると威風堂々としている建物が完成した。なにか一つ仕事が終わったとなれば、パーティーをしなければ……。今回自分だけのテーマとして「好きなときに、好きな形で、たくさん飽きるほど宴会をやる」と決めていたので、「パーティーやろ！　宴会を開こう！　鍋《なべ》をやろう！」と勝手に決めてしまった。

早速材料を調達に、こればかりは昭和基地を圧倒する冷凍庫へ。一緒についてきたのが、当直の川村隊員こと兄ちゃん。ズラリと並んだ食料を見渡して「へー、いっぱいありまんなぁ。せっかくやから、何か作らせてもらえまへんやろか」。兄ちゃんのテーマは、帰国してから愛妻のふみこちゃんが驚く料理を覚えることだそうで、今回はちらし寿司《ずし》に挑戦となった。

せっかく作るのだから、手間はかけても時間はかけず、寿司屋の裏飯「バラちらし」に挑戦！

電気圧力鍋で炊《た》きあげた御飯に、やや塩味を勝たせた寿司酢をぱっぱっと混ぜ、冷凍の柚《ゆず》の皮と、ひねり味で「ミツカンおむすび山しそ味」をたっぷりと混ぜアクセントに。寿司桶《おけ》に盛り込み、上に角切りにして醬油《しょうゆ》と酒に漬け込んだマグロやカツオ、湯にさっとくぐらせて二杯酢に漬け込んだ冷凍アサリ・タコ、生の北海道産の帆立貝・北寄貝《ほっきがい》・イカ・甘エビ・牡丹《ぼたん》エビをたっぷりと乗せ、キャビア・雲丹《うに》をトッピングして冷凍絹さやを彩《いろど》りに盛ったら、とても素人《しろうと》料理とは思えない華麗な料理に仕上がった。

もう一品は寒い季節にはたまらないアンコウ鍋。これは切り身にして冷凍してあった三七次隊のものを流用することにした。越冬隊用語で「中段」と呼んでいる、五六×三六×二九cmの段ボールに、一口大にカットされた切り身がぎっしりと詰まっていた。総重量三〇kg！　アンコウといえば、肝臓や皮やプルプルになっている頭や骨の回りの肉がうまいが、いくら段ボールの中をほじくってもそのかけらも見出《みいだ》せなかった。

全部、ひたすら全部、身しかなかった。一瞬、肝や皮やプルプルの骨回り、要するに旨《うま》いところばかり使って、盛大な「アンコウ鍋」を食っているかもしれない日本国

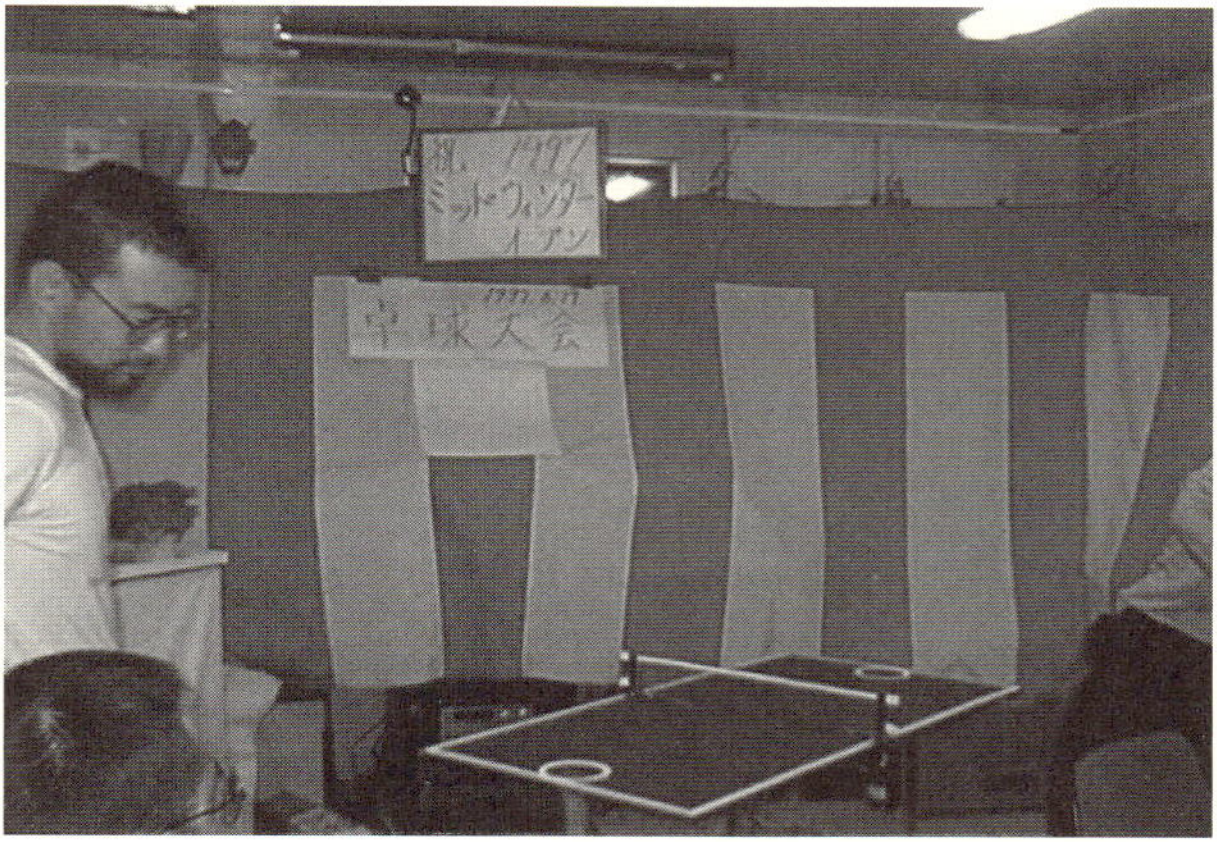

内の誰かを思い浮かべ、逆上しそうになったが、よく考えてみると、わが隊にとって元はただのものを使っているのだから、ひとまずあげた拳《こぶし》は懐《ふところ》にしまい、ひたすら身だけの「アンコウ鍋」を作ることにした。

「今日は鮟鱇《あんこう》鍋だよー」

「えっあんこなべ？」

「どんな味なんですか？」

「俺食ったことねぇーや」

さまざまな感想が飛び交う中、まだ暖房も配管されていない寒い寒い部屋で宴会は始まった。なぜか回りは紅白の垂れ幕が……。これは観測隊の伝統のようなもの。誕生会・壮行会・歓迎会・クリスマス・正月・フルコースのパーティーのときですら、回りに紅白の垂れ幕をつるすのである。

尻《しり》の下「三〇〇〇mの厚さの氷」からジンジンと伝わってくる底冷えも無視して、まずはやかんで沸かした「月桂冠《げっけいかん》」で乾杯。続いて身だけの「アンコウ鍋」の出番がきた。久しぶりの鍋料理。温かさと物珍しさにみんな「うまい、うまい」の連発であった。が、まずい！　これはおいしくありません。

「アンコウ鍋」はキモや骨や腸や胃袋や皮などがそれぞれ違う食感で口から胃に落ちていってハーモニーが生まれ、満足感が押し寄せてくるのである。身だけのアンコウはまるで「野菜の入っていないカレーライス」「しらたきだけのすき焼き」「スープを入れ忘れたカップラーメン」のように妙におまぬけな代物《しろもの》だった。

しかも冷凍乾燥してしまったせいか、身自体もなんとなくバサバサ感が先に立ち、それが昆布と冷凍長ネギと冷凍白菜の中で泳いでいる形状は、なんともなさけないもの。「やべー、最初の宴会は失敗だワ」と思いつつ、注意を兄ちゃん特製のバラちらしにふりむける作戦に切り替えた。

「へー、これ初めて作ったの。うまい！　ほんとにうまいワ、この寿司の材料、手を加えないでそのまま食ったらもっとうまいワ」

ほめ言葉か、皮肉かよくわからない会話の中、みんなの目をかすめてアンコウ鍋改造大作戦にとりかかった。コチュジャンと豆板醤《トウバンジャン》をたっぷり入れ、ポン酢も投入。めんつゆで下味をつけ、ごま油を振り入れて、やたらど辛い鍋に改造した。辛さで汗だらけになった顔で、福田ドクター曰《いわ》く「さっきのうまかったけれど、こっちはもっとうまいワ。へー、こんな作り方があるんだ。さすがプロ!! 日本に帰ったらやってみよ」。以後、彼との間には熱い友情が育つことになる。

寒いときに鍋料理と日本人は言うが、平均気温マイナス五七℃、標高三八〇〇mのここでは、どうもそれが当てはまらないみたいだ。白身の魚をポン酢で食べる形態は、いくら部屋の中が暖かくても、なにか心の隙間《すきま》が埋まらず、ものたりず、パワーがつかず、キューバのバレーボール男子ナショナルチームに日本の中学女子バレーボールチームが挑むような、妙な心細さを覚えた。

中国・韓国・ヨーロッパから、ごま油・唐辛子・オリーブオイル・バターなどの強力な外国人助《すけ》っ人《と》を招聘《しょうへい》しなければ、「ドーム越冬」という三六五試合続く長丁場のペナントレースを乗り切れないことが明らかとなった。とくれば、次回のパーティーは力もりもり・スタミナ抜群の北海道人大好き鍋「ジンギスカン」でいこうと、一升入り紙パックの月桂冠で溶けかけた頭の隅で密《ひそ》かに誓った。

二月だぞー

カレンダーの日付もはや二月に入った。遠く離れた昭和基地では、二月一日が越冬交代の日となっている。交代といってもただ単純に勤務が交代するわけではない。建物から「ＢＡＲ」の運営まで何から何まで、三七次隊から三八次隊に代わってしまう。寝るところも、自衛隊が管理している正式名「夏期宿舎」、別名「レイク・サイド・ホテル」、実際「飯場のかいこ棚ベッド」から「ロッカー・机・ベッド付きの個室」に移動する。それだけでもすごいのに、今回は新しい二階建て・床暖房の隊員宿舎を建てるそうだ。個室とは言っても、周囲をベニヤ板の壁に囲まれ、机も手製のこれまたベニヤ板デスクのわが「ドーム基地」とはえらい違いだ。

ここの居室のドアはアコーディオンドアで、私の入っていた奥の部屋はたまたま機密度が高かったらしく、寝ている途中で息苦しくなって目覚めることが多かった。畳数にして団地サイズの二畳間くらいの広さだが、高地×薄い酸素×パネル住宅の機密度の高さ×奥の部屋で酸素がみんなに吸われる（？）相乗効果のせいか、夜中に突然

「プハー」という感じで飛び起きる日が続きだした。何時間寝ていると酸素がなくなるのかは試してみる勇気も根気もないのでやめたが、せっかくここまでやってきて、部屋の中で酸欠で窒息死なんてのもしゃれにならない。以後、食堂の床でごろ寝のパターンに落ち着いた。

ドーム基地では「越冬交代」といっても三七次隊はとっくに出発してしまった後。残っているのは三八次隊だけで、必然的にこれといった行事もなく……では寂しい。だから、夜はちょっと豪勢にステーキと張り込んだ。

外に出て、まだ野ざらし状態の食料ぞりの中を引っかき回し、日本から大事に大事に運んできた、肉販売では国内でも超一流、宮内庁御用達《くないちょうごようたし》の「中央畜産」から仕入れてきた「米沢牛」の塊一〇kg余りをドーンと使うことにした。解凍して掃除をすると六〜七kgに減ってしまうが、それでもかのブランド品「米沢牛」一人約一kgである。日本で食えば目の玉の飛び出るどころか、驚愕《きょうがく》の余り体中の穴という穴が開いてしまって、ケツの穴から腸が下に落ちてしまうくらいの法外な料金を請求される超高級肉をごっそりと出したのに、隊員諸氏、感動しないのだ。

もちろん一口含んだ途端潤《うる》んだ目で虚空《こくう》をにらみ「あー、自分の人生はこの一瞬のために存在したー」てな言葉を期待したわけではない（ちょっとは思ってた）。でも、

「なんだか柔らかすぎてお菓子みたいだネー。私の好みから言えばもう少し歯ごたえのあるやつがいいんだけど。これ体に悪いだろーね、運動もしてないんだろーし」と死んだ牛の健康状態まで気にするドクター。「人間には今まで食してきた環境によってうまさの上限てあると思うんですよ。この肉は本当はすごくうまいんでしょーね。私もうまいと思うのだけど……なかにはただ柔らかいだけと思う人も、ブツブツ……」と平沢隊員。極地研の野人・本山隊員は「ばくばくばくばく（咀嚼《そしやく》音）……ばくばくばく……肉だ、これ……ばくばくばくばく」。「……柔らかい……」とコンマ一つに一五秒かけて金戸基地長。

その日の「当直日誌」を見直してみると、メニュー表のところには、

《朝食　パン　御飯　味噌汁《みそしる》　塩鮭《しおざけ》焼き　さわら焼き
昼食　カレー　ワカメスープ
夕食　ステーキ　ガーリックライス》

とそっけない記入。当直者は講釈を語らせたら日本一の平沢隊員だけに、決して表現力がプアーなわけではない。

ステーキに対しての隊員諸氏の高評は、

・材料　◎
・味　初めての食感＝未知との遭遇
・感想　「こんな肉もあったのか」
・点数　赤点ではないけれど食ったことがないので「？」

「この貧乏人どもめー！　安物ばかり食ってきやがって」とは決して思わなかった（少しは思った）が、ここでめげては「世界最高の極地の料理人」と自分で思っている身としてはあまりにも情けない。リベンジを心に誓って最初の「超高級肉ステーキ食べ放題の夕べ」は静かに幕を閉じた。

「日曜日の夕食は当直者が作る」。話し合いで決めたことだが、一九九七年二月二日、日曜日最初の当直であり夕食当番が、西平隊員こと「盆」に回ってきた。南極の食材はなんでも乾燥しているか、冷凍状態になっているので、前もって（前夜か当日の朝に）調理隊員に申告して「材料探索ツアー」に出かけることになっている。

西平隊員

西平隊員はまだ独身だが、東京の二三区内にマンションを所有し、自炊暮らし。どんなメニューにするのか楽しみに待っていると、彼が考えたメニューは「肉ジャガ・ひじきの炒《いた》め物・シシャモ焼き・雲丹くらげ＋何かの味噌汁」と純和風のリクエスト。

かねてからみんなには「今回の食料の調達では、前回の体験も含めて、ないものはない。フォワグラ・トリュフから食紅・寒天までとにかく何でもあるから、好きなものをリクエストしてくれてOK！　ただしあくまでも遊びではなくみんなの食事を作るのだから、げてっぽいものや、使ったことのないものはバツ」と見得《みえ》を切っていた。

この言葉の中で「ただし」の後がミソで、うっかり忘れたもの、どうしても代用品の見つからないものは、某国会議員の答弁のように、はたまた因縁をつけるやっちゃんのように、モゴモゴ難癖をつけてなんとかごまかした。

今回の食料の調達作業では、南極観測事業に食料を搬入する業者さんの中では、超スーパープロフェッショナル「東京港船食」の千葉氏・稲田氏から「マニアック！」と称号をいただいていたので、かなり品目・種類には自信を持っていた。

でも、ありました、積み忘れが。それもけっこうたくさん。調理作業をしていると途中で足りないものに気づくことがよくあるが、日本だとスーパーとかコンビニに走れば片づいてしまう。ここではまったくそれが不可能で、代用品ですませるか使わないかの二者択一を迫られる。

列挙すると、

・最初から調達しなかったもの——豆腐（粉末豆腐は調達）・生卵・野菜（タマネギ・キャベツ）・瓶ビール・こんにゃく&しらたきなどの、凍ったらだめになるものは最初からパス。

・忘れたもの——高野豆腐・ふりかけ・こんにゃく粉・ポテトチップ。あとは秘密。内緒で一つだけ書くと、何かお祝い事があったときなどにあける「ドン・

ペリニョン」に代表されるシャンパン類とやや高めの瓶詰めのワイン類。これは免税品をオーストラリアで安く積めるのであるが、JUST FORGET! 見事に忘れました。

ともかく夕食準備をしなければ……。肉ジャガには冷凍のニンジンとジャガイモ、そして冷凍のスライスタマネギ。この中で冷凍のジャガイモは越冬を通じ、大変重宝した。煮物用のクォーターカット、味噌汁用のダイスカット、ベイクド用の丸のまま、とさまざまな形状があり、販売メーカーは北海道の「ホクレン」。帰国してからスーパーをのぞいても、あまり売られていないところを見ると、一部の業務用にしか使われていないのだろうか？ 小分けにして売り出せば、若い奥様層に好評を博すと思うけれど？

しらたきの代わりには秘密兵器「吉野《よしの》のくず切り」。これはお湯でさっと戻して水洗いし、鍋《なべ》に投入すると「しらたき」のピンチヒッターとして立派に通用した。もう一つ裏技で、これを使った肉ジャガ・すき焼きなどは、残ったのを冷凍して再び戻しても、こんにゃく類のように細いゴムのようにはならず、見事に再生してくれて、旅行用のレーションとしても役立ってくれた。

ひじきは油揚げと銀杏《ぎんなん》の水煮缶詰と一緒にさっと炊き合わせ、シシャモは本場北海道の子持ちシシャモ、雲丹《うに》くらげも利尻《りしり》島の漁協で販売している一本二五〇〇円の塩雲丹を二本おごった。これを使って雲丹くらげを作ると、市販されているものに比べ、いやな甘ったるさやアルコール臭さもなく、突き出しとしては絶品！　となりたくなるものに仕上がった。

作った本人も、日本で食べていたのとあまりに違い「これ、ほんとに雲丹くらげですか？」とカルチャーショックのご様子。でも盛りつけてみると、シシャモは細いし、肉ジャガ・ひじきは地味目だし、雲丹くらげはやっぱり酒のつまみで、なんとなく華やかさに欠ける食卓だった。

またまた二人で冷凍庫に引き返し、しばし眺めて一五秒。三七次隊の残していった正月用の食材の中で、派手さなら世界一の「ボイル伊勢《いせ》エビ一本まんま」が目に留まった。

「これ使おう。味噌汁にしよう」。逆から見ると卵から孵《かえ》ったばかりのエイリアンみたいな伊勢エビを九本、二人で冷たさに震えながら食堂まで運び、大鍋に湯を沸かし、約八〇℃で沸騰《ふっとう》したところで「ボイル伊勢エビ一本まんま」をどかどかと投入。いい匂《にお》いがしてきたら、味噌を溶かし完成。一匹ずつラーメン丼《どんぶり》に盛って冷凍小口長ネギと冷凍柚《ゆず》の皮をぱらぱら、と。見た目もど派手、華やかな一品が出現した。これは大受けでございました。

オヤジの好きそうなメニューに、採算度外視の味噌汁。蟹の味噌汁が鉄砲汁なら、こちらは大砲汁か。休みのはずが、よく言えばスーパーバイザー、ふつうに言えば小《こ》姑《じゅうと》のようにアドバイスしまくった忙しい一日だった。しかし、みんなの好きな食べ物の形態がなんとなくつかめてきたことは大きな収穫となった。

自他ともに認める「華麗な作品を世に送り続ける料理人」のロゴは今日限り封印し（これは大嘘《うそ》です）、かっこつけて「あらゆる食材を自由自在に使いこなす天衣無縫の料理人」、日本語に直すと「定食屋のオヤジ」に明日からは変身することにした。

ジンギスカン大会

二月の声を聞いた途端、外気温はぐっと下がり、マイナス五〇℃を下回る日が続いた。二月八日朝、外に出てみるとなんとなくほんわかと暖かい。温度計を見てみると、マイナス三六℃。この時期、ドームでは珍しく温暖な日だった。昼食時ドライカレーをかき込んでいるみんなに「今日の夕食は外でジンギスカンやりまーす。当直は準備のヘルプよろしくー」と声をかけて、午後一で作業開始。食用油の一斗缶を半分に切って、七輪のかわりに。台がちょっと低いので、梱包《こんぽう》用としてがっちりと組み立てられている木枠を「日通のおっちゃんごめんなさーい」と心で謝りながら台にすることにして、たきつけはまたまた謝りながら、木枠を防火用のまさかりでがんがんとぶっこわす……、炭をスタンバイし、まずはコーヒータイム。日本だと鼻歌まじりで数分で終わってしまう作業だが、ここではこんな作業でも軽い酸欠状態になってしまう。三〇分体を動かしたら、同じ時間休まないと、とてももたない。たまたま当直でヘルプの生《い》け贄《にえ》になってしまったドクターは「こんなに寒いと、炭火じゃうまく調理できないんじゃないかしら」と、マイナス三六℃で暖かいと主張する私にびびったのか、若干消極的なご様子。

三〇次隊のとき、「みずほ基地」でマイナス四〇℃・一〇m/sのすさまじい天候の中でバーベキューをやった経験を頼りに、「みずほでもっとやばいときにやって何でもなかったんだから、ここでも大丈夫。それに外でジンギスカンやって死んだ人ってまだいないんだからさ」と、例によって訳のわからない理由をこじつけて強引に作業を推し進めた。

炭火の準備も完了し、小樽《おたる》港町ジンギスカンロース肉も大量に（五kg！）用意し、冷凍ニンニクの芽・冷凍タマネギ・冷凍インゲン等の野菜も準備OK。いよいよ人類史上初、ドームふじ観測拠点大ジンギスカンパーティーの始まりとなった。

天候　晴れ
風　ほぼ無風
気温　マイナス四〇℃

と絶好（？）のコンディションの中、まずはウォッカで乾杯。全員羽毛服をはおっての、去りゆく夏の季節を惜しむ総勢八名の大パーティーが開催された。

欠席しているのは平沢隊員。原因不明の虚脱感と悪寒《おかん》に襲われ、あわれベッドで沈没していた。福田ドクターの見立てによると「疲れ・睡眠不足・仕事への緊張感からくる、体の警告信号。休めば治る、病気といえない病気。ついでに、西村さんは絶対かからないやつだからネ」。「ほっといてくれや」と心の中で毒づきながら、ともかく肉をぱくぱくと。いやー、うまい。北海道の広大な自然を前にして、生ビールの樽を横に花見をするのと比べても、勝るとも劣らない。周囲一〇〇〇km、人っ子一人いな

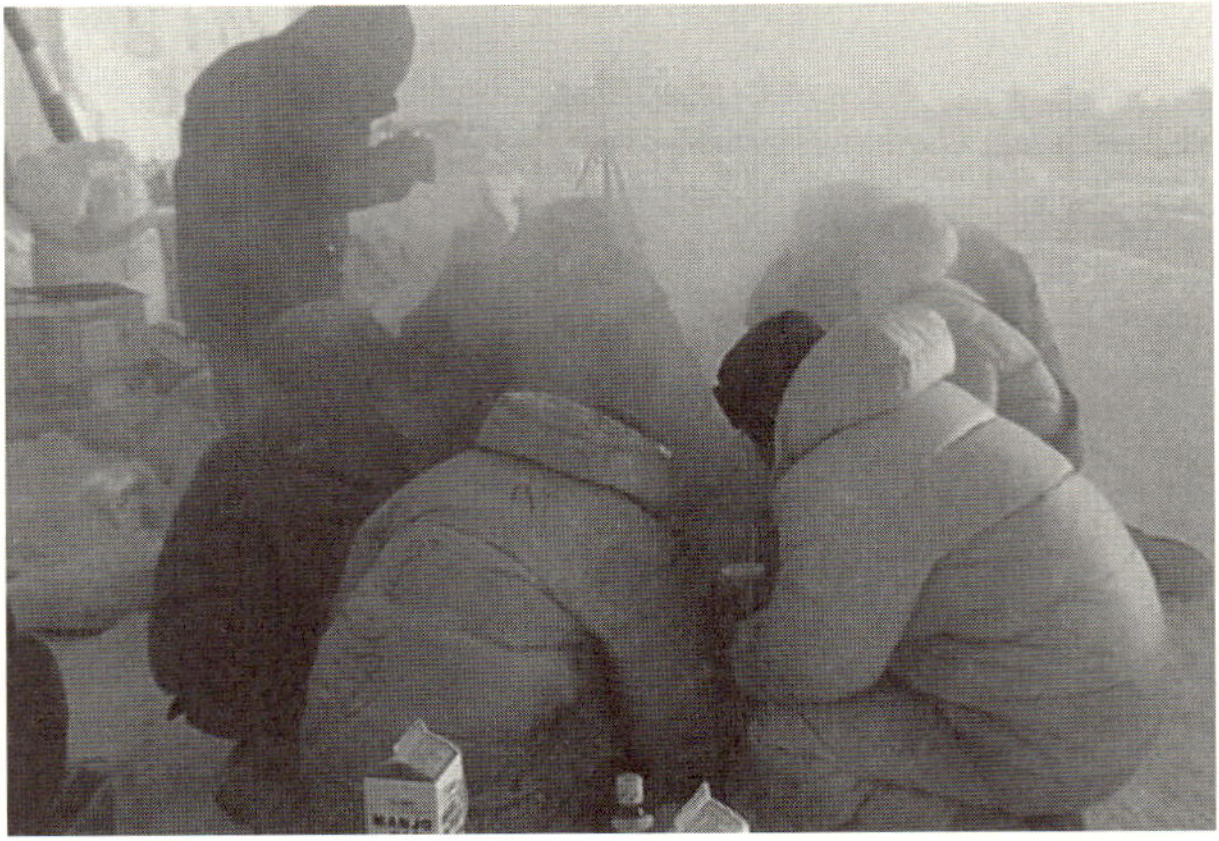

いこちらの方が若干勝っているかな。太陽の光がほんわかとふりそそいで、そんなに寒くも感じない。

マイナス四〇℃でジンギスカンパーティーを行うと、どんな風になるのか説明しよう。まず焼けた肉や野菜は皿に盛って、その後おもむろに口に持っていく通常の過程は不可能。焼けたら速攻で口に投入しなければ、たちまち、ほんとにガチガチの冷凍状態に逆戻りしてしまう。もちろん解凍してボウルに盛ってある肉も、焼く分だけ鍋の上に置き、後は屋内と会場を忙しく行ったり来たりを繰り返さないと、氷の塊に変身してしまう。

飲み物類は、缶ビールは空けてから一分以内に空にしなければただの苦い氷になってしまうし、日本酒は紙コップに入れてものの数分でシャーベット状に変身。かろうじてウォッカやウィスキーは持ちこたえるが、これも二〇分くらいで瓶の中に氷の柱が立ってくる。

最後まで頑張るのが、まさにこの目的のためだけに存在していると言っても過言ではない「コンクウィスキー」だった。通常のウィスキーは四五度くらいだが、これは六五～七〇度のアルコール度数。「しらせ」艦内でも記念品として配布されるが、グラスに注ぐとアルコールのもやもやが立ち上がり、通常はとても飲めた代物《しろもの》ではない。それがこういう環境で飲むと、飲んだ瞬間はキリッと冷たく、胃に収まるとカーッと腹の底から熱気が上がってくる。ダイナマイト！　酔いが回ってくるのもダイナマイトで、こればかりで酒盛りを進めていくと瞼《まぶた》にシャッターが降りるごとく、ある瞬間に意識がとぎれて闇《やみ》の世界に落ちていく。

チェイサーとして合間に、ウォッカや軟弱なウィスキーと呼称していた、普通のウィスキーの水割りを含むと、ちょうどいい具合に酔いが回ってくれた。

私はアル中でもアルコール依存症でもないが（ちょっとあるかもしれない）、越冬中なにか軽い飲み物をと思ったときは、コンクではないウィスキーの水割りを飲んでいた。前にも書いたが、前の隊で飲みきれず残っていたものも含めて、一〇月までに一五〇リットルすべてこの強烈なやつを飲んでしまうことになるのだから、大酒のみが揃《そろ》っていたというか、低温が体の機構を変えたのか、まあとにかくよく飲んだ。

大量に用意した肉も食べ尽くし、最初の屋外ジンギスカンパーティーは大成功に終わり、隊員諸氏肉体労働の続く中、いい気分転換になったようである。と、自分だけで満足していた。

メニュー表の話

隊の運営の中で当直というのがあった。これは、掃除・風呂《ふろ》のフィルター替え・燃料の補給・造水槽の温度測定・トイレのパック交換・食器洗いなど、生活に必要にして面倒なさまざまの雑事を交代で行うのであるが、大事な作業の一つが日誌の作成だった。

普通の大学ノートに、その日の各部門の作業内容・昭和基地の様子・上映したビデオの内容等を一ページほどに箇条書きしていく。その中で一番最初に記入するのが、今日は何を食ったのかを記載するメニュー表だった。その隊員の性格で、細かくレシピ付きで書く人、総評を書く人さまざまだったが、無愛想・そっけなさ・はしょり書

きナンバーワンはなんと、隊をたばねるはずの無口おじさん、金戸基地長こと金ちゃんだった。

ある日のメニューを紹介しよう。

・朝食――味噌汁《みそしる》　納豆（ネギ入り）　漬け物　佃煮《つくだに》　ふりかけ　わさび漬け　果物缶詰

・昼食――エビチャーハン　海草サラダ　にらと卵の中華スープ

・夕食――ロブスターカツレツ＆バターソース　シシャモ焼き（冷凍ダイコンおろし）　野菜　コロッケ　冷凍ホウレンソウバターソテー

こういうメニューが食卓に並んだが、金ちゃんが記入すると、

《朝食――パイン缶
昼食――エビ卵煮込み飯　にら玉汁
夕食――ロブスピカタ　シシャモ　コロッケ　ホーレン》

日本で帰国後に開かれる「食料委員会」で、栄養士のおばちゃんが見ると倒れてしまいそうな貧弱なメニューに見える。食事に関心がないのかと思うと、自分の食事当番のときは、正統派の北海道料理で勝負してくるので、潜在的な料理の腕前はなかなかのものだと思うのだが、それでもオーストラリアの市場で買えば一匹二〇ドルのロブスターが「ロブス」では、エビたちが草葉の陰で大泣きしていることだろう。

「記録に残るのだからメニューはきちんと書いて下さい。これでは手抜きしているのがみえみえではないですか！」と抗議すると、点一個に一五秒かけて「……はい……」と答えが返ってきた。

が、次のときにも、

・朝食――御飯　パン　絹さやと豆腐の味噌汁　目玉焼き　ロースハムソテー　漬け物　佃煮　梅干し

・昼食――ウナギ丼《どん》　とろろ昆布の澄まし汁　柴《しば》漬け　冷凍オレンジ

・夕食――鯖《さば》ムニエル　パリジャンポテト　空豆　白松前漬けと数の子の和《あ》え物　ムール貝とベーコンのチャウダー

に対し、

《朝食――ハムソテ
昼食――うなぎ　トロロコンブ汁
夕食――サバ　白松前　クリームコーンシチュー》

とますます素っ気ない記入。これは本人の気に入ったものしかプログラムにインプットされないのだろうと解釈し、以後は金ちゃんの当直のときには後でチェックして自分で書き足すことにした。

ソフトボールをしたぞ

二月も半ばを過ぎたある日曜日、ソフトボール大会が開かれた。

天候　快晴
風力　ほぼゼロ
気温　マイナス四〇℃

ソフトボールがプレイされる環境では、おそらく世界最低気温だろう。総員九名しかいないので、四名ずつに分かれ、一人は審判。ベースは三角ベース。三回を最終回の設定でプレイボール！　羽毛服に防寒ミトン、D靴という呼称の低温用防寒ブーツ

という重武装でソフトボールをしたらどうなるか？

体に布団《ふとん》を巻き付け、足には重石《おもし》入りの下駄《げた》をはき、両手は軍手の上にオープンミトンを重ねると大体近い形状になる。ここまでハンデを背負えば過去の球技体験のあるなしはまったく関係なしで、イチローや松井がここにきても、ただの雪だるまとなりはてる。

ゴロはひたすら上から押さえるだけで、フライをダイレクトで捕球するのは全く不可能。革のグローブは「奈良の大仏さん」の手のようにカチカチになり、ボールもたちまち凍り付いて鋼鉄の塊となり、金属バットは金属の剛柔性がなくなるせいか球が当たると「キーン！」という金属音ではなく「バキッ!!」と鈍い音がして、へこむ・折れる・ひびが入る、の三者どれかとなる。

実はドーム越冬が決定した際、「プレイされた中で世界で一番寒いテニスコート」を目指し、ラケット・ボール・ネット等を持ち込み、ブルドーザーで地均《じなら》しをしてテニスコートを造成し、短パン・ポロシャツでフルセットをプレイし、ギネスブックに申請しようと密《ひそ》かにもくろんでいたが、球が全く弾まない自然環境とこれまた半袖《はんそで》のポロシャツではアッという間に低体温症であの世行きの現実に直面し、あきらめた。

ソフトボールの経過はといえば、なんとか三回の裏まで進んだが、甲子園で延長戦を五〇回戦ったくらい疲れ果て、暖かい基地の中に逃げ込んだ。スポーツをすると普通はさわやかな汗をかくが、ここでは汗らしいものは瞬時に凍り付き、肺の中は酸欠になり例の「ヒーヒー、ゼーゼー」状態になる。

普通はこれに懲《こ》りて二度と屋外スポーツはやらないところだが、そこは表向き「選びぬかれた日本南極観測隊ドーム特殊部隊」、正体「懲りない驚異のアホ親父《おやじ》集団」のわがドーム越冬隊。越冬中期には、マイナス六〇℃、風速一〇メートルでのラグビーの試合やマイナス七〇℃でなんとジョギングを始める隊員も出現した。

夕食は平沢隊員による、お座敷串揚《くしあ》げ。「今日は食事当番だけど作るのがめんどくさいので材料は適当に用意するから勝手に揚げて食べてちょーだい串揚げ」で盛り上がったのか、疲れたのかよくわからない休日が締めくくられた。

金ちゃんの誕生会

宴会ばかりしている越冬隊とお思いでしょうが、実はその通り。地獄のソフトボールが終わった二日後、一月生まれの金戸基地長こと「金ちゃん」の誕生会をまだやっていないことを思い出した。

朝食のとき「またまた今日の夜、宴会しまーす」と宣言し、返事を待たずに準備開始。ヘルプしてくれる当直は……「うっ、やばい！」佐藤隊員ではないですか。男が料理して当たり前の現代で、生きた化石というか結婚したら絶対料理は奥さん任せ確実！　いまだ独身だが将来嫁さんをもらったとして、あまりの手のかかり方に熟年離婚率七八%は確実な超「料理&家事」おんちの御仁。

それでもやる気だけは十分と踏んで、会場の設営と料理準備の間「うまいものを作るぞー」と士気が高揚してくるようなBGMの手配をお願いした。「まかしといて下さい」と見得を切って、私物の中から彼が選んでかけ始めたのはなんと、尾崎豊……。

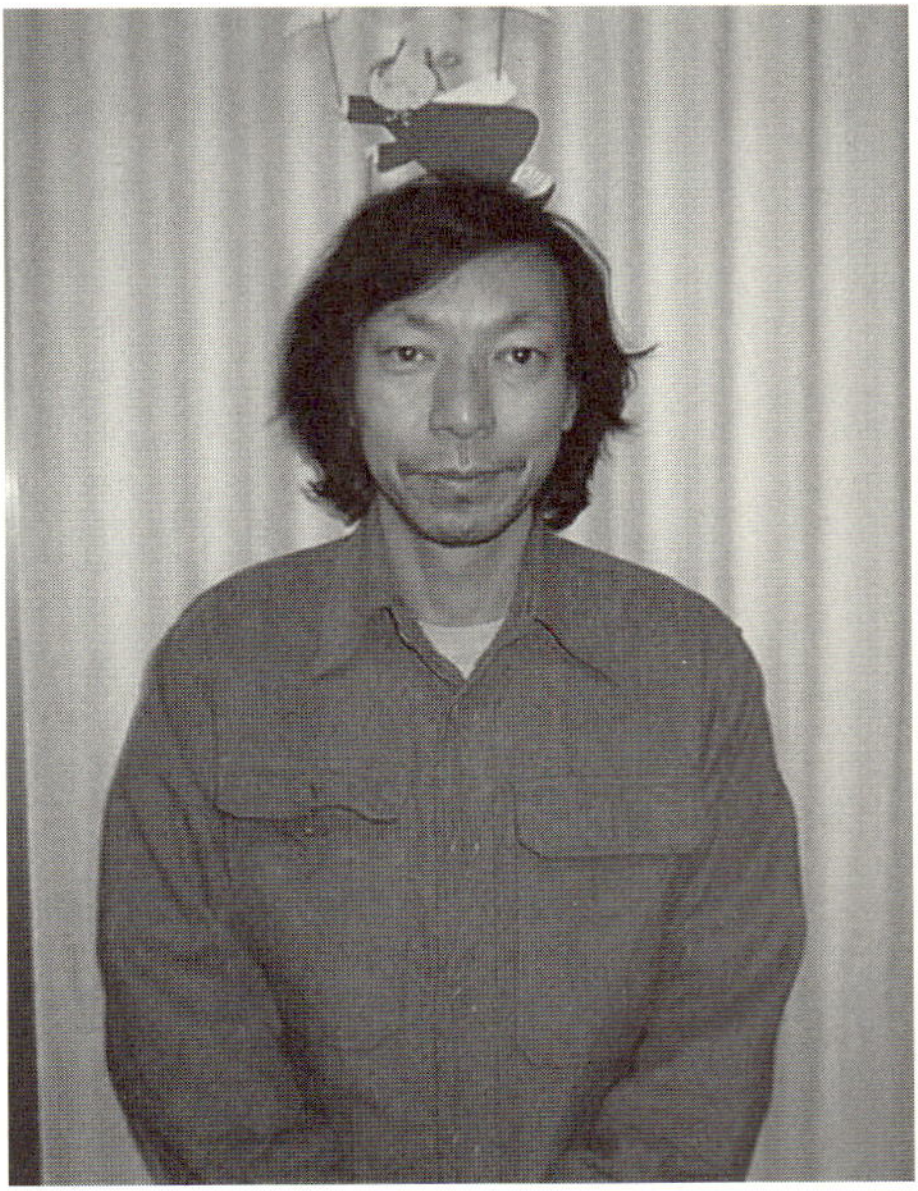

金戸隊員

ファンの方々には申し訳ないが、合いません、これは。料理を作っているときの音楽には、南極とハワイ、水星と冥王星《めいおうせい》ほどにその相性は遥《はる》か彼方《かなた》に離れていた。

「I LOVE YOU」までではなんとか我慢していたが、「卒業」が始まるともういけません。「校舎の窓ガラスを壊したりバイクをかっぱらって、なんちゃらかんちゃら束縛からの卒業」のあたりにさしかかると、思わずカットしている十数kgの骨付きハムを振り回しそうになった。

「この曲合わない。NEXT!」のわがまま要請に、オヤジからのリクエストとあなどったか（本人も三五歳なのに。ふん）、次に引っぱり出してきたCDは吉幾三《よしいくぞう》。流れてきた「酔歌　スペシャルバージョン」は思わずホロリとなるいい曲で……。でも、やっぱり合いません、これも。BGMというよりも、一升瓶を立てて、目刺しかするめでもあぶり、どんと腰を落ち着けたくなってきたので、これも中止。

結局落ち着いたのは「モーツァルト」だった。日本では、モーツァルトやバッハ、ヘンデルなどのやや軽めのクラシックといえども、音楽の授業かホテルのロビーなどでしか聞くことはなかったが、ここでは不思議とサラサラと耳に入ってきた。男ばかりの生活環境がなせるワザかどうかよくわからない。が、帰国して休日の朝にショパンと気取ってみても、最初の一曲で挫折《ざせつ》して、「ワイドショー」にチャンネルを合わせるところをみると、根っから好きだったわけでもないようだ。

南極の大自然にはクラシックが似合う。ということにしておいて、金ちゃんの誕生会のメニューは、

「前菜」鴨《かも》スモーク・カマンベールチーズ・からすみ・ハムの和風マリネード

「小鉢」花イカのネギ和え
「酢物」赤貝・冷凍キュウリ・ワカメ
「造り」マグロ・牡丹《ぼたん》エビ・しめ鯖・おご・とさか
「焼き物」小鯛《こだい》・はじかみ生姜《しようが》
「揚げ物」天ぷら（エビ・キス・穴子・ゴボウ）
「椀物《わんもの》」鴨南蛮そば
赤飯・香の物

と金ちゃんのリクエストで純和風・正調・典型的おじさん好み・五〇〇〇円コース宴会メニュー。「紙パック月桂冠《げつけいかん》」の酔いとともに喋《しやべ》りまくる私と川村隊員以外は、あくまで静かに、上品に最初の誕生会は幕を閉じた。

仕事だー

寒さを楽しみ、大自然に感動し、いろいろな分野の人が日々行う作業を見るか、お

もしろそうだったら手伝い……。すべてのことを好奇心一杯で、と言えば聞こえはいいが、越冬生活を遊び半分であちこち移動していたのは、私とドクターだけだったようだ。隊員諸氏は、真面目《まじめ》にもくもくと観測活動をこなしていた。

一九九七年二月二三日、林隊員が担当する大気球の打ち上げが行われた。学問的なことはよくわからないが、オゾンゾンデとエアロゾルゾンデの二回に分けて打ち上げられ、うまく上がれば三〇～四〇㎞上空まで到達するとか。

下にぶら下げられているのは「ペイロード」と教えられた。データを地上に送ってくる送信機を業界ではこう呼ぶのだという。上空はマイナス一〇〇℃にも達する超低温対策のため、ペイロード本体は発泡スチロールに覆《おお》われ、その間に送信用の小さなアンテナやコードがガムテープで固定されている。

林隊員の説明によると日本でも最先端のマシンだとか。ドームのような低温地帯で、高空の大気の状態を調査するのは世界でも初めての試みで、大気学会でも注目を集めているらしい。が、素人目《しろうとめ》にはその発泡スチロールで覆われた箱が、どう見ても最先端の機械には見えず、よく言って小学生が手作りした夏休みの自由研究にしか映らない。

「ホントにー？　ウソー!!」。設営部隊の猜疑心《さいぎしん》たっぷりの視線に気づいたのか、「外見はどうあれ、どちらのペイロードともスペアはあまり持ってきていません。値段はオゾンゾンデで五〇万円、エアロゾルで二〇〇万円します」。以後ペイロードの扱いが、国宝級のガラス細工をさわるように、「大事にソフトに」と変わったことはいうまでもない。

午前一〇：一〇、放球作業が開始された。風はほぼ無風状態ではあるが、外気温はなんとマイナス五五℃！　二重にした革手袋の指先がじんじんとしびれてくる。まずは第一弾のオゾンゾンデ。これはエアロゾルに比べて若干小型で、気球は三m四方くらいに膨らませる。六〇kgヘリウムボンベからの充填《じゅうてん》も一本以内で済み、ペイロードの重さも三〇〇gくらいと軽い。抜けるような南極の青空に、真っ白い気球がスルス前哨戦ともいうべきオゾンゾンデが成功し、午後からはいよいよ大型のエアロゾルの出番が来た。前回は、気球との長さを調整する巻き下げ器のトラブルで、放球直後にペイロードが雪面に激突、大失敗の幕切れとなった。また、そのときに一応打ち上げに成功したオゾンゾンデも、最初想定していた高度に達する前に気球が破裂してしまったようだった。

今回はガスの充塡量も調整し満を持しての打ち上げとなった。高空に上がると気圧差で気球は四～五倍に膨れ上がるのだとか。ヘリウムボンベからの充塡作業も無事終了し、ペイロードも準備完了。いよいよ打ち上げ開始。金戸さんの無機質な声（こういう時には妙に似合う）でカウントダウン「3・2・1……打ち上げ」。

気球はするすると手を離れ青空へ吸い込まれていった。行くはずであった……が、五mほど上昇した気球はなぜか下降を開始し、地表をずるずるペイロードを引きずりながら移動した。現場監督の林隊員は「あー、二〇〇万円が─！」とはもちろん叫ばず、ひたすら回収すべくダッシュした。しかし、南極の自然はあまりにも厳しい。人間の足ではとても追いつけないスピードでカタバ風に乗り、地平線の彼方に消えていった。

追うのをあきらめ、じっと気球を見つめながらたたずむ林隊員。その後ろ姿は、まるで西部劇のシェーンを見送る少年、レギオンを倒して傷だらけになりながらも上昇していくガメラに敬礼をする自衛隊員、宇宙に帰っていくウルトラセブンを見つめるアンヌ隊員のように、深い哀愁と悲しみに満ちていた。

青空に上昇する力を与えられなかったエアロゾルゾンデは、その後、地べたのデータを延々と送ってきつつ、南極の地の果てに消えていった。なお、次の日に再び大気球の打ち上げが行われた。こちらは見事成功し、貴重な資料を入手することができた。

めでたし！　めでたし！

チェーンソーも凍ります

三月に入って始まった地獄の外作業は（ここでの作業はなんでも地獄）、雪洞の天井抜き作業と、林隊員の担当する大気球を厳寒期になってもスムーズに打ち上げるための空間「大気球雪洞」の製作だった。この二つの作業は連動していて、雪洞の屋根を落としつつ雪洞の面積を大はばに広げ、天井をベニヤ板と厚手のシートで覆う単純にして明快な作業内容。天井をあける長さは約四〇m弱……。上から見て空洞に達する深さは二m強もある。

岩盤のように堅くなっている表層の雪面は、手掘りはとても無理なので、ヒアブと呼称されている作業用の雪上車で行われた。中型雪上車五〇型の運転席キャビン部分だけを残し、後方はさまざまなユニットがジョイントされる仕組みになっている。このときはヨイトマケマシン、いわゆる地均《じなら》しをするための太いパイプがピコピコ動く、見ていて妙にユーモラスな機械が使用された。

低温で押し固められた雪面は想像以上に堅く、五トンの重量を誇るヒアブといえども、片方のキャタピラーが一瞬浮き上がるほど、南極の自然は人間の力に頑強に抵抗した。それでもようやく、小さな先進導坑ともいえる穴があき、それから先は砂糖にむらがる蟻《あり》のように、よってたかって（九名しかいないが）少しずつ、穴を押し広げていった。ただし機械力を使えるのはここまで。これから先は延々と手作業が続くことになる。もし間違って雪洞に雪上車が転落したら、泣いて頼んでもＪＡＦが現れるわけもなく、その下に人でもいようものなら……。マイナス六五℃の気温の中、手作業が延々と続いた。

ここで大活躍したのが電動式回転鋸《のこぎり》「チェーンソー」だった。これで切り込みを

入れて、スコップでほじれば、おもしろいように雪のブロックがどんどんできてゆく。めでたし、めでたし、ではなかった。一度ガーッと回転させてちょっと置いておくと、動かない！マイナス六〇℃の外気温のために、あっという間に、モーターの駆動部分が凍結してしまう。

対策として、作業していないときにも一人が一〇秒おきぐらいに刃を回し続けることになった。知らない人が見ればまさに『十三日の金曜日』のジェイソンその人。それでも三〇分もたつと全体が凍り付き、屋内に持ち込んで解凍しなければならなかった。二週間ほどこの作業が続き、ようやく「大気球雪洞」改め「オレンジ御殿」の落成式を迎えた。上にシートをかぶせると洞全体がオレンジ色に染まり、誰いうともなくこの名前がつけられた。

何かができたとなれば、早速パーティー、パーティー、大パーティー。今回は「鴨鍋」とした。鴨は、北海道のとある湖で捕獲されたものを腹だけ抜いて持ち込んでいた。凍った剝製《はくせい》みたいなやつを、毛をむしり、バーナーで表面をあぶって掃除をして、後はぶつ切りにどんどんと……。首は何となく投入するのをためらったが、これも成仏《じょうぶつ》してもらうためと、もしここに原型のまま残していって、冷凍のまま何百万年も保存され、未来の動物学者に「南極に真鴨が生息していた」と発表されても困るので、「誰かが食うだろう」と鍋に投入した。

ダイコン・サトイモ等の野菜も入れて、鴨汁は無事完成。テルモスのポットに熱燗《あつかん》を入れ、宴会開始。乾杯の後は、軟弱なウィスキー「サントリーローヤル」を、口当たりがいいのでストレートのままグビグビやっていたが、突如、記憶がシャッターが降りるごとくとぎれた。

目をさますと、なぜか食堂に寝かされ毛布が掛けられていた。「ウィスキーないぞ、持ってこーい!!」とマイナス六〇℃の中で叫び続けていたそうだが、まったく、本当に記憶がないので定かではない。ああ大失敗……。

カチンコチンドーム

三月に入り、すぐそこまできている真《ま》っ暗闇《くらやみ》の冬に備えた「緊急かつ重要な仕事」に、屋外で野積みになっている食料の整理があった。さぼっていたわけではないが……（ほんとはさぼっていた）。基地に持ってきた総量は、約一〇トン。越冬準備で忙しい日々を送る隊員諸氏に、頼んで・だまして・おどかして、なんとか酒類や米の一斗缶などは、空いた空間（おもに廊下）に総員作業で運び込んだ。しかし、肉類や魚類などはまだ、運んできたときそりから降ろした状態そのままだった。

言い訳をすると、従来貯蔵しておく食料は段ボールごと雪洞に降ろしていたが、例の落盤で今回は使用不可となり先送りとなっていたのだ。これ以上基地内に搬入するのは物理的にもスペース的にも不可能で、ブリザードが一回でも来れば全部埋まってしまうし、さて、どうしよう？　と、みんなで頭を寄せ合って知恵を出し合った結果、少ない人数で無理をして基地内に運び込むより、屋外に貯蔵する方法を考える、できれば倉庫でも建てる、ということになった。

しかし資材は乏しいし……。と、ある隊員から「イグルー（北極圏のエスキモーが冬期に使用するドーム型の小屋）で囲っちゃえば？」とアイデアが。原料は無尽蔵にある雪、これを切り出して建物をつくる。なんと南極観測隊らしいアイデアではないか！

即決で実行となった。段ボールを建物側に寄せ、雪面に大まかなラインを引いて設計図とし、後はチェーンソーで、スコップの幅くらいの塊をがんがん切り出してひたすら積み上げていく、なんとも原始的にしてワイルドな作業となった。それでも「窮すれば通ず」。一週間ぐらいで、「オホーツク流氷祭り」に応募すれば、「優秀作品賞」は確実な立派な建物ができ上がった。

名前は、わが愛妻「みゆきちゃん」が二週間に一回くらい送ってくれていた家族報「カチンコチン新聞」にちなみ、「カチンコチンドーム」と命名された。越冬後半には若干のゆがみがきたものの、食料貯蔵庫の役目を立派に果たしてくれた。

設営と観測の話

「ドーム基地では何やってるんですかぁー？」。あなたが試しに、電話なりメールなりで文部省に質問したら、たぶんこんな答えが返ってくる。「世界で最も厳しい気象条件のドーム基地では、雪氷・大気・気象・エアロ等々、実に多種多様の観測が行われています」。ただ、これはあくまで観測部門の話。それらの観測活動をサポートする設営部隊の話は、たぶん詳しくは教えてくれないだろう。たとえしつこく聞いても、返ってくるのは「いろいろな省庁やメーカーからプロが参加していますので、あらゆる事態で柔軟に対処してくれていると思います」。

煮え切らない国会答弁のようになってきたが、ぶっちゃけた話、「設営者はそれぞれの組織の看板背負って来てるんだから、観測者が気持ちよく暮らせる環境を作ってやらなきゃだめヨ!!」ということではないかと思う。

南極を研究テーマにしている科学者諸氏は、何度も観測隊に参加するチャンスがあるが、設営部門で参加する隊員の七~八割は、再び南極に戻ってくることはない。ドーム基地を見ても、設営部門は燃料の計画的な消費・発電機やボイラーの保守点検・定期通信・医療業務・食事やパーティーや事務の仕事等々、一つの街の病院から食堂・役所・NTTその他もろもろすべて引き受けている。

これが昭和基地となると、飛行機や夏季用のトラックなどがあるため航空会社とカーディーラーも加わり、さらに多忙となってくる。ギャラ、すなわち日本で振り込まれているはずの給料がドーンと上がるかと言えばそうでもなく、民間のメーカーから参加している人の中には文部省から支給される俸給の他に、下がった差額を会社から支給されている人もいると聞いた。

三〇~五〇歳台のばりばりの働き盛りの年代で大部分構成されている設営部門のメンバーは、イコール一家の大黒柱でもある人たちが多い。南極が好きで、行きたくて参加した人たちばかりである。ボランティア花盛りの昨今だが、設営隊員たちは、まさに究極のボランティアと断言しても過言ではない。少ない予算をやりくりして、世界で唯一《ゆいいつ》シビリアンが越冬している「日本南極観測隊」を営々と運営している。文部省や極地研を批判するわけでは毛頭ないが、今回の三八次隊の参加に当たって、カチンと気にさわったことが二つあった。今風に言えば「チョーむかつく」奴《やつ》が目の前に出現した。それも二回。ばらしちゃおう……。

一つは参加前の冬訓練、乗鞍岳《のりくらだけ》の山荘で食事前の談話室での出来事。同室者は、初期の「宗谷」で観測隊に参加した大先輩・村越元隊員、文部省のキャリアと思われる眼鏡をかけた細面のお兄ちゃん、と私の三人。

村越氏「昔は越冬隊に参加すると家建てられたくらいもらった記憶があるけど、今は極地観測手当どれくらいなの？」

私「詳しくは知らないけど、独身者は給料が残るくらいで、家なんて……」

文部省「手当が安いと言われるけれど、今の額で適正だと思います」

村越氏「それで五五度線を越えるといくらになるの？」

文部省「一カ月○×○×○円です」

村越氏「へー単価あんまり変わっていないんだね？」

一九五八年以来である……。

文部省「安いと思われるかもしれませんが、手当を格段に上げるに相当する理由が今のところ見られません」

聞いていてだんだんムカムカしてきた。

（受験戦争を勝ち抜いて一流大学に入学し、そこでも一生懸命勉強してこれまた上級職に合格し、彼女はいないけど、そのうち省の誰かの娘さんとお見合いさせてもらえるし、友達もいないけどそれも今のところ必要ないし、スポーツもしたことないけれど必要があればゴルフをやれば十分だろうし、それよりなんでこんなむさくるしい男たちとくそ寒いところに出張しなければならないのだろう？　あー、東京に帰りたい）見え見えの、このじっとり系若者は、まだあったことはないけれど、大蔵省（当時）主計局長のようにとうとうとまくし立てた。一瞬このまま日通に頼んで木枠梱包《こんぽう》してもらい、ドーム基地のマイナス七〇℃の外に三カ月ほど放置して、あくぬきでもしてやろうと思ったが、今回私は「海上保安庁」から俸給が支給されることを思い出し、正義の鉄槌《てっつい》を下すことはやめにした。

二番目のチョーむかつきは、極地研での調達作業のときに起きた。ドームまでの旅行中食事の支度に従来通りの灯油コンロ「オプティマス」や普通の圧力鍋《なべ》の代わりに、電子レンジ・ハロゲンヒーター・電気圧力釜《がま》・カセットコンロなど便利用品をオーダーしたところ、「南極協力室」という部門から呼び出しが来た。

ここは観測隊で使ういろいろな物資を調達する元締めなのであるが、やっぱりお役所の本質は変わらない。部屋まで行って、係官からクレームの嵐《あらし》を聞くことになった。

係官「なぜ雪上車内でこんなに電気製品が多いのですか？」

私「車内には発々（発電機）があるし、深夜にキャンプ地に着いたときなど、食事の支度の時間が劇的に短くなると思うからでーす」

係官「このカセットコンロは、登山用のＥＰＩボンベもあるし必要ないでしょう。それに寒いところではガスは使いものになりませんヨ」

私「朝早くから寒い車内で、灯油コンロをシコシコポンピングすることを考えたらはるかに時間の節約になるし、それにボンベだって、寝るときにシュラフに一緒に入れたら大丈夫でしょ！」

ここで遂《つい》に係官、伝家の宝刀を抜いた。

係官「確かに便利でしょう。しかし先人は不便な装備品を我慢してなんとか使い回して南極点に行ったり、大和山脈に行きました。あまり便利な点ばかりを追求するのは、南極の思想という点でも問題があると思います」

別に人類初の大冒険行をしたり、前人未踏の場所に行ったり、戦地に行ったりするわけではなく、雪上車でドームまで行くための装備品要求なのに……。この「南極の思想」というのは、ドームで一年間考えても遂《つい》に答えは出なかった。まさか艱難辛苦《かんなんしんく》に耐えて生きるのが南極では当たり前だと……？

私　「わかりました。装備は一切いりません。飯は一回ごとに炭火で炊《た》くし、火をつけるのも木をこするか、レンズで起こします。ご清聴ありがとうございました」

とは、もちろん言わなかった。が、なんとなくもやもやした気分のまま散会となった。結果としてどうなったか？　なんと全部揃《そろ》ってしまった。魔法のように、一〇〇％、ぜーんぶ。電子レンジからハロゲンヒーターまで、もちろんこれらの機器が旅行中絶大な威力を発揮してくれたのは言うまでもない。

じゃ「南極の思想」とは何だったのか？　ただ係官が大きな態度をとりたかっただ

けなのか？

　それとも北海道弁で言うと、タクランケ（大馬鹿者《ばか》）だったのか？　今となってはもう謎《なぞ》、闇の彼方《かなた》に消えてしまった。

「南極の思想」は横に置いておいて、設営隊員の七〜八割はもう南極に戻ってこない。設営の各部門、機械・調理・医療・通信等々一人前の技術者として来ているが、日本に帰ればそれぞれ各組織の第一線で、要《かなめ》として活躍している人たちばかりである。

　当然そこから一年以上も離れるとすると、組織のダメージも大きいわけで、帰国した観測隊員が職場復帰した後「あのー……また南極行きたいんですけど」と言うのは非常に勇気が必要だろうと思われる。企業ぐるみで「南極観測事業」を応援している企業の中から来ている人は二度、三度とカムバックして来る場合もあるが、大抵は一度切りで、ＴＨＥ　ＥＮＤ。

　それはさておき、人がめったに来られないところに来たらどうなるか。これはもう記念品・メモリー・証拠の品・とにかく写真やビデオなどを撮りまくることになる。題材には事欠かない。氷の景色・ブリザード・オーロラ・アザラシ・ペンギン・雪鳥・雪上車など、どこを切り取ってもどんな安いカメラで撮っても、マイルドセブンライトかロッテクールミントガムの世界が出現する。

大抵の人たちはそのときの最新のマシンを購入していくので、昭和基地での新旧越冬隊ご対面時には、年ごとに登場する新しいビデオやカメラとのご対面も待っている。三〇次隊のときはC－VHSと出たばかりのSONYの八ミリビデオが全盛で、EDベータというマニアックな機械を持ち込んだ人もいた。越冬終了時に次の三一次隊が手にしていたパスポートサイズの八ミリビデオを目にしたときは、一年間の文明の進み具合に本当にびっくりした。

そんなカルチャーショックはまだまだ続いているようで、三八次隊のときは、三九次隊の毎日新聞のオブザーバーがドーム基地に持ち込んだデジタルカメラに驚いた。三五万画素のものはわが隊でも持ち込んでいたが、それがわずか一年で同じような大きさと価格で八〇万画素にアップしているとは……。二〇〇万画素が当たり前の現代では笑ってしまうような話だが、雑誌やテレビなど、メディアの情報なしにいきなり現物にお目にかかると、ほんとにびっくりしてしまう。

そういったおもちゃというかマシンを駆使して、隊員たちは愛する妻子や恋人や友人や職場のために、日々の暮らしや環境をひたすら画像に焼き付ける作業に追われることとなる。

オーロラの季節ともなると、当たり前だがオーロラは晴れ渡った夜にしか見えない

ので、文字通り寝る暇もなくなってしまう。これまた当たり前だが、オーロラ観測で来ている科学者は、朝になってデータ整理が終わると寝酒を一杯入れて温かいベッドでご就寝となるが、生活全般を担当する設営部門は昼間が本番。ここで寝てしまうと、目が覚めてから「身の置き場」がないことになってしまうため、無理やりにでも起きて作業に携わる。

しつこく当たり前だが、科学者諸氏は、この南極を研究テーマに選んだ以上、何回も繰り返して観測隊に参加する人が多々おられる。当然その年ごとの研究テーマを持って来られるわけで、必然的に一発勝負の設営諸氏とはリズムが違ってくることになる。最初はなんとか合わせていても、リズムの違いは少しずつ少しずつ不協和音となってきて、越冬中には程度の差こそあれ、多少の意見の相違と言うか、衝突と言うか、そんなものがあるみたい。「終わりよければすべてよし」で、越冬中に溜《た》まったおりも、次の隊が来て昭和基地内を闊《かっ》歩《ぽ》しだすと春の雪みたいにトロトロと溶けていく、となればいいのだが、雪解けが進まず帰りの観測船の中でボコボコにされた人も過去にはいたとか。それも刑事、民事併せて時効となっているのでこの話も、ここまででオシマイ。業界用語でだらだら書いてきたが、三八次隊のドーム基地ではどうだったろうか。

ずばり、なかった。昭和基地と比べて総勢九名の零細企業のせいなのか、そんな確執はなかった。個々の心の中まではのぞけないが、表だってはまったくなかった。そんな暇がなかった。とにかく、何をするにも総員に近い人数で行わなければまったく進まない状況で、観測から土方まで、何でも総員作業で行った。

総員と言っても、九名しかいない。不在者はすぐわかるし、さぼっているのもすぐばれる。狭い基地で、年がら年中顔を合わせる濃い暮らしをしているせいか、越冬も時期が進むと、朝のトイレタイムまで、爆撃決行中が誰であるか何となくわかってしまう。「観測隊副隊長」と肩書きがついている御仁もいたが（事実最初は帽子に副隊長と記されたタグをつけていた）、自然に「副隊長!!」と呼びかける習慣はいつとはなく消えていき、呼び方も副隊長→金戸さん→金ちゃんと推移していった。オペレーションを起案した人がリーダーで、その他の人たちは兵隊という構図が、自然に構築されていった。

提案したらその人が大将になって進める形の直接民主主義も、慣れてくればそれなりにいいもので、まずストレスが溜まらない。部長も課長も何もかもいないここでは、人間がナマのままさらけ出される。

私のようにずぼらで、日頃からナマしかさらけだしていない者には、心地よく日々を過ごしていけたが、管理社会にきっちりはまって生きている人には、何とも無頼な姿に映るかもしれない。ストレスで首を吊《つ》り冷凍で帰国した隊員はいないので、極地で暮らしていく形態は案外こんな形が一番いいのかもしれない。

けがしたぞ!!

越冬隊は健康な人たちが集まっている……ということになっている。もちろん出発前にロールシャッハをはじめとした精神テストまで含め、厳格な身体検査が実施され、それなりにふるいにかけられるのだが、ドーム越冬中「絶対この人は精神テストで引っかかったからここへ飛ばされた！」と確信できる人もいた。まあ実名で書くと、「告訴するー‼」と泣きながらかかってきそうな人もいそうなので、それは内緒にしておきましょう。

ここでは患者を治すドクターが患者を作った話を一つ。

三月も終わりのある土曜日。ゾンデ打ち上げに備えて、ヘリウムボンベの移送作業をしていたときが舞台。ドームのような辺境の地で、けがをしないコツは、

・危険な作業をしない
・無理はしない
・危険には近づかない

そして一番大事なのは、

・危険な作業をどうしてもしなければならないときは絶対に信頼できるバディを選ぶ

とたたき込まれていたので、極力実践するようにしていた。一本六〇kgあるヘリウムボンベは、持ち手もついていないので、ものすごく持ちにくい。体力の衰えを悪知恵でカバーしている私は、「こんな滑りやすいあぶない代物《しろもの》は、落としたら困る人と組む」と心の中で密《ひそ》かに誓い、この観測の当事者「林隊員」となるべくペアになるように立ち回っていた。

この作戦は大成功で、「風呂《ふろ》に入らない小汚い体に、クリスタルのように澄み切った探求心」を持つ細身の科学者は、まさにガラス細工を扱うように慎重に、慎重に作業を進めていった。途中でふと横を見ると、福田ドクターがボンベを抱えている腕に、オーバーミトンを着けているのが目に付いた。表面がナイロンコーティングされているこのミトンはツルツル滑りやすいので、重い物を持つときには使用厳禁と暗黙のうちに決められている。「ドクターあぶないって、ミトンしていたら」と一言注意を……。

「でも外気温が低いしさー、凍傷にでもなったら誰が治療するのかしら？　大体こんな装備を用意する極研がネ、ブツブツブツブツ」

長くなりそうなので、素早くパスして次の梯子《はしご》作業の段階へ。事故はここで起きた。自分でチョイスしたベストパートナー・林隊員とずっとペアで作業が進んでいれば何事もなくその日は終わり、コンクウィスキーの水割りをおいしくいただいて安らかな眠りについたはずであった。が、「りんさーん、ちょっと来てー」。平沢隊員のこの一声がすべての運命を変えた。順番と運命の歯車が微妙に変化し、新しいパートナーは、なんと先ほどの福田ドクターに変わった。

ここでなんとか理由をつけて、屋内に引っ込んでしまえばよかったのだろうが、ここは人手不足ではどこにも負けないドーム基地。逃げるに逃げられず、やむなく作業再開となった。ふと手元を見るとまだオーバーミトンを着けている。

「ドクター、ミトン着けてたらあぶないって!!」

「次は梯子運びでしょ？　大丈夫ですヨ、十分注意してやりますからネ」

越冬初期のこの時期、まだ気づいていなかった。ドクターの「気をつける」は、実は「相手に」注意してやるのではなく、「自分がけがをしないように」注意して作業を進めるという意味だったのだ。案の定作業再開後数分して、「アッ!!」との叫び声と共に、梯子はドクターの手をすり抜け、見事に私の薬指は、「グキッ」という効果音と共に挟まれた。

たくさんのたくさんの「ごめん・すまん・許して・痛い？」の言葉付きで、X線・専属主治医つきっきりの治療がほどこされた。診断結果は骨折ではなく、ハンマー指。

福田隊員

いわゆる突き指だった。ドクターは必死にいろいろな形のギブスを作ってくれたが、薬指は曲がったままで、固まってしまった。

「帰国したらうちの病院に来てネ。うちの病院、他は大したことないけれど整形だけは優秀だからサー」

今でも曲がった指はそのままだが、そのうち生活に困ったとき、美観を損ねたということで、三五〇〇万円くらいの慰謝料をせしめてやる魂胆である。ちなみに顔を直したいと思っているあなた、整形外科の優秀な病院は北海道「砂川市立病院」です。

優秀な麻酔医・福田ドクターの勤務するこの病院。お勧めはするが、保証はしない。

魔女宅小屋

　とんとんとん。マイナス六〇℃の気温の中で、トンカチの音が響いている。平沢隊員がほぼ毎日打ち上げる、GPSゾンデ、ヘリウムガス充填《じゆうてん》小屋の仕上げ作業が行われているのだ。「オレンジ御殿」「カチンコチンドーム」など雪を使った建築ラッシュが続く中、数少ない垂木《たるき》とベニヤ板を使っての本格的建築物が完成しようとしている。

　なんでも、平沢隊員のご先祖様だか、おじいちゃんか、親戚《しんせき》のいとこのはとこの赤の他人だか、誰だかは忘れてしまったが、「左甚五郎《じんごろう》」の血を引いているそうだ。で、それはそれは精密な図面を画《か》いていた。それに対して、請け負った建築作業員は、私と川村隊員の二名だった。なぜこの二人が選ばれたのか？　時と場所を選ばずぺちゃくちゃ喋《しゃべ》りまくっている二人だが、この建設作業にピッタリと思われたのか、それとも喋りまくる元気があるのだから単に暇だと思われたのか、緻密《ちみつ》な設計者に対して、アバウトな大工さんというチームで建設計画はスタートした。

　当初は、スペアの少ない、垂木やベニヤ板を少しでも節約するため、ロスを極力少なくしたプランが出された。それを聞いているのか、いないのか、この大工さんたち……。やがて作業が始まって現場を見た平沢隊員、たぶん倒れそうになったであろう。

プランでは糸鋸《いとのこ》で、骨組みとなる垂木に細かく切れ込みを入れていく作戦だった。ところが、実際に作業が始まると、この大工さんたち、なんとチェーンソーで切れ込みを入れだした。一五・〇秒の沈黙の後、平沢隊員は「……大丈夫ですか……」とかろうじて声を出したが、作業はどんどん進んでいく。どうしてこのような掟破《おきて》りが生じたのか？　確かに最初はプラン通り、糸鋸でシコシコ切れ目を入れていったが、寒さのためアッという間に刃が折れてしまう。ノミでこんこん入れていこうと思っても、残りの部材を見ると、作業完了まで約三年六カ月かかることが判明した。

普通の言葉でいうと作業開始と同時にめんどくさくなった。

以下理由を箇条書きにすると、

・マイナス六〇℃の中で少しでも能率的に
・糸鋸の刃の節約
・ここには建築基準法がない
・一年持てばよい

・少しくらいゆがんでも土台の雪のせいにできる
・俺たちはプロの大工ではない
・チェーンソーで作業をした方がいかにも仕事をしているように見える

と勝手にこじつけて、チェーンソーでゴーとなった。

「キューン」とモーター音がドームの凍《い》てついた空気をかき乱す。チェーンソーで木材をカットする作戦は予想通り能率的で、多少の寸法差はあるものの、ほぼ許容値内でどんどんできていく。切れ込みも最初はノミで真面目《まじめ》に入れていた。が、もっと簡単にほぞ穴が作れることがわかった。チェーンソーを使って途中まで切れ込みを入れてから、対角線に斜めにブレードをあてキュッとひねるのである。日本でこの方式をとって家を建てると、施主《せしゅ》さんから間違いなくクレームがつくだろう。が、ここでは無償金のボランティア大工。「もっと丁寧にやってください」という視線を全身に浴びつつも、どんどん作業を進めていった。

と書くと短期間で完成したようだが、実はこの大工たち、すぐ休憩を取りたがるチームで、ちょっと寒くなるとすぐ屋内に引っ込んでしまう。ひどいときには、枠材を組み上げて骨組みを作るまさにその瞬間に、「あー寒い、寒い」と一声出して、平沢隊員だけをその場に残し、大工一同引っ込んでしまったこともある。

最後のベニヤ板に釘《くぎ》を打って、壁を作る作業はほぼ全員で行い、実に工期二週間余りを費やして、三m四方の小さな「GPSゾンデ放球棟」が完成。仕上げにベニヤ板の壁にチェーンソーで、月と星の切り抜きを作った。これから一〇〇発以上打ち上げる気球とその研究成果が『魔女の宅急便』のように、幸せを運んできてくれるよう「魔女宅小屋」と名前が決まった。

水は命だ

周り全部雪で覆《おお》われたドームで「一番大事なものは？」と問われたら、返ってくる答えは八九％の確率で「水！」だと思う。白い砂漠と呼称されるこの辺境の地で、水源を泣きながら探し回っても、川も湖もオアシスもない。水たまりももちろんない。

水は、作るのである。原料としてなら無尽蔵にある雪を、これまた大事な大事な燃料をボイラーで燃やして作らなければならない。

基地内の一〇〇〇リットルを貯蔵できる造水槽は、毎日時間を決めて総員作業で、屋外や雪洞から雪を運んで放り込まなければ、たちまち渇水《かっすい》状態となる。この作業は生活していく上で、最も重要と言っても過言ではない。観測や設営部門でいくら大事な仕事をしていても、午後一時三〇分の雪入れタイムには駆けつけなければならない。法律で決まっているわけではないが、よほどのことがない限り、全員での雪入れ作業は、正月も出発の朝もとぎれることなく一年間続いた。

一〇〇〇リットルというと、相当大量のように聞こえるが、家庭用のバスタブで約

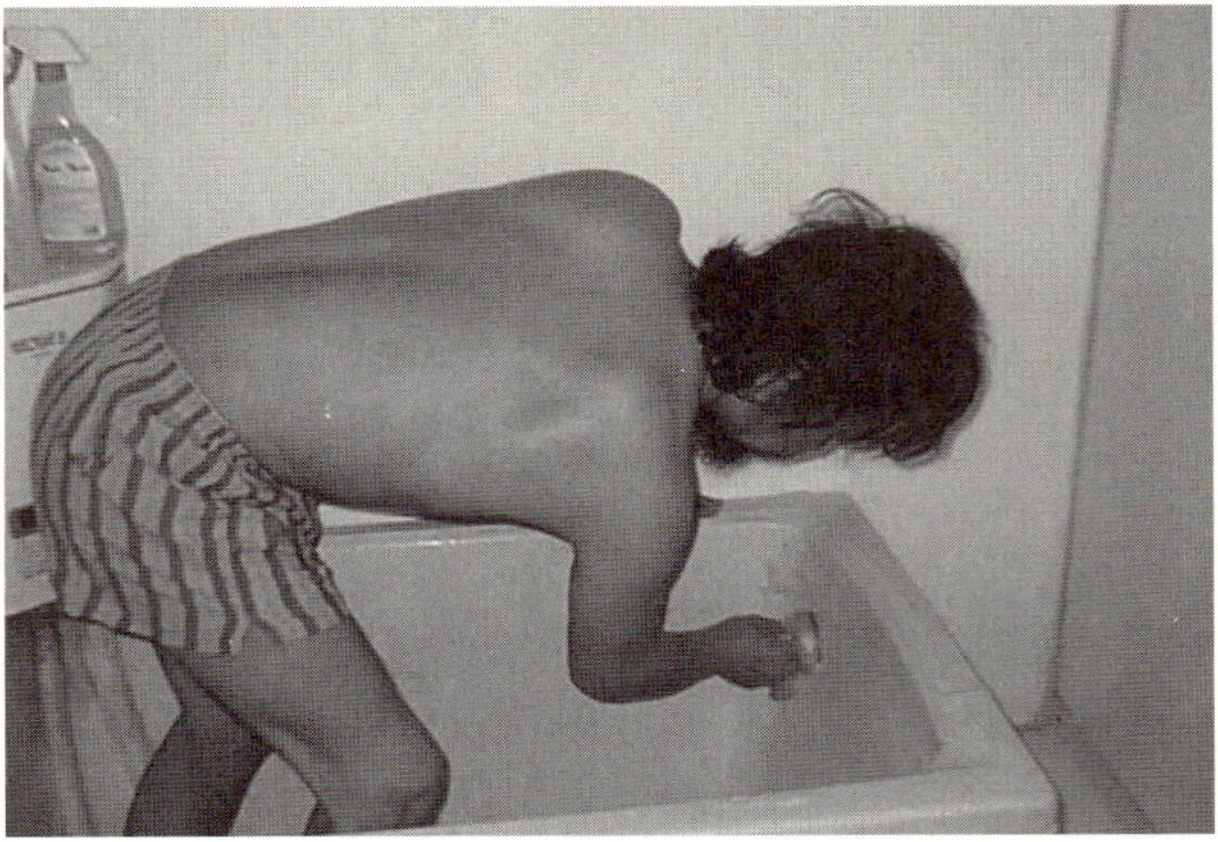

二〇〇リットル、それがたった五杯分しかない。炊事も洗濯も飲料もすべてひっくるめてこれだけしかない。当然最大のテーマは「節水・節水・節水」となっていた。雪は空気も大量に含んでいるので、造水槽に山のように盛り上げても、ボイラーの循環熱で溶かされて水になると当然ごっそり目減りする。大体最初の二〇%くらいに減ってしまう。雪温はマイナス五〇℃以下なので、一日一回切りだと全部溶けきらず、水量はいつも造水槽の六〇%ぐらいしかなかった。

根が貧乏性なのか、どうしてもそれだけだと心細い。みんなに提案し、最初に入れるストック分をその日の当直者と共同で、朝食後に投入して置くことにした。こうすると午後一で始まる雪入れ作業の開始時には投入分がほぼ溶けき

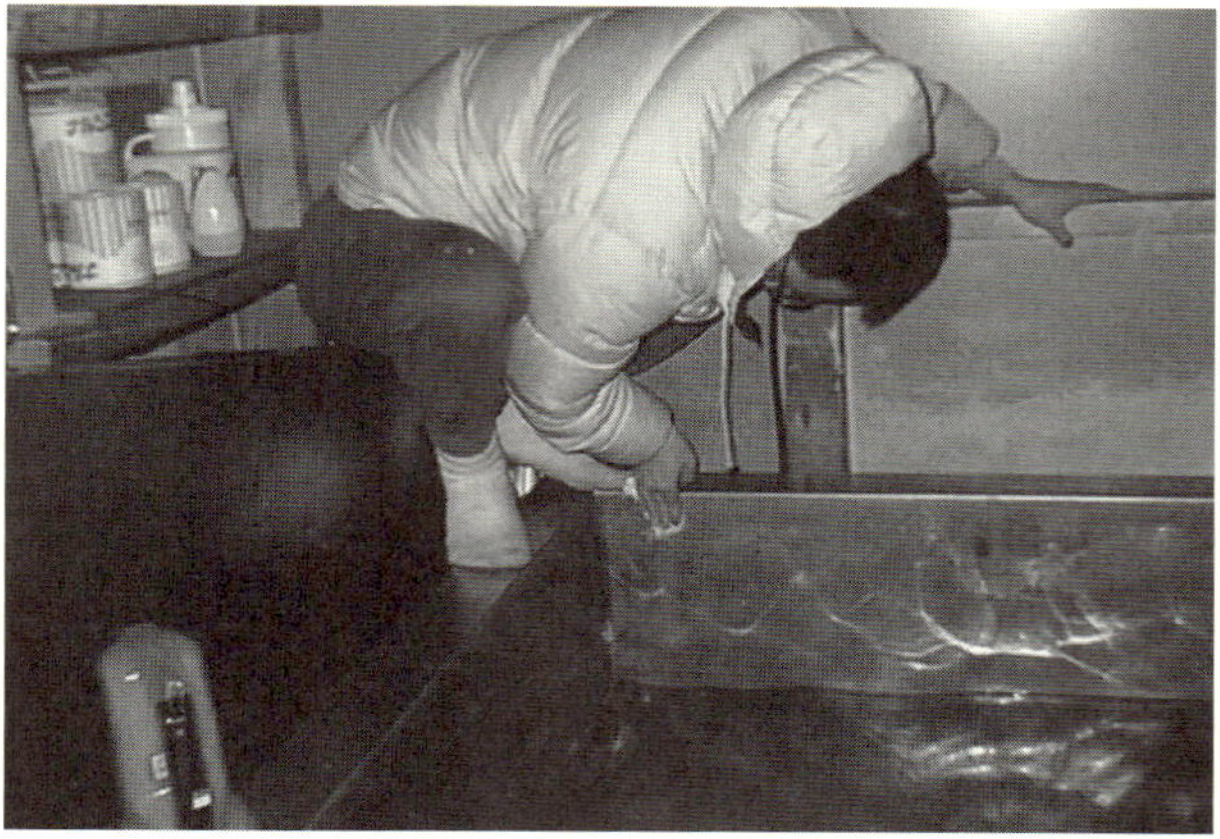
造水槽

り、水温も上昇するため、造水槽を雪でなく水で満タン状態に保つことができるようになり、心の平穏が少し戻った。

日常生活の中で何が一番水を使うのか。言うまでもなく風呂と洗濯だろう。ドームでは、風呂で各自が頭や体を洗う日は自分の当直日と決まっていた。ほぼ八日に一回の割合で回ってくる。風呂そのものは二四時間循環釜《がま》なのでいつでも入れる。したがって、月に一回私がパンツ一丁で、風呂掃除と、水の入れ替えをする日以外は、風呂水の大量使用はないわけで、風呂は思ったほど大量消費の元凶とはならなかった。

次に洗濯。洗濯機は、小さな二槽式の非「全自動」。すすぎは溜《ため》式で、一回こっきり。その水は捨てずに、次の人がまた洗濯時に使用するシステムを取っていた。毎日みんなが洗濯するわけではないので（林隊員と本山隊員の洗濯シーンを見た人はいない）、何日間か洗濯槽にそのままの状態もしばしばあった。

ウイルスのいないドームとはいえ、日本から持ち込んだ常在菌は存在し、ほどよい室温と湿気で、そのままにしておくと洗濯槽の水はどんどん細菌の培養池に変わっていくと思われる。が、洗濯したパンツで細菌感染を起こした隊員は、たぶんいなかった。もしいたとしても、「風呂に入らないでパンツも変えてないからだヨー」のシュプレヒコールの嵐《あらし》で葬《ほうむ》られたことだろう。

こんなに節水・節水の中で一年間も暮らしていると、骨の髄から「節水マシン」に変身するようだ。越冬が終了して、「しらせ」艦内でシャワーを浴びていても、海水風呂の湯船から海水をジャーッとこぼしても、海水循環式の水洗トイレで爆弾投下作業に従事していても、「とんでもない悪事を働いているのかもしれない!!」という強迫観念にいつも迫られていた。

今の日本のように、飲料水をそのまま下水道に流すなんてことは、もしかしたらとんでもない間違いをおかしているのでは？　なんてことを遠い南極の奥地で、うらやましさ半分でいつも考えていた。

不思議なもので、毎日毎日造水槽の前に陣取り雪が入れられるのを見ていると、溶けた水が全部自分のもののような気がしてくる。だからどうだと言うのではないが、朝当直と一緒にそりにストックしてある雪を造水槽に放り込むとき、水がごっそり減っていると、今風に言えば「チョーむかついている」自分に気がついた。なんとなく自分の貯金が誰かに使われたような、知らない間に煙草《たばこ》の箱から黙って数本抜かれたような、車の走行距離がいつのまにか増えているような……。怒りのぶつけどころがない、怒ってもしようがない、怒る必要のない……。が、おもしろくない。

滅茶苦茶《めちゃくちゃ》矛盾しているが、心の中で「誰が無駄遣いしてるんだ！　犯人を捜し出して極刑にしろー!!」と、まなじりを決して叫んでいる自分がいた。日本にいるときは、海上保安官と肩書きを持っている以上、「海上犯罪の捜査」の権限も持っているわけだが、このときは海上事犯の捜査よりもはるかに真剣に、脳味噌《のうみそ》の少ない部分はホームズからポワロ、はたまたスカーペッタまで動員して、「水ごっそり使い魔凶悪犯」の摘発に乗り出した。

容疑者は、自分も含めて九名である。五分間推理して犯人はすぐに割れた。何のことはない、造水槽の水がごっそり減っているときの前の当直者が、洗髪や体洗いの権利を持っているのだから、その人が真犯人に決まっている。普段の使用量は、造水槽の上端から一〇～一五㎝くらいだが、ある特定の当直者に限って二〇～三〇㎝も減ることが、綿密な捜査の結果判明した。犯罪が摘発されるのに、密告が大きなウェイトを占めているのは厳然とした事実だが、ドーム基地でもある日「ちくり」が入った。「あのおっちゃんハリウッドシャワーしとりまっせ。間違いおまへん」

密告者の名前を明かすと命にかかわるので名は記せない。が、関西弁を使うのは浪速《なにわ》の兄ちゃんこと川村隊員しかいない。これで命の危険に見舞われるかもしれないが、北海道と奈良ではとてもガードできる距離ではないので、無事を祈るしかない。「水ごっそり使い凶悪犯」はなんとリーダーたる金戸基地長と佐藤隊員だった。二人とも、当直の日には洗濯の換え水をほんの一回多くして、シャワーもほんのちょっぴり多い時間浴びたことが、この凶悪事件につながった。

日本にいると「なんと清潔な人かしら」で終わったのに。特に佐藤隊員は、一日のハードワークが終わって温かいシャワーをたっぷり浴びている至福の時間に、「この野郎、水の無駄遣いしやがって！」の言葉とともに、地獄の門番のような形相をした私の強制捜査を受けたのだから、帰国した今でも、シャワーをたっぷり浴びるたびに思い出しているかもしれない。すんません、すんません……。

それとは対照的に、水の減り方五㎝という、驚異的な記録を毎回叩《たた》き出していた隊員諸氏も存在した。林隊員と本山隊員だった。一人はバイキンマンと呼ばれ、もう一人はついにドーム基地では布団《ふとん》を使わず、寝袋一つで越冬終了した御仁だが、いったいこの五㎝というのは？　少なすぎるというのも不気味だ。これが一年間続いたのだから、もしかしてこの二人、一度も体を洗わず？　まさか……ゲッ！

造水槽一五㎝あたり約七リットル。これが一日こっきりの使用量。炊事や飲料に使った量も含めてこの数字。日本人一人あたりの平均が風呂もいれると二〇〇リットルだそうだからいかに節水にはげんだか分るでしょう。

変になってきたぞ

この閉ざされた空間で接触できる霊長類といえば、自分を抜かして、わずか八名。外は暗い時間がどんどん増えてきて、気温もマイナス五〇℃、六〇℃は当たり前の日々が続くと、人間はどうなっていくか……。越冬中はきわめて精神的にもノーマルに過ごしたつもりだったが、当時の当直日誌等を見直してみると、「あっ、だんだんおかしくなってきてる‼」と見られるところを発見。

四月も半ばに入ったある日、本山隊員担当の雪氷観測で、三mピット作業を行った。これは雪面にスコップで深さ三mほどの穴を掘っていき、側面の降り積もった雪の観測をする作業なのだが、ヘルプの設営部隊はただひたすら穴を掘って掘って、掘りまくるだけである。そして観測が終わると、今度はできた穴を埋めていく。立派な観測作業だが、作業員にとってはまさにオーストラリアの刑務所で行われていた「懲罰作業」となんら変わることのない拷問《ごうもん》にも等しい肉体労働。これをマイナス六六℃の中でこなし、さて屋内で一休みタイムとなったまさにそのとき、福田ドクターがポツリと一言。

「雪の中は暖かいと言うけれど、ここはどうなのかしら？　ちょっとやってみようかなと思うのだけれど、誰か私を埋めてくれる？」

この人は、言い出したときにはもう、心の中で決意している。それをわかっている越冬隊員たちは、内心「このアホおやじ‼」と叫んでいた（かどうか定かではない）が、西平隊員をおまけにつけて、ただちに「人間生き埋め生首雪面さらし作業」にとりかかった。

結果は「冷たい・痛い・ジーンとしてきた・痺《しび》れてきた・死にそうだ・早くあげ

て」。首だけを雪面に出したあわれな姿で、医者と共同通信社記者の絶叫が気温マイナス六六℃、無風、たそがれトワイライトのドーム基地屋外に響き渡った。それを見ていて突如こみ上げてきたのが、爆発的な笑いだった。
日本でこんなことをやると、殺人未遂・おやじ狩り・拷問・いじめといろんな罰条が列記されるであろうが、とにかく爆発的な笑いがこみあげてきて止まらなくなった。雪面に首だけ突き出た二人の男を前にしてひたすら笑いこける羽毛服集団。誰かが見ていたら、さぞ恐ろしい光景だったのではないだろうか。しめはこの作業のリーダー・本山隊員。「いくら外気温より暖かいと言っても雪温は常時マイナス五五℃以下。このままだったら数分で死ぬよ」。この一言で我に返り、今度はひたすらこの二人を娑婆《しゃば》

に戻すべくスコップでまたまた雪を掘りまくった。

だんだん、みんな変になってきてるぞー!!

変化は当直日誌の書き方にも微妙に現れてきた。当直日誌の内容は初めのころ結構そっけなく、その日のメニュー・作業などが簡単に書かれているだけだった。が、この頃になるとじっとしている時間ができてきたせいか、はたまた日本を出発して以来やっとと言うか、とにかく冬眠に向かう爬虫類《はちゅうるい》のように屋内で閉じこもる時間が増えてきたのか、自分の意見・批評を書き連ねる隊員が出てきた。

一つの例を紹介しよう。

佐藤隊員の日誌から。この人は寒さに弱く、「どうしてこんな寒がりなのにドームに来たんだろう?」と疑問符がつくほど異常な寒がりだった。当直のときは食堂に座ること一時間。煙草に火をつけて瞑想《めいそう》すること一時間。あたかも、自分のエッセイ集を執筆してるのでは?……と思われるほど毎回力作を当直日誌上に展開していた人だった。しかし、だんだんその内容も支離滅裂になってきた。

今朝は風強く(八m)気温マイナス六六℃、一歩外に出た人は寒い寒いと数分もたたぬうちに(注:これは自分のことです)建物の中に逃げ帰ってきた。無理

佐藤隊員

に外作業等はしないほうが無難であって、外出禁止令が出ないかと期待したが、車両を立ち上げろとの口の悪い人間もいて、ほとんどの人は定常作業であった。

一人パソコンで訳のわからぬことをやっていて、ほとんど一日中部屋の中に閉じこもった太った人もいたが、実は昨日の晩は五一℃であったので、明日は暖かくなるとたかをくくっていた。
車両立ち上げなどでBUSYになると思って早起きして（実は当直であった）様子をうかがったらこのザマだ。……（原文のまま）
とここでは絶対の不文律、アンタッチャブル、決してやってはいけない、文面を借りての個人批判とも受け取れる形態がしばしば出てくるようになった。これじゃ、やばい。と言うことで、こういうときに私のできることは……。と考え、またまた宴会をやることにした。名目は……そうだ、誕生会が遅れている、誕生会をやろう。人間どんなにめげたときでも、つらいときでも、酒を酌《く》み交わして大騒ぎをすれば大抵の問題は解決する、と思いこんでいる私は、みんなの気持ちがブルーになり始めた今こそ「誕生会」をやって、植木等じゃないけれどパーッと一発やりたかった。
が……誕生会ができないことに、ある日気がついた。できるわけがない。なんと三月・四月生まれが隊員の中に一人もいなかった。それでも何とか理由を作ってやってやりましょう、と虎視眈々《こしたんたん》と機会をうかがっていたら、あまり起こってほしくない事件ではあったが、チャンスがむこうから飛び込んできた。作業中に浪速の兄ちゃんこと川村隊員の指が二度の凍傷になってしまった。治療そのものは、すぐ風呂《ふろ》に手を突

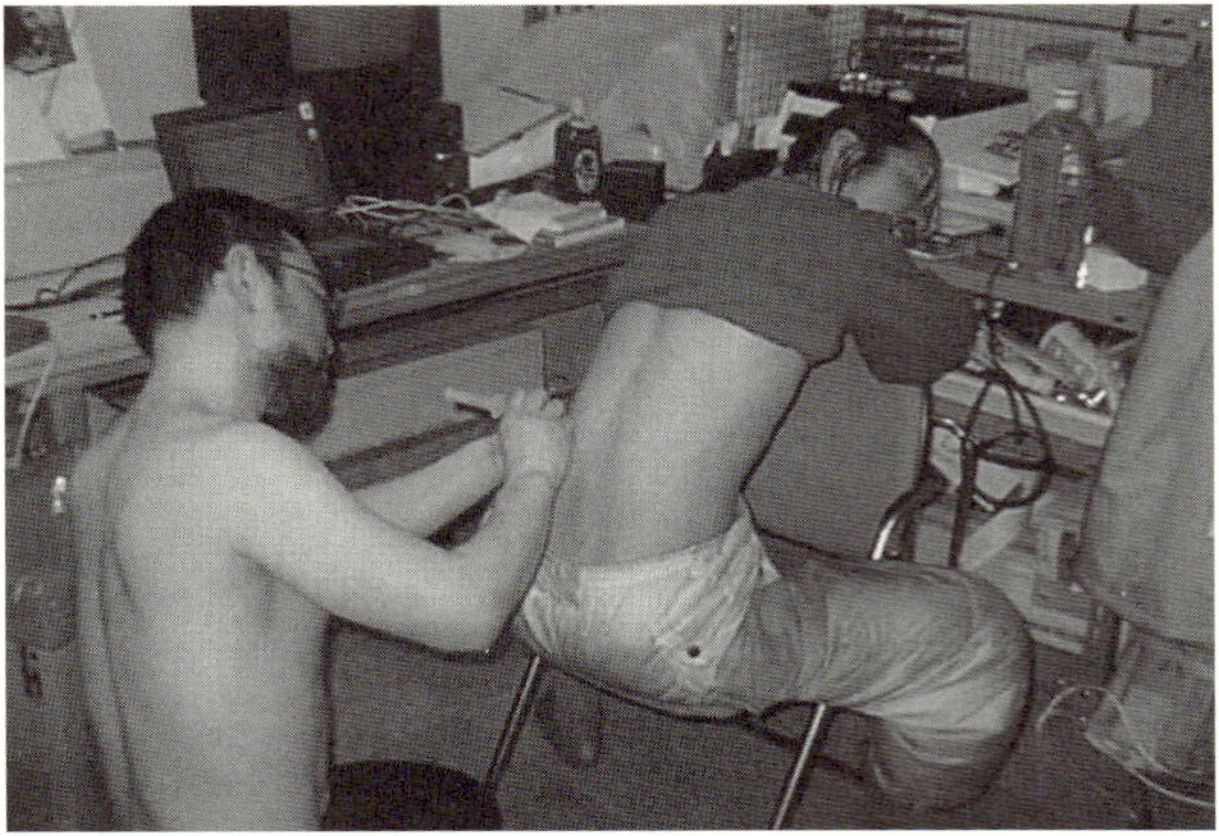

っ込んで温めた後、痛み止めのため実施された麻酔医福田ドクターによる背中にブスリと注射針を突き立てる奇跡の「肋間《ろっかん》神経節ブロック麻酔」の効果により最小限に症状は抑えられ、大事には至らなかった。

大したことがないとわかると、私のわがまま虫がまたしても騒ぎはじめ「五月は誕生会があるし、ミッドウィンターもあるし、何度も何度も宴会なんてやってられないから早くそのケガ治してやー」攻撃により、二週間あまりで大体全快を迎えた。治ったとなると、早速宴会をしなければ……。

一九九七年五月四日、「兄ちゃんがやっと自分でうんこをふけるようになっておめでとう宴会」が盛大に挙行された。この日のメインシェフは趣を変えて、当直の「本山シェフ」。兄ちゃんが所属する雪氷部門（総員二名）のリーダー。言い方を変えれば「今日まで一人でやってきたのだから明日からはこき使うよパーティー」と言うのが正式名称か。とにかく本山シェフでこの日の大宴会は盛り上がり、みんなのストレスもちょっぴり和らげられた。

ちなみにこの日のメニューは、

・串揚《くしあ》げ各種
・カボチャの煮物
・海草サラダ
・帆立フライ
・豚ヒレ肉・ブロッコリー・ニンジンのグリル
・しじみ味噌汁

と「おいしそうだけど自分の好きなものばかり並べたの？」と呼称された献立だったが、真心と「治ってうれしいの！」エキスがたっぷりちりばめられたメニューだったので全員でおいしくいただき、今までのところ五体満足で帰国できるめどのたった兄ちゃんのため、深夜まで大いに楽しんだ。ちなみに写真は喜びが大きすぎたのか誰も撮影していなかったので、華麗な料理は永久に拝むことはできない。残念!!

サードシェフ、ドック登場

「こけの一念」というか「信念」というか、今回ドーム越冬隊に参加して一番明確な目標を持って臨んだのが、福田隊員ことドックだった。いろいろなテーマを持って参加したのであるが、その中の一つ「料理を作れるようになる!!」話。

ある日決然とドックは宣言した。

「水曜日の夕食は私がカレーライスを作ってよろしいかしら……」。誰もが冗談だと思っていたが、冗談ではなかった。その後一年間越冬終了まで、ドクターは水曜日の夕食にはカレーライスを出し続け、「ドックカレー」なるブランド商品としてドーム基地の名物料理の地位を立派に築き上げた。

とにかくこの人、力があり余るほどあるので、最初はせっかくトロトロに煮込んだ肉類も、仕上げの段階で力任せに混ぜるため、肉と言えば繊維質のみが残る「ドロドログッチャリカレー」を出し続けた。「駄目！　最低！」の評価しかできなかったが、最終段階では生意気にも、ガラムマサラとチャックマサラを使い分け、その辺の「カレー専門店」が脱帽しそうな作品と言えるまでに成長した。

ただし使う肉は冷凍とはいえ、豚は黒豚、牛は米沢、松阪等のサーロインやヒレ肉をおしげもなくたたき込むのだからまずかろうはずがなく、カレー屋にデューダしても採算割れで、たちまち倒産に追い込まれるだろう。が、味は今思い出しても「うまかったなあー!!」。

帰国後は単身赴任先の砂川市立病院で看護婦さん相手にたまに腕をふるっているそうだ。まさかそのために、料理を覚えようなどと思っていたのか？　でもドックが覚えたがった料理を思い返してみると、カレーの次には「ブイヤベース」をリクエスト。案外「料理もプロ級の麻酔科医」を目指していたのでは……。これにワインとサラダとキャンドルの光でもあれば……やられた!!　これに気づいたら、奈良から川村の兄ちゃんは叫ぶであろう。

「このスケベおやじ!!」

カレーの成功に気をよくしたのか、四月も終盤のある日、福田ドクター、またしてもふってきた。

「水曜日にそろそろカレー以外のものも出してみたいと思っているんだけど、お魚を使った料理、何か教えてもらえないカシラ?」

重ねて説明するが、福田ドクター決しておかまではない。語尾にカシラがつくのは、上品さと静かさを好むドックの（自分だけで思いこんでる）口癖である。

「だけどこんな口癖の人って、やっぱそっちの傾向あるんじゃないのー」

とお考えの方はじっくりと写真をみていただきたい。

「これで男でなかったら誰が男なんだ」と断言したくなる事必至の、ごっつくでかい顔が目に飛び込んでくるでしょう。よく言えば俳優の牧冬吉、普通に言えば暴力を生業《なりわい》とする職業に多く見られる人相をしている。医者として「麻酔科」を選択したのは、賢明というか己を知っているというか、もし「小児科」だったら大変なことになっていたのではないかと……。私は、もし子どもが一目見たら引きつけを起こしそうなその顔立ちにちなんで、「顔面人殺し」と密《ひそ》かに陰で呼んでいた。

話を戻して、「おさかな料理……カシラ」で始まった件だが、フランスの鍋《なべ》料理「ブイヤベース」を勧めた。最初はいい加減に「ブイヤベースはフランスの鍋料理なんだから、適当な魚を煮込んでサフラン叩《たた》き込めば、パッパッとできちゃうよー」と適当でいい加減なアドバイスでごまかそうとしたが、そこは人の命を預かるドクター。探求心と分析心と猜疑心《さいぎしん》は人一倍。どこからか料理本を引っぱり出してきて「最初はタマネギとアラとニンニクをオリーブオイルで炒《いた》めなければならないでしょ!!　きちんと教えてくださいな」と反撃を受け、「正当派ブイヤベース、アイオリソース、ガーリックトースト付き」を半日かけてレクチャーする羽目になった。

出来映えはこれまたすばらしく（鯛《たい》・ロブスター・貝類等を親の敵《かたき》のように入れているので当たり前だが）、これに味を占めた福田ドクター、またまた無理難題を押しつけてきた。今度は「パエリヤ」を作りたいんだと……。

ドーム基地は三八〇〇mの高地にある。当然水の沸騰点《ふっとうてん》は八〇～八五℃なので普通の炊飯は絶対不可能。普段は電気圧力鍋で炊《た》いているのだが、「パエリヤ」となると、蓋《ふた》なしで洗米していない米をオリーブオイルで炒めて、上に鶏肉や魚介類、ピーマンなどをトッピングしてサフランで色づけと風味付けをして仕上げる。リゾットと炊き込み御飯の中間に位置する「黄色つき魚介類、野菜、肉類のせピラフ」と言ったところか……。

ただでさえ普通の炊飯は不可能なところに持ってきて、そのまま作れば俗にいうめっこ飯になること必至。「蓋なしで飯炊けってかー」の一声で却下しようと思ったが、「不可能なことを可能にする料理人」のプライドと、ドクターの瞳《ひとみ》に浮かんだ少女漫画の主人公のような星の光に心が動き、トライすることにした。

ノーマルにパエリヤ鍋で炊き上げていく方式は、やめた。火種がないのと、もし外でやっても上は冷凍、下は半煮え状態に突入することが予想されるからだ。発想を転換し「口に入ったときパエリヤみたいになっていればいいじゃん」作戦にすることにした。

まず電気圧力鍋に、洗った米とスープを同量よりやや少な目にセットし、サフランとバターと月桂樹《げっけいじゅ》の葉っぱを投入して炊き上げ、炊き上がった色つきバターライスを、クッキングシートを敷いたパレットに敷き詰める。その上に、オリーブオイルでさっと表面だけ焼いて、白ワインでパッとフランベしたロブスター・鯛・ムール貝・帆立貝・イカの輪切り・たらば蟹《がに》・ブラックオリーブなどをきれいに並べ、塩・コショウして二二〇℃のオーブンでこんがり焼き上げると、「見た目はまさにパエリヤ」が出現した。

冷凍レモンをふりかけ、キリリと冷えた白ワインで食すると、確かにマイナス七〇℃のドーム基地にバレンシアの風が吹き抜けた。苦し紛れに作った略式パエリヤだが、福田ドクターはきっとこれが正式なレシピだと今でも信じているんだろーな。でも家庭のオーブンで手軽にできるし、味も「へえー」と声が出るくらいおいしいので、ちょっと気取りたいときなどお試しになってはいかが?

久方ぶりの誕生会

五月に入った。北海道ではまだちょっと肌寒いが、日中はさわやかな春の風が吹き抜けているはずである。ドーム基地はと言えば、日中の気温は最高でもマイナス五〇℃くらいまでしか上がらない。マイナス二〇℃、三〇℃で震え上がっていたS16作業を思い出し、「そんな熱帯みたいな気温のときもあったんだ」なんてヨタをとばすほど、ここドームの住民は確実に、厳冬期・耐寒・超低温仕様に変わりつつあった。寒い・暗い冬を前にした五月のある日、久方ぶりの誕生会が行われた。

対象者はなんとこの私。隊員の誕生日は、ドームでは祝日になっていた。休養日課となるわけだが、誕生日にあたった隊員は、その日は特別に自分の仕事以外の部門を記念に手伝うことになっていた。私がチョイスしたのは本山隊員の三六本雪尺の測定のお手伝い。基地から少し離れた雪面にさしてある、三六本の竹竿《たけざお》の横にきざまれた積雪度を測定する数字を一本ずつチェックしていく。

薄暗い低温の雪面でヘッドライトの明かり一つをたよりに、竹竿の数字を一本ずつ読んでいくのは慣れていない身には「なんでこんなに三六本も測定するんやブツブツ」思わずぼやきたくなるほどつらい仕事だった。ともかく「誕生日記念ボランティア」を終え暖かい基地内へ。コンクウィスキーでのどをうるおし、パーティーの開催を待つことになった。

誕生日に当たっている隊員は、準備ができるまで食堂への立ち入りは御法度《ごはっと》になっていた。サードシェフのドック、それに川村の兄ちゃんが「ローストビーフ」にトライし、平沢隊員がケーキを作ることになった。「まかせといてくんなはれ!!」。臨時シェフ両名の威勢のいい啖呵《たんか》で部屋から出され、本山隊員と居住棟の前室に作られた店

「居酒屋　盆」でアペリチフタイムとしゃれ込んだが、まもなく基地内放送の呼び出しの嵐《あらし》に見舞われることになった。

その経緯を説明する前に……今回の誕生日は南極で迎える二回目の誕生日で、前回は昭和基地で迎え、豪華料理とたくさんの隊員諸氏に祝ってもらった。二歳になったばかりの娘から、衛星電話で「ハッピーバースデー」のプレゼントに、はらはらと落涙したものだが、天使か聖母マリア様のようだった娘も、今はルーズソックスが似合いミントシャワーを愛用する花も恥じらう中学生。

「歌のプレゼントしてー」などとほざこうものなら、「はあー？」と白い目を向けられること必至のお年頃。ああ、悲しい。おまけに今回は、食材はすべて私が注文して運んできたものだ。「ご馳走《ちそう》が食べられるー」と楽しみにしているとき、どんなものが出てくるのかわかっているシチュエーションははなはだつまらない。また「誕生会の主賓」は会場の設営から何から何まで、ノータッチと決まっているので、「焼き肉でも作るのだべか」などと思っているとき、「五月誕生会のシェフ」、ドクターと川村の兄ちゃんからとてつもない提案が出された。

「今回のメニューはドックがブイヤベース、兄ちゃんがローストビーフにトライと決定。平沢氏が飲んべえの貴方《あなた》のためにフレッシュピーチパイを製作。つきましては規約上技術面のヘルプは駄目なので、口頭のみでのアドバイスをお願いしたい。ただし三名とも食ったことはあっても、製作の経験およびレシピはまったくパッパラパーなので、適切な指示をよろしく!!」

焼き肉くらいで逃げるのでは、と思っていた私の誕生会が、これで一気にスリルとサスペンス性を伴ってきた。

ローストビーフとブイヤベース。戦争したり、共同でコンコルドを開発したり、仲がいいのか悪いのかよくわからないイギリスとフランスの代表的な料理。福田ドクターが一度食ってやみつきになったブイヤベースに対抗して、ナポレオンと対決したウエリントン将軍の対をはったわけではないだろうが、川村の兄ちゃんも、結婚式の披露宴などでスライスした一片しか口にしたことのない、ビーフの塊「ローストビーフ」にトライすることとなった。

「ローストビーフって言ったって、縛った牛肉に塩・コショウ・ローズマリーなんかを擦り込んでオーブンに放り込めばできちゃうし、ブイヤベースはマルセイユで余った雑魚《ざこ》の処理に考え出されたフランス寄せ鍋だと思えばいいよー」とよけいなプレッシャーを与えないように適切なアドバイスを送ったつもりだったが、どうやらこの二人、またまたこのオヤジ、適当なこと言ってごまかそうと思っているなと邪推したよ

うで、「いや基本的には、グレービーも添えてブイヤベースにはアイオリソースも作って……」とかなり入れ込んでいるご様子。

「わからなくなったら呼ぶから、別の部屋で一杯やっていてちょーだい」を鵜呑《うの》みにして、例の待機室BAR「居酒屋　盆」でアペリチフとしゃれこもうと思ったのが大間違い。二～三分ごとの呼び出しの嵐に見舞われることになった。

「アイオリソースだけどマヨネーズと牛乳だったっけ、生クリームだったたっけ？」と福田ドクター。

こういう質問がきたときはもう作っていて、味見した結果うまくなかったと相場が決まっているので、「もう作っちゃったんでしょ？　マヨネーズとニンニクと生&サワークリーム！失敗したソースはグラタンにでも使うからそのままでいいよ」。

福田ドクター「あのー、間違っていると思ってもう捨てちゃったんだけど……」

川村兄ちゃん「あのー、肉から煙が出てきたんだけど、どうしましょ？」

私「温度は？」

川村兄ちゃん「なんですの、それ？ あっ、三〇〇℃になってますわ」

というような騒ぎが三時間ほど続いた後、ようやく開会となった。

作ってもらったんだか、自分で作ったんだかよくわからない料理ではあったが、両者ともとても素敵な出来映えで気持ちよく腹を満たしてくれた。ピーチパイもおいしくいただき、散会となったときには、正直普段の一八倍くらいの疲れがどっと押し寄せてきて、ハルシオンのお世話にならなくても夢の世界に旅立てた。

凍傷になっちゃった

五月も終わり近くなったある日、バイキンマンこと、林隊員担当のゾンデ打ち上げが行われた。打ち上げ作業そのものは慣れてきたせいもあり順調に進み、マイナス七〇℃の空間に無事大気球は飛翔《ひしょう》していった。

そのとき本山隊員が私に、「あっ!! ほっぺたまっ白だヨー」。これは凍傷初期の警告信号だ。凍傷にかかると、最初はムズムズ、次にちょっとポッポッとしてきて、次第に無感覚になってくる。大抵本人は気づかないので、他人に指摘されて気づくこととなる。

私は南極に来て、一度もこの凍傷にかかったことがない。越冬に先立ち「極地研」で行われた冷感反応テスト、早く言えば氷水に指を突っ込んで皮膚の表面温度を計測したのだが、このテストでも他の人はどんどん下がっていくのに、なぜか私だけは途中から皮膚温がどんどん上がり、最終的には三五℃くらいまで持ち直した実績があり、凍傷に関しては「俺だけはならない」と変な自信を持っていた。

当時の気温はマイナス七〇℃、風力は五~六mだったが、ドームの大自然はこんな自信をあざ笑うかのように簡単にほっぺたを凍り付かせてくれた。こうなると即ダッシュで屋内にかけもどり、お湯に顔を突っ込まないと、患部が壊死《えし》、脱落というおそろしい結果が待っている。注意力は人よりかなり散漫だが、命根性は人一倍汚い性格

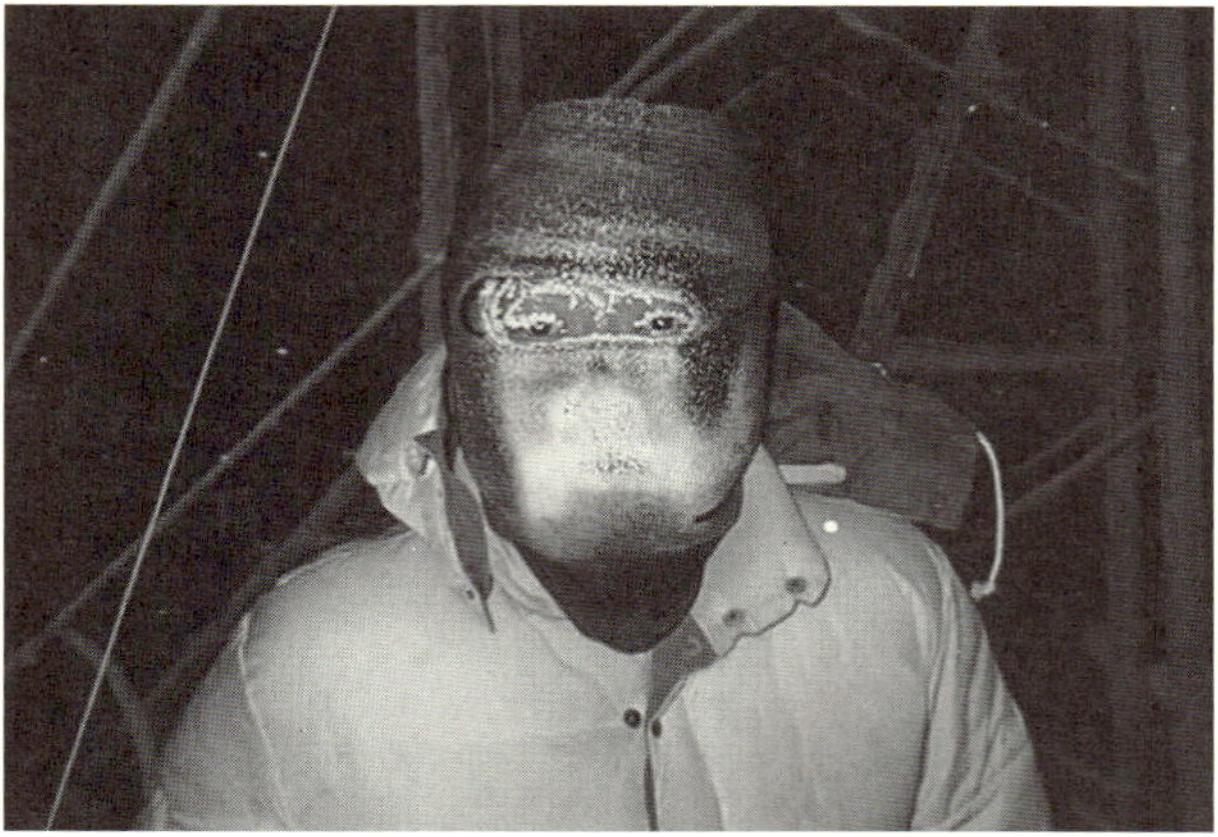

なので、指摘された瞬間、手にした機材が何百万円かなんてことはきれいに頭から吹き飛び、その場から一秒で基地内に駆け戻った。速攻で浴槽に顔を突っ込むと、数千本の針を打ち込まれたような激痛がかけめぐった。
　これ以降マイナス七〇℃を下回っている屋外で作業をするときは、今までのようなすっぴんはやめて、マスクを必ず装着することにした。と言っても、たいそうなものではなく、大掃除をするとき顔に巻く、タオルを一枚かぶっただけの代物《しろもの》だったからまだ根本的には反省していなかった。

まじめでおかしな仲間たち

ミッドウィンター

ついに六月に突入した。南極では越冬の半ばに達したことになる。日本でも一年の中間だから同じことか。六月と言えば、北海道ではやや遅い花見や運動会などが開かれ、風もさわやかな初夏だが、南半球では反対の冬真っ盛りの最中。南極では六月の終わり頃に「冬至」を盛大に祝う。

名づけて「ミッドウィンター」。これは日本隊ばかりでなく、越冬している世界中の越冬隊で同時に祝われる。各国の越冬隊同士で電報の交換が行われ、長く続く南極の暗夜を派手に祝う。前回の昭和基地では、三日間ぶっ通しで挙行され「フランス料理のフルコース」「和食大宴会」「屋台村」などで楽しんだ。前回のことを思い出してみると、毎日、毎日が初体験の連続で、ようやくの折り返し点で心底ホッとしたものだ。

今まではどんどん日本から離れていたのに、マラソンの折り返し点を過ぎたというか、物理的には距離が変わっているわけではないのに、これからは日ごとに日本が近づいてくるような「さあがんばんべー！」と体にアドレナリンがどんどんみなぎってくるのを感じることができた。

　さてドームではどうするか。「ミッドウィンター」を過去に経験している者が中心になって、プランを練ることになった。みんなの心にいつまでも残るような、感動的なイベントになるように考えたのか……そんなことはない、あるはずがない。

　世話好きで、みんなが楽しむのを至上の幸せと考えるオヤジさんに映るよう日頃は演出しているが、実は利己的で自分勝手。苦しいことは人に押しつけておいしいところだけはしっかりいただくことにかけては世界一、と自負している私は、あくまでも自分の都合のいいように「ミッドウィンター祭」を脚色していった。

　お祭りとくれば宴会と相場が決まっている。それをベストテーマに越冬している私としては、「一回でも多く、BUT、なるべく疲れないように、でも自分でも十分楽しめるようなイベントにしたいけれど、それをあまり主張するとみんなに嫌われるからあまりめだたないように意図を織り込む」と密《ひそ》かに誓ってプラン作りを進めていくことにした。あー、ずるい、ずるい。プランを進めていく上において、原型となるのは過去の経験である。それをまず一つずつ思い出していった。

まずは最初に行われた「ミッドウィンター記念大晩餐会《ばんさんかい》」を思い出してみた。昭和基地では代々ひとけたの隊から行われているそうで、参加者全員正装でフランス料理のフルコースを、当番の隊員をにわかギャルソンに仕立てて行う。三〇次隊のときも「東条会館」から参加したフレンチのシェフ・鈴木隊員を中心に挙行された。

半蔵門にある超一流の結婚式場「東条会館」では、出発前から越冬隊に参加する料理人にはメインイベントと言い含められてきているようで、鈴木隊員もかなり根性を入れて作っていた。「フォワグラのパイ皮包み」に始まるフルコースは「金を払わなくてもいいんだ」と思うととてもおいしく、オードブルとパンのおかわりをがんがん要求し、おまけにこのときのために開けられたドンペリとロマネコンティとシャンベルタンを、これまた「タダだからー」の浅ましい根性で、がぶがぶ生ビールのように飲みまくり、ボトルの追加をこれまた要求し、香り豊かに焼き上がった「舌平目のムニエル」や「カリフラワーのサラダ」まで進む頃には胃袋の方が爆発寸前で、おう吐する一歩手前だったことをふと思い出した。……鈴木隊員、ごめんなさい。

「ドームはさー、九名しかいないし、無理にフルコースやらなくてもいいんじゃないの?」と早くも逃げ腰・さぼり癖の私の提案に、林隊員曰《いわ》く「いや南極では伝統にとらわれないと言っても、ミッドウィンターでフランス料理のコースをいただくことを楽しみにしている隊員は私も含め多いはずです。昭和基地と比べると設備や食材も制限を受けるでしょうが、ぜひともお願いします」と正論を……。正論・正論・セイロンならばスリランカ、とオヤジギャグを飛ばしても仕方ないので、「はーいお受けしまーす」と軽やかに答えた。でも普通のフレンチコースを作っても、あくの強い自分としてはおもしろくない。ひとひねりしてドーム基地で人気番組だったビデオ「王様のレストラン」にちなんで、山口智子《ともこ》が作っていたメニューの中からみんなのリクエストを聞いて再現することにした。

リクエストの結果一番多かったメニューが「魚のはらわたパイ」とは。西洋料理が決まったとなると、当然次に来るのは「和食」となる。三〇次隊のときは「鈴木シェフ」の素晴らしいフルコースの後を受けて「和風懐石」と銘打って準備したものの、あれもこれもと欲張ってメニューを組み立てたためと肝心の懐石料理なるものをよくわかっていなかったせいもあり（今でもよくわかっていないが）、実際にできた料理は、ひいき目に見て「温泉旅館の夕食風」、普通に見て「居酒屋でオヤジが頼む晩酌メニュー」であった。

琴の音をBGMに開会したが、最初は若干おすまし宴会で始まったものの、時間が経《た》つに連れて、一升瓶を持ってお酌に回る泥酔《でいすい》オヤジが徘徊《はいかい》する「忘年会風無礼講大昨夜どんちゃん騒ぎ宴会」になった。「いやー、吉兆風にしてもよかったんだけど、昨夜のフルコースでみんな疲れているんじゃないかと思って、少しくだけた感じで押して見たんだけどよかったでしょ？　はははははは」と腕のなさを口先でごまかしてその場を切り抜けた。

あれから腕が格段に進歩した。とはとても言えないが、つたない腕を駆使しても一晩で「トゥールダルジャン」から「六三亭」に切り替えるにはちょっと自分としては、重い。三八次隊では「和食大宴会」はパスしようと提案しようと思っていたら、本山隊員の「和食宴会って毎晩飯のたびにやっているから今回はいいんじゃない」と思わぬ助け船。今回はしないことになった。

しかしこれも実は中止ではなく、別の宴会をミッドウィンターの前にやらなければならないことをただ単に忘れていただけだった。

三〇次隊のときは「ミッドウィンター祭」の最後の締めくくりとして、各居住棟主催の屋台村が行われた。昭和基地では寝起きする隊員の個室がある居住棟が三棟あり、それで一つの班が形成されていた。一つの班一〇名くらいの人数だった。居住棟一つで二種類ずつ出店。個人参加も含めて一〇店舗が並び、プロの大工さんが夏作業の合間に製作してくれた屋台も見事な出来映えで、おでん・焼き鳥・寿司《すし》・たこ焼き・ソフトクリーム・そば・稲庭うどん等々ずらりと揃《そろ》った様は、全店飲み食い代ロハと併せるとまさに「価格破壊超激安日本一の屋台村」だった……。

が、当日華々しく開店したときにとんでもないことに気がついた。客がいない!!　いるはずがない！　隊員全員屋台の従業員なのだから……。発案者は、昭和基地に到着したとき二九次隊が派手に開いてくれた「三〇次隊歓迎コンパ大屋台村」の盛況をイメージしてプランニングしたのだろうが、歓待すべき客はどこにもいなかった。仕方ないのでお互いに客となり行き来して終わったが、器に比して中身がなかったおまぬけさは離れ小島にディズニーランドやマイカルが開店したり、北海道のローカル空港に日に三〇便ジャンボが飛来するといったイメージだろうか……。

　人口の少なさではここドームも絶対他に負けないだろう。なにせ隅から隅まで見渡しても九名しかいないのだから。そんなことも踏まえて最後を締めくくるイベントとしては、誰でも従業員から客に瞬時にチェンジできる「北海道風炉端焼き専門店」でいこうとなった。

　宴会のメニューの原案ができたところで早くも私の頭の中では「こんな風に作ってやろう。あんな風に作ってやろう」プログラムが起動し始めた。好奇心が刺激されるところにはなんでもかんでも首を突っ込むが、関心のないことにはそれが宇宙の果てで行われていることのように無関心な私である。

「エー、まー、そういうことで……」とミーティングの会場から脱出をはかったが、平沢隊員の目にひっかかった。

「大将（私のこと）まだ終わってませんヨ!! これから期間やイベントなど細かい詰めをしていかなきゃならないんですヨ……ホントにあきっぽいんだから……」

越冬も中盤までくると、心の中まで見透かされる。こういったときは仮死状態突入モードと決め込んだ。目を二時の方向三五度くらいに向けて、意識ははるか彼方《かなた》の日本に飛ばし、ひたすら会議の終了を待ちわびる。

「……でいいですか？　大将？」

またまた平沢隊員がアクセスしてきた。

「えっ？？？　えっ？？　いいんじゃないの、あっ、それ大賛成でーす!!」

わけもわからず賛成していた。が、これがなんと「第三回ドームミッドウィンター祭」の期間決めの決議だったとは……。しかもおそらく世界最長の一週間!! 心優しく、思いやりの塊で、恐妻家（？）の平沢隊員。「毎日毎日、パーティー料理の製作では大将の負担が大きすぎるし、一日ずつインターバルをおいた方がいいのでは？」と提案してくれた……らしい。こと食べ物に関しては、このわがまま一杯、好き放題、やりたい放題の料理人に慈愛と放任主義を貫いてくれているドームの住人たちは、私の考え次第との結果に落ち着いたみたいだった。賛成したのが後の祭り……。期間は一週間と決定された。

ミッドウィンターが近づいてきたと言っても、日常生活のすべてがそれに向かって動き出したのではなく、観測やその他の基地作業は淡々と進められていった。金ちゃんは相変わらず愛想なしの日記を書き続けて、三時間おきのぶっ通しの気象観測を続けているし、本山隊員は、朝七・三〇の朝一うんこから午後の雪のサンプリングまで、行商のおっちゃんが出かけるごとく判で押したように辛抱強く行っているし、林隊員は「しつこい科学者」と陰口を叩《たた》かれようと、毎日空を見上げて大気球を打ち上げるタイミングをねらうかたわら、女子寮の管理人のごとく、ビデオのつけっぱなしや、浴室の排水ポンプの止め忘れなどをチェックして「スピッツ　りん」と新しいニックネームが増えたし。これで彼の正式名称は「バイキンマン・えてこう・スピッツ・カメムシ・キャンキャン林」となったが、まだまだ増えるだろう。

佐藤隊員はマイナス六〇℃以下のときと二日酔いの日とバイオリズムと星占いの結果が悪い日は当直日誌に「今日はさぼりましたー!!」とは書かず、まるで業績不振の会社の労働組合のごとく、「がんばろう!!」「必ずしよう!!」「大変だけど達成しよう!!」「願うばかりである!!」が羅列されている文章を書き殴っているし、平沢隊員は観測のかたわら、倒産寸前の「平沢ベーカリー」を再建すべく起死回生の新商品を考えているし、ドクターは相変わらずマイナス七〇℃の中でジョギングに精を出しているし、西平盆隊員は私が「パチパチ作業」と名づけたメール作業のかたわら、チョコやようかんを腹に快調に納めているし、川村の兄ちゃんは事務仕事のかたわら基地内の大工仕事に励んでいるし、私はといえば、相変わらずおもしろそうな仕事にちょっと首を突っ込んではすぐあきて、後は食前・食中・食後酒を無上の楽しみとしているアルコール依存症のオヤジになっているし、要するに普段と変わらない毎日が続いていた。

そんなある日「バイキンマン・えてこう・スピッツ・カメムシ・林」隊員の当直日誌の一節が目に留まった。

「ミッドウィンターを楽しむには、楽しませてもらうだけではなく、楽しむという努力も必要。みんなで頑張って楽しもう」

なんとなくこのフレーズが心に残り、漠然と「料理マラソンがんばんべー」くらいに考えていた私の心を「祭りを成功させよう!!」モードに切り替えさせてくれた。どうも、どうもです。

一九九七年六月一三日。本山隊員がとうとう四〇歳の誕生日を迎えた。今までは「まだ若いノー」とのたまっていたが、これで彼もドーム高齢者軍団に入会となった。公務員の定年まで二〇年、「歯・目・〇〇ポの順番に悪くなっていくからねー。あっ、本山さん歯は差し歯だし、目も充血入っているから次はいよいよだねー。私？　私は大丈夫ヨ、相手が若かったら……」と医者の倫理規定を無視して、患者のプライバシーをしっかりばらしつつ毒舌を浴びせるドクターの攻撃を無言で受け止め、星こそ浮かんでいないもののギョロ目をむいてじっとしている本山隊員の胸中は、はたしていかに……。

　じっくりと老境の入り口にさしかかったのを味わっていたのか？　案外日本に帰ってからどうやって若い彼女を作ろうかなんてことしか

……。じじい初心者にもかかわらず、本山隊員この日も精力的に基地内を移動していた。時系列を追うと、朝一でうんこ→コーヒーを飲みつつデータ整理→朝食→食器洗い→掃除→基地内当直業務→雪サンプリング→ゾンデオイル漬けヘルプ→ヘリウム充塡《じゅうてん》作業→昼食→昼寝→ゾンデに落書き後放球→木工作業→アペリチフタイム→夕食→食器洗い→飲みつつ麻雀《マージャン》はね満を振り込む→またまた飲みつつ夜もふけて……長生きしてください。

正式な誕生会はもうちょっと後にすることにして、この日の夕食は「家庭で、もし愛妻がいればたぶん作るのではメニュー」にした。

・鯛《たい》の塩焼き
・天ぷら（エビのアーモンド衣包み・レン

コン・イカ・サツマイモ）
・かんぱち刺身
・煮物（レンコン・サトイモ・手羽先）
・ワインとドックビールとコンクウィスキー
たくさん・たくさん・たくさーん!!
ＨＡＰＰＹ　ＢＩＲＴＨ　ＤＡＹ!!

一九九七年六月一五日、全体会議で「ミッドウィンター祭」の細かい詰めのミーティングが話し合われた。内容は、

・記録に残しておくビデオ・カメラ・デジカメの担当者の周知
・一回はみんなで記念撮影
・二四時間マラソン麻雀大会に備えて、麻雀台の新設
・昭和基地との無線での交信時話したいことを大体決めておく
・超低温下の露天風呂《ぶろ》の段取りとスタッフ決め
・炉端焼き用の大しゃもじ製作

・基地内にあるはずの新しいグラスの発掘
・新規開店するはずの居酒屋でボトルキープをどうするか
・ラグビー大会は体力に合わせてチーム決め
　Aチーム　本山・福田・西村
　Bチーム　金戸・平沢・林・西平・川村・佐藤
　の三：六の変則チームとする
・花火をしたいナー

こうやってみると、九名のオヤジたちが集まって討議するにしてはいささか幼稚なような気がしないでもないが、中学校のホームルームや学活より、それはそれは真剣に話し合われた。記念すべきイベントの内容が見えてきたところで早速またまた宴会開催となった。

ミーティングから三日経った六月一八日、本山隊員&佐藤隊員の合同誕生会が行われた。前に述べた「隠れ和食宴会」がこれだった。

今回のテーマは「蟹《かに》」。蟹づくしパーティーのリクエストが来た。「タダと思って……。この貧乏人が！」とはもちろん言わなかったが、心の中で少しは思った。

当日はすべての食材が蟹で覆《おお》い尽くされた。
メニューは、

・たらば蟹・花咲蟹、毛蟹・ずわい蟹のスチーム
・わたり蟹の海藻包み塩釜《しおがま》
・蟹みそのクリームスープ
・毛蟹の甲羅詰めグラタン
・たらば蟹の爪肉《つめにく》梅シソ和え
・蟹肉混ぜライスケーキのキャビアと雲丹《うに》のトッピング
・酒……ウィスキー　山崎
　　　　ブランデー　ヘネシー
　　　　日本酒　八海山

とずらりと並べ、しばし無言で蟹肉をひたす

らほじくりだして、おいしくいただいたが、後で当直日誌のメニュー表を見て愕然《がくぜん》とした。なんとあの「愛想なし日誌付けナンバーワン」の金ちゃんだった。「豪華蟹づくし日本で食えば一万五〇〇〇円コース」も彼が書けばこうなる。

六月誕生会
・ずわい　毛　タラバ　花咲
・ワタリガニ塩釜　グラタン
・イカ（出していない！）ゴロアエ梅あえ
・飯ケーキ
・ケーキ
・山崎　ヘネシー　八海山

いつか、ぶっ殺す!!

さあ始まった

一九九七年六月二〇日「第三回ドームふじ観測拠点ミッドウィンターフェスティバル」が始まった。食堂棟には例によって紅白の垂れ幕がかけられ、華やかな（?）雰囲気が漂っていた。開会宣言みたいなものはなく、まずは「中華料理テーブルいっぱいコース」の乾杯が開会宣言といったところか……。料理マラソンのスタートは中華から始まった。

「中華三昧《ざんまい》メニュー」
・ボイルアスパラのオイスターソース
・冷菜盛り合わせ（くらげ・蒸し鶏《どり》・中華ピクルス）
・車エビの蒸し餃子《ぎょうざ》
・チャーシュー
・春巻き

・豚眠菜園
・中華ちまき
・チャーシュー饅頭《まんじゅう》　桃饅頭
・海鮮焼きビーフン
・エビチリソース　トースト添え
・ブリの中華風刺身　ホットオイル
・ネギイカ
・肉シュウマイ
・鶏肉のジンマヨネーズ
・殻付き帆立貝の清蒸《チンツェン》
・ソフトシェルクラブの唐揚げ豆板醤《トウバンジャン》ソース
・蟹チャーハン
・車エビと蟹むき身の中華揚げ春雨スープ

蟹パーティーのときは無言で進んでいったが、中華料理となるとなぜみんなしゃべるのだろうか？「さあ、どーんと食ってネ」という雰囲気が雄弁にさせるのかもしれないけれど、会も中盤にさしかかった頃、川村の兄ちゃんが「今日嫁の誕生日ですねん……」。ポツリと一言。前夜祭は「まだ会ったことがないけれど、たぶん可愛《かわい》いでしょう　兄ちゃんの愛妻ふみこさんの誕生会」に切り替わった。三七次隊がおいていった「オーストラリア製凄《すさ》まじく甘い冷凍ケーキ」を引っぱり出して切ったまでは覚えているが、誰が食ったかは記憶にない。

この日のドームの空はＰＳＣ雲という夕焼けのように真っ赤な雲が鮮やかに出現していた。川村兄ちゃんの当直日誌をのぞくと「空がＰＳＣ雲で真っ赤に染まっていた。その中を体力お化けドクターは青春ドラマのように走っていた。空に向かってバカヤローと叫んだとか、叫ばなかったとか……」。まずは一日目が終わった。

一九九七年六月二一日「ミッドウィンター」二日目。

この日は宴会の中休みということで、食事当番もおかず、「各自で好きなものを作って食べる気ままな一日」になっていた。二日酔いの翌日、北海道のオヤジの八六・五％はラーメンを食べることになっている。その昔からの取り決めに従って、朝と昼の中間に「サッポロ一番みそラーメン昨日《わ》の中華の残り投入豪華版」を作ろうと思って鍋《なべ》でお湯を沸かしていると、どこから湧き出してきたのか、隊員諸氏がぞろぞろ集まってきた。

人間の三大欲と言えば、食欲・性欲・物欲だと思う。ここでは性欲のパートナーがいるはずもなく（全員ノーマルだった。たぶん）、物欲を満たそうにも店はなく、金も必要ではない。残るのは食欲のみ。建前では「連日の宴会では大将が大変だから自分たちでなんとかしよう」と考えていても、ドームの廊下にただようサッポロ一番みそラーメンの芳香に、理性をかなぐり捨てて、本能の命ずるままに、北海道弁で「ほいと（腹が減っている人）」の順番に、可愛らしい微笑を浮かべて私の瞳《ひとみ》にＳＯＭＥＴＨＩＮＧを訴えかけてきた。

一番手はパソコンと食欲に生きる男、西平盆。二番手は腹が減ると一気に体力がしぼんでそれはそれはなさけない形状に変化する福田ドクターだった。「いいよー、順番に作るから待ってて……」。にわかラーメン店には結局総員六名の長蛇の列ができた。

客でなかったのは、朝早くからラーメンの上に蟹チャーハンをのっけて、盛大にすすりこんでいた本山隊員と取り決めは遵守《じゅんしゅ》する公務員、金戸基地長あらため金ちゃんの二名だった。ただし金ちゃんは、七名でうまそうにラーメンをすすりこんでいる状態を見て「あっ、食事が始まっている！」と一時的錯乱状態に突入し、ドームでの

「パブロフの鐘」ならぬ食事のテーマソングZARDの「揺れる思い」を基地内一斉放送で流してしまうドジをおかし、恥ずかしさのあまりその場から逃走したので、正確には、ラーメンを食べた者八名、食べたかったけど食べ損ねた者一名の結果となった。

けなげに「自給自食」に耐えている隊員たちを見てさすがにちょっと可哀想《かわいそう》になり、夕食はボランティアで、炊《た》き立ての御飯・即席味噌汁・梅干し・納豆・佃煮《つくだに》・コロッケ、そして「硬派の卵焼き」とドームで呼称されているバター・醤油《しょうゆ》味の卵焼きを並べておいた。よほどみんな腹が減っていたのか、一時間ほどで、舐《な》めたようにきれいに片づいていた。これ以降、期間内は、宴会のない日にちょっとしたものを作って並べておくことにした。いつもいつも休みがない、奥様たちの苦労が少しわかった。

毎日、毎日の食事の支度「ご苦労様です!!」。

二日目の最大のイベントは「超低温下温度差一〇〇℃の露天風呂《ぶろ》」の開催。風よけのベニヤ板を立てて、空きドラム缶を置き、風呂のお湯をバケツリレーで投入する。先端が∞印になったヒーターを投げ入れ冷めないようにしておく。後は屋内ですっぽんぽんになり、ドラム缶めがけてダッシュする。湯温は約四〇℃、外気温はマイナス六五℃……。

　お湯の中に入っている部分は気持ちいいが、ヒーターに接触しないように注意しないと火傷《やけど》する。首から上の部分は、立ち上る湯気が凍りつき顔中白い霜に覆《おお》われる。髪は「ドラゴンボール」の主人公のようにつっ立ったまま瞬間冷凍される。お湯を手ですくって空中に放ると、これまた瞬時に凍りつき、煙のようになってしまう。でも羽毛服集団が見守る中、○玉を風もないのにぶらぶらさせていると、なんだかとても爽快《そうかい》で、「女の人だったら釘抜《くぎぬ》きがいるのだろうか」なんて邪念は湧いてこない……。いや、ちょっとは……。
「地球で今マイナス六五℃で露天風呂に入っているのは俺だけなんだろーな」なんて哲学的なことをつい考えてしまう。ホントに。風呂が終われば、花火大会の開幕。酸素不足のせいか、線香花火は最初から丸い玉ができてしまうし、打ち上げ花火は、五ｍくらいしか上がらないし、火を吹き上げるドラゴンは、老衰死間近の竜のごときしょぼい吹き上げだったが、ディズニーランドのシンデレラ城の周りに打ち上げられるスターマインのように鮮やかに心の中に焼きついた。新規開店のＢＡＲや麻雀大会で二日目の「ミッドウィンター」の夜は更《ふ》けていった。

「本山隊員の当直日誌から」

ドラム缶風呂に入りながら、ＰＳＣの赤い空を見、ライダーの緑のレーザー光を見、丸い月を見、酒を飲む。天国だ‼　しかし、その後の麻雀で絶叫！　こっちからは当たらないと誓った平沢氏を信じて捨てたパイで平沢氏ハネマンを当てる。もう人を信じるのはやめた。地獄だー‼

四日目、いよいよ「王様のレストランメニュー再現フルコース」の日を迎えた。だが、料理人のコンディションは最悪。日本酒から始まって、ウィスキー・紹興酒・アクアビット・焼酎《しょうちゅう》・ウォッカなど世界の酒巡りどちゃんぽん大会に参加したためだった。もはや若くない体内でスコットランド・ロシア・日本・スウェーデン・中国の酒精たちが妖怪《ようかい》大戦争のように踊り狂っていた。もしあるものなら「日本禁酒協会」の会長に立候補したい気分でテーブルの上に顔をドテッと乗せてへたばっているときに、本日のセコンドシェフ「盆」が太陽のコロナのように逆立っている残り少ない毛をなびかせて話しかけてきた。

「今日のフルコース何からとりかかるんですか？」

「うるせー日本人なら米の飯だ!!　西洋料理なんて食うな！」と心の中で絶叫しつつ

「……パイ生地から……もうちょっと休んで、風呂入って、なんか水分入れて、また休んで、それから……」。

彼は「だめだこりゃ」といかりや長介《ちょうすけ》のせりふを高木ブーのような背中ににじませつつ、部屋から退出していった。二時間ほどでやっと芋虫並みには動けるようになってきたので活動を開始した。

まずはパイ生地から……。ここは一歩廊下に出るとすぐ冷蔵庫になっているので、パイ生地やクロワッサンを作るときはとても便利だった。バターを折り込んでは、冷蔵庫に入れる忙しい手間が大幅に省かれる。生地を持って部屋から出たり入ったりしているうちに、あれほど暴れ狂っていたアセトアルデヒド軍団も、再会を約束しつつ引き上げてくれた。

ドタバタドタバタしつつ、なんとか準備も進みやっと開会にこぎつけた。

ディレクトール&ソムリエ……平沢隊員
ギャルソン……川村兄ちゃん
シェフ……私
セコンド&パティシェ……西平盆

他の隊員はゲストで、晴海《はるみ》以来のネクタイを締め、ちょっときどった雰囲気で。

「今日はマナーにこだわらず気軽なスタンスで食べてください」とシェフの一言の裏は「私もテーブルマナー知らないのだよ」。

そしてその日テーブルに並んだ料理は、

アミューズ　ムール貝のカクテル　チリソース
前菜　ガランティーヌ　フォワグラのムース詰め
スープ　すっぽんとトリュフのコンソメ
サラダ　フレッシュフォワグラとドーム製レタスのサラダ　ソース・ド・ア

　　　　ンチョビー
魚　　　ラングスティーヌと帆立貝の
　　　　パイ皮包み　ソース・ド・ア
　　　　メリケーヌ
ソルベ　ブルーキュラソーのシャーベ
　　　　ット　ダークベリー添え
肉　　　鴨肉《かもにく》のロースト　オレンジソ
　　　　ース
デザート　冷凍いちごのそば粉のクレー
　　　　プ包み　ソース・ド・アング
　　　　レーズ

ディレクトールの平沢隊員が、料理の合間にガツガツとつまみ食いするのを除けば、上品な雰囲気の御食事会だった。

長かった「ミッドウィンター」もついに最後

のイベントを迎えることとなった。

今回は、フレンチでゲスト役だった隊員が中心となって「炉端焼き」を開催。何を食べたいかは、前もってみんなからリクエストを取り、準備しておいた。焼き物で用意した食材としては、

魚　ホッケ・ニシン・鮎《あゆ》・塩鯖《しおさば》・目刺し・シシャモ・帆立貝・ブリカマ・鮭《さけ》・イカ・アジ・つぼ鯛《だい》・牡丹《ぼたん》エビ・車エビ・ロブスター等々

肉　焼き鳥・手羽先・豚ロース・骨付きウインナ・鶏もも・タン・さいころステーキ

野菜　ベイクドポテト・コーン・アス

パラ・オクラ・ピーマン

これらの品物を大皿にずらりと並べ、おつまみとして本山隊員が冷や奴《やっこ》・枝豆・塩辛・漬け物・おむすびなどを用意してくれた。焼き釜《がま》は佐藤隊員が一斗缶を半分に切ったものに鉄パイプを溶接して作ってくれた。これは上々の出来映えで、使い捨てにするにはあまりにも惜しい代物《しろもの》。以後屋外バーベキューのときの定番として越冬終了まで大活躍をしてくれた。

釜に炭を起こして「炉端焼き」開店となった。炭は酸素不足・低温などの悪条件をものともしないで、大量に遠赤外線を放射してくれるすぐれものの燃料である。以前三〇次隊のときも、風速一〇m/s・気温マイナス四〇℃の悪条件の中で、立派にバーベキューの熱源を務めてくれた。越冬前に炭のメーカーに「最悪の条件下でも大丈夫な燃料って宣伝するよー」とでも投げかけておけば、越冬中の炭は全部ロハで提供してもらえたかもしれない……とセコイ考えが浮かんだが、それも今は遅し。「ハウス本豆腐レシピよりいくらか固め」の冷や奴と「解凍したらそのままOK」の冷凍枝豆で宴会はスタートした。長い越冬生活の折り返しを祝う「ミッドウィンター祭」最後の宴会の始まりだ。

問題は、その後起きた。

超低温下で生活していく用の建物は、外気の影響を少しでも少なくするため密閉式になっている。わかりやすくいうと、冷蔵庫をドーンと大きくしてその中で暮らしているようなものだ。最初はもやもやと、次には霧のように、最後には洪水のように焼き物の煙が調子よく一杯やっているオヤジたちに押し寄せてきた。

当たり前と言えば当たり前だが、食堂内に取り付けられている小さな換気扇では対処しきれない大量の煙は室内に密度濃く充満し、窒息する前に各隊員の体型別でいけば、秋刀魚《さんま》の薫製《くんせい》かベーコンになってしまうのではないかと感じられるくらい、部屋全体がスモークハウスの形状に変わってしまった。

火災報知器は前もってカットしてあったので、

警報ベルが響き渡るような事態にはならなかったが、ホントに死ぬのではないかと思った。結局決死の覚悟で、高熱を発している釜を廊下に運び出し、火元と会場を別にすることでなんとか急場は乗り切った。でも、寒い廊下で羽毛服を身につけて、焼き方の福田ドクターと例の月桂冠《げっけいかん》紙パックで乾杯した一杯は、心に静かに染《し》み通り、まだまだ続く越冬生活だが、折り返し点をたった今通過したという実感が押し寄せてきた。酒を飲むたび数え切れないくらい乾杯をしてきたが、忘れられない「乾杯」の一つとなって心に刻み込まれた。

最終日は、宴会疲れの体を癒《いや》すべく、プロジェクターによる映画館「みゆき座」のビデオ上映会が終日行われた。山盛りにしたおにぎりと卵焼きとサンドイッチをつまみつつ、ボーッと大画面に映る『アラビアのロレンス』を眺めていた。世界で一番寒い場所で、暑さと渇きに苦しみながら砂漠を越えていくベドウィン族を見ているのは変なものだ。しかし、砂漠と南極、茶色と白の違いこそあるものの、なんとなく似ていることにふと気がついた。ここも水がなく（原料はある）、生活環境は最悪で、外に裸で出ていたら（乾くか凍るかの違いはあるが）、間違いなくお陀仏《だぶつ》になってしまう。

「だからどうした？」と言われてもどうもしないのだけど、南極で映画のビデオを見ていると、日本と感性が切り替わってしまうせいか、普段なら見向きもしない映画がおもしろかったり、おもしろかったはずのものが全然ペケだったりする。例をあげると「昭和基地」で大昔から繰り返し上映されている人気作品に『赤い鈴蘭《すずらん》』があった。私は恋愛物は苦手の部類で「他人の恋愛見てどうすんだー」派に属する。それが三〇次隊のときは見事これにはまった。

テレビの連続ドラマでやっていた原盤のフィルムを持ち込んで、一六ミリ映写機で上映されていたが、これが他の隊員にも人気ナンバーワンであった。西田佐知子扮《ふん》するヒロインの悲恋物というか、優柔不断物というか、どっちつかずのにやけた恋人のせいで振り回されるストーリーで、現在リメイクしたとしたら視聴率一％以上はとても無理!!　と断言できる、とろい作品だった。ヒロインのライバルがなんと「冨士眞奈美おばさん」で「私っていい女でしょう……」と主人公の石浜朗《あきら》を口説きながら、ソーラン節を踊るシーンには正直ぶっ飛んだ。ともかくこの略称『あかすず』は長らく「昭和基地越冬隊」の人気ナンバーワンの座を譲らなかった。

ドーム人気ナンバーワンの映画は『天使にラブ・ソングを2』、テレビ録画物は『ロングバケーション』だった。あまり深く考えず、最後はめでたしパターンが越冬隊好みなのかもしれない。ワーストワン、それもダントツだったのは完璧《かんぺき》にジョーズ

のぱくりだとわかる東映の怪作『恐竜・怪鳥の伝説』。

　富士山の樹海で道に迷った女性のハイカーが洞窟《どうくつ》で恐竜の卵を発見。工事現場に迷い出て病院に収容されるがなぜか死んでしまうプロローグから「???」マークの作品だった。よみがえったプレシオザウルスが草食のはずなのに人や馬を食ったり、ランフォリンクスがラドンのごとく空を飛ぶ大怪獣として空を飛び回ったり、生物調査の科学者役のヒロインが、室内に迷い込んできた青大将を見て大騒ぎをしたり、七転八倒・支離滅裂、とにかくそうとう凄《すさ》まじい作品だった。

　こういうものを見ると、瞬間的に夢の世界に旅立つ習性を持っている私は、結局どんな作品かよくわからなかった。目覚めてみると、観客ゼロの状況が重なり、私が社主をしていた映画館「みゆき座」はこの作品一本で倒産の危機に陥った。この作品については何度となく意見が飛び交い、「もしかしたらあれほど凄まじい映画を作った監督はとんでもない大物かもしれない」との声まで挙がった。平沢隊員は「日本に帰ったらこの監督を探し当てて、なぜこんな作品を引き受けたのか？　しかもどういう意図で作ったのか、ぜひ聞いてみたい」と言っていたが、その後どうしただろうか……。

南極の小さな基地でエイリアンが隊員の体に次から次に乗り移り、がんがん殺しまくるカーペンター監督の傑作『遊星からの物体X』はあまりにもその設定が自分たちの境遇にそっくりなこともあり、リバイバル上映はされなかった。えらそうに講釈をたれているが、結局越冬中に真面目《まじめ》に見たビデオは前ふりとして上映される『21世紀に残したい歌』の岡本真夜だけだったような気がする。

「涙の数だけ強くなれるよ～」のフレーズが始まると、この可愛《かわい》いお姉ちゃんが自分を励ましてくれているようで、すぐ涙が出てきた。別に毎日泣いていたわけではないが、心のどこかで突っ張っていた部分があるのかもしれない。

ともかく一週間続いた「ミッドウィンター祭」も映画祭で幕を閉じ、いよいよ明日からは越冬後半戦が始まることとなった。

後半戦開始

カレンダーは七月になった。日本では暑い夏が始まった頃だろう。ドームは、というと寒いどころか超瞬間冷凍状態の気温が続く冬のど真ん中が続いていた。七月一日と言えば、「極地研」では恒例の隊員室開きが行われているはずで、南極への希望を胸に秘めたフレッシュな観測隊員が日本中から集まり、まだ見ぬ遠い地の果て「南極大陸」に思いをはせ、大バーベキューパーティーが開催されていることだろう。

この時期はまだまだ隊員個人が自己主張することなどはさらさらなく、どの顔を見ても「全日本南極観測隊鋳型《いがた》モデル」のように、「自分のことは地の果てに押しやって、南極観測のためにそして全員のために命をはる」と感嘆符をつけたくなるようないい顔をしている。団体チームワークコンテストをやれば、銅メダルくらいは取れるかもしれない。

それが日本を出発し、「しらせ」の船旅を経て南極に到着し、長い越冬生活も後半になるころには、良きにつけ悪《あ》しきにつけ、みんなの性格が裏の裏まで見えてきて、

いい方向に向かえば「一生付き合っていく無二の親友」が誕生し、こじれると「三代までたたってやる!!」ぐらいの怨敵《おんてき》誕生となる。
組織としては熟成されるのだろうか？　越冬終盤には「仲良しいつでもみんな一緒だよーグループ」が一騎当千の一匹狼《おおかみ》集団に変わって、新しい観測隊とのご対面となるのだから、昭和基地でお目にかかる先輩隊が凄《すさ》まじい迫力で目に飛び込んでくるのは仕方のないことだろう。無理だろうけどあまり気負わないで、「南極を楽しもう」くらいの気楽なスタンスでこっちに来てほしいが、無理だろーな。
今回ドーム基地については、一応基地休止となっているので引き継ぎの隊は現れない。が、昭和基地の鈴木隊員の元には調達参考意見を訊《き》くために、ＦＡＸで山ほどの質問状が届き、それに対して彼ならば「足りないものもありますが、テキトーにやっています」なんて答えるのだろーな、なんて思ってちょっと笑ってしまった。ともかく今夜は新米観測隊に敬意を表し、ドーム産レタス包みの焼き肉でいつものように盛り上がった。

七月三日、越冬開始以来最低気温を記録した。マイナス七六・〇℃。マグロを保管する低温冷凍庫より低い気温が記録された。寒さ、低温という言葉に慣れっこになり、不感症というか、日常生活の一部になってしまっている隊員たちはあまりびっくりした様子もなく、淡々と日常生活を送っていた。普段マイナス五〇℃前後を保っている雪洞に降りると、なんとなく暖かく感じる！　が体感と言えばそうなのかなぁぐらいだった。

マイナス三〇～四〇℃くらいまでは使用可能なウィンター軽油、通称「W軽」がゼリー状に変化して使いものにならなくなり、「新南極軽油」と呼称されている、メーカーのキャッチコピーでは「マイナス八〇℃までは大丈夫」に変わったのもこの日だった。食堂にあるホワイトボードには、一月までの大まかなスケジュールが貼《は》られ、一番最後は「基地閉鎖作業終了　後発隊出発」で終わっている。

ここまでたどり着くと、しらせ・生ビール・新しいビデオ・第一便・次の隊・シドニー・家族の笑顔・帰国とバラ色の日々が待っている……。といきたいが、現実にはそれも半年後のことで、実際にはまだまだ越冬生活は続いていく。

寒いときの基地内の特筆事項は、と見回しても、みんな南極原人に変身してしまっているせいか、これといって……あった！ 寒いときの佐藤隊員は私にとって本当に興味深い対象だった（失礼！）。この人は寒さに異常に弱く、この頃になると弱音のはき通しの毎日だった。本来の仕事はライフラインの確保で、車両のメンテナンスやエンジン類の保守であったが、車両はマイナス七〇℃以下では動かないし、ボイラーや発電用エンジンの保守点検は当直隊員がしっかりワッチしているので、神経質にならなくてもどうにかなる。

越冬隊は一人一人が各部門の事業主なので「今日は休み」とベッドで宣言すれば、周囲のことさえ気にしなければ、なんとかなってしまう。どうやらこの日は当直に当たっていたせいもあり、彼は当直業務が終わったら今日は休日と決めたみたいで、午後からは当直日誌記載業務に熱中していた。私は密《ひそ》かに彼の当直日誌のファンで、新着の週刊誌を見るように愛読していた。この、自分だけで決めた休日、一般用語では「さぼり」と呼ばれているが、その中でみんなを叱咤《しった》激励している文章は、当時見てもおもしろかったが、現在見てもおもしろい。原文のまま紹介しよう。

「三九次隊の隊員室開き。経験者はともかくとして初めての人は、ここ一カ月ばかり慣れないことの連続で気疲れするだろう。しない人もいるけれど、まあぼちぼち頑張ってもらいたい。ここ連日マイナス七〇℃台の寒い日が続く。外に出ると瞬時にまぶたが痛くなる。周りの景色など見ている余裕などあまりない。最低気温は記録してもらいたい気持ちはややまだが、暖かくなってもらいたいのも本音だ。車両バッテリーのチャージは近々必ず行う。それと同時に車の中に放置されているゴミと思われる物は処分してもらいたい。じゃまである」

佐藤君頑張って!!　後たった半年なのだから……。

ミーティングの話

一週間に一度、日曜日の夕食後に開かれる全体ミーティングについて話そう。通常のオペレーションの前に開かれるミーティングとは違い、休日の夕食後アルコールも適度に入り（過度に入っている人もいた）、心身共にリラックスした状態で臨むこの会は、結構本音の意見が飛び交い、時には熱くなってバトル寸前までいったことも何度かある。だが、「ドーム越冬隊」の営みの中で、最も重要な会議だった。

一九九七年七月一三日の決議事項を紹介しよう。仕事面と生活面と個人の希望がごちゃごちゃになっているので、若干支離滅裂な傾向が見られるが、これも九名の男たちがあれこれ好きなことを喋《しゃべ》った結果とご理解願いたい。

「七月一四〜一九日の全体ミーティング」

（本山隊員）

「来週は三六本雪尺・スタックしたドリルの引っ張りをやりますので、三号発電機の立ち上げよろしくお願いしマース」

（平沢隊員）

「来週も張り切ってGPSゾンデを打ち上げますので、レギュラーチーム以外もご協力を」

「Eメールですが、基地内でLANする分には私も男です、特別タダにします。なお、まとめてサーバーより発信しますので、国内のメールと混同しないでください。ドームのメールは言うなればFAXです。七〇キロバイト以上になるとエラーが出るので、あまりサイズは大きくしないようにご注意を……」

「この頃食堂の冷蔵庫に入っているジュースを一日に一本以上飲む人がいるようです。また前室に積んであるジュースの段ボールから適当に抜いて飲んでいる人もいるよう

です。ルールは守りましょう」

（林隊員）

「固定式のエアロゾルサンプリングのつり下げ台、明日より準備します。ライダーはなんとか最後まで持ちそうです」

「BARの名前は、盆でも花ちゃんでもピンクのえてこうでも何でもいいです。ボトルのキープOKです。ただし五本までです」

（福田ドクター）

「体位測定、あと佐藤隊員だけなので協力してください。故障中の自転車こぎのオキシコンですが、なぜか直っちゃったので測定可能となりました。なにとぞ協力してください」

（佐藤隊員）

「雪上車のバッテリーすべてはずして充電します。一〇三号車の周り除雪します。ただし気温がマイナス四〇℃台で、体調がよくて気分も晴れて、星占いの結果がよくて、みんなが優しくしてくれてと条件が揃《そろ》ったらです。普段は私さぼっているわけでなく、あくまでも待機状態に入っていると理解してください、以上」

（西村隊員こと私）

「えー、しらせの四分隊に交渉して、ジュース類を二〇ケースくらいとビールを差し入れてもらおうと思っています。これは正式な要請ではなく、あくまでも裏社会の話なので気にしないで楽しみにしていてください。それとお菓子類ですが、外のカチンコチンドームに移動します。チョコなどそのまま嚙《か》むと間違いなく歯が折れますのでご注意を」

（金戸基地長こと金ちゃん）

「〇×〇×……ブツブツ」小声なので判別不明……。

闇屋《やみや》と施政方針演説と弁解と開店案内と哀願と何から何までゴチャゴチャのごたまぜだが、こういう話題で、ある日の日曜日は暮れていった。ただし微細な点に関しては、若干違っているかもしれない。責任は持てない。

ドクターの誕生会

一九九七年七月一六日、私のドームでの無二の親友にして、ストレス解消係にして、ペットの「福田ドクター」四六歳の誕生会が開催された。本当のバースデーは一七日だが、一日前倒しで開くことにした。最愛のドクターに「何でも好きなもの作ってやるよー」と投げかけると「北海道のお魚をメインにした料理で、それに世界の三大珍味を混ぜて、そうだ！　ミッドウィンターで食べたフォワグラのサラダ食べたいなぁ……」。とってもわかりやすい答えが返ってきた。

このフォワグラサラダだが、フレッシュフォワグラを分厚く切り、フライパンで素焼きにし、表面がパリッとなったところで醤油《しょうゆ》を投入し、大皿に盛ったレタスの上にジュージュー泡立つ油ごとジャーッとかけたものである。熱いフォワグラの油と醤油をドレッシング代わりにして、大量のレタスを食する、贅沢《ぜいたく》と言えば贅沢、日本で作れば「オテル・ドゥ・ミクニ」の三國シェフあたりに「邪道だー!!」と一喝《いっかつ》されそうな一品だが、食感が「ネチョ……」ではなく「パリッ」としたフォワグラは「とって

もおいしい」とみゆきちゃんが言っていた。

　レバーが大の苦手の彼女が、「うまい！」と言っているのだから、うまいのだろう。恥ずかしながらこの私、たまに趣味でやる「御食事会」で、フォワグラを使って料理することは多々あるのだが、実は食ったことがない。大体、出して三・八秒ぐらいで、このフォワグラサラダは皿の上から消えてしまうのだ。「さて……」と席に着いたときには、冷えかかった油の染《し》み込んだレタスの残骸《ざんがい》にしかお目にかかれないことになっている。残されるより、おいしくいただいてくれた方が料理人としては、うれしい。が、それにしても、一度くらいは、フォワグラのステーキを腹一杯とは言わないが、「ああ食ったー」と言えるくらい食してみたい（あまりうまくなかったりして）。

「日本にいるときは、ばりばりの麻酔医、今はただの人間ジャッキ」福田ドクターに敬意を表して、リクエストの品は全部取り入れてメニューを組み立てることにした。ともかくメニューを考えなければ。サブシェフの「盆」と相談したら、彼が「ドクターって鹿児島出身ですよネ？　郷土料理の酒寿司《ずし》作りません？」とふってきた。確か開高健さんの著書に酒寿司載っていたなぁ、と本をパラリパラリ。いろいろな魚介類をたくさん使用し、飯がザブザブになるほど酒と混ぜるんだと。ちょっと心が動いたが、ただし残った酒寿司を次の朝に食すると魚介類と飯が酒で発酵し、ゲロのような臭《にお》いが押し寄せてくるとあるのを見て、即、否決となった。

誕生会の翌日は休日となっているので、ドームの住人は、パーティー料理が余ったらそれを食して次の日の夕食まで生き延びるのが慣例となっている。そんなときに発酵の進んだ○○臭のするものが置いてあったら餓死者が出るかもしれない。その危険性に気づいて、普通のちらし寿司でいくことになった。

私のくせ毛と盆の禿頭《はげあたま》を並べて検討した結果、ドックの誕生会は次の通りとなった。

第四六回福田ドクター誕生会メニュー

・ちらし寿司

・フォワグラサラダ
・刺身盛り合わせ（真鯛《まだい》・紅トロ・帆立貝・平目・しめ鯖）
・焼き魚盛り合わせ（帆立バター・きんき・つぼ鯛・ムール貝・北寄貝《ほっき》・ホッケ・鯛味噌《みそ》漬け・冷凍カボス添え）
・オードブル（カマンベールチーズ・からすみ・スモークサーモン　トリュフ添え・フォワグラテリーヌ・クラッカー盛り合わせ）・ケーキ・平沢ベーカリー特製缶詰フルーツパイ

福田ドクター、文字通り死ぬほど食いまくった。感想を一言。

「いやー、西村さんうまかった……でも、あまり食べ過ぎてなんだか口からうんこ出てきそうだよー」

意味は未《いま》だに不明だが、ドックの精一杯の感謝の言葉だと理解している。「誕生会」も盛会のうちに進み、恒例のスピーチタイムを迎えた。「上品でしかも静かに」を人生訓として過ごしているドクターは、一見「下品で野卑なでかい顔」にワインが回ったベロベロの表情で喋りだした。以下はその際撮影されたビデオからの抜粋を原文のままで披露しよう。

「えー私こと福田は日本より遥《はる》か遠く隔絶されたこの南極の地で、本日、正確に言うと明日四六回目の誕生日を迎えます。男も四六回目の誕生日となるとさほどうれしいものではなく、また順番が回ってきたかと淡々と受け止めるだけであります。

本日の会を開催してくださいましたドーム越冬隊の皆様、並びに大好物ばかりを並べて体重七八kgを維持もしくはオーバーさせようとのたくらみが見え見えの西村隊員・西平隊員、そして私には少々甘すぎましたが豪華ケーキを用意してくださいました平沢隊員には、心より深く感謝の念を持つ次第です。考えまするにこのドームの地で暮らしてはや半年余り、良きにつけ悪《あ》しきにつけ、いまだかつて私の人生に登場してこなかったと断言できる皆様の中で生きてきたわけですが、川村隊員や西村隊員の心温まるご指導、ご鞭撻《べんたつ》を受け、世間では、しごき・いじめ・陰口・皮肉と言っているようですが、とにかく格段にたくましくなってきた自分を感じる今日この頃です。明日からも医者としてではなく、人力タフネス労働マシンとして生きていきますので、よろしくお願いいたします」

とたぶん喜んでいるのだろうなあーと推察できるスピーチで、誕生会はお開きとなった。その後、食堂にずっと飾ってあった七夕の短冊《たんざく》（竹竿《たけざお》にお菓子用の柏《かしわ》の葉の砂糖漬けを笹《ささ》の形に切って飾り付けたもの……林隊員製作）をオゾンゾンデの気球に結びつけて南極の空に放球した。

白夜が始まる前の真っ暗な空にそれぞれの願いごとを書いた短冊は、フラフラと上がって消えていった。それを見ながら当直の西平盆隊員、とてつもないことを口走った。

「明日からどうするんだろーな？　燃料庫にあと南極軽油五本しかありませんよ……」

燃料搬入大作戦

ドーム基地にとって「燃料」は水と同じくらい貴重なものだ。暖房用に消費される量は一日でドラム缶約半分。これは車両が全く動いていないと仮定しても定期的に減っていく絶対量である。燃料は、基地がもし火災になった場合に類焼を防ぐため、建物から約一五〇mほど離れた地点に備蓄してある（数台のそりに一二本ずつドラム缶を立てている）。燃料庫には約四〇本、約八〇日分が入れられている。手持ちがなくなると、雪上車かブルドーザーでそりごと建物の側《そば》まで引っ張ってきて、人力で転がしドラム缶を入れ替えるシステムを取っていた。

ここで燃料がなくなり、ボイラーが止まるとどうなるか。室温は徐々に下がり始め、やがて外気温と同じ、マイナス七〇℃になるであろう。すべてのものは凍りつき、越冬隊も全員冷凍保存状態になり、何万年もその姿を変えることなく、後世の人に見られましたとさ……にはなりたくない。たとえ老醜の姿をさらすことになっても、寝たきりになっても、この平成の時代で天寿を全うしたい、とたぶん全員思っていた。

「なら車を動かしてそりを持ってくりゃいいじゃねーか」と言われるかもしれない。

その通り!!　それで万事解決人生順調となる。が、問題点が一つだけあった。この時期、ドームで可動状態にある車両は一台もなかったのだ。前次隊の引継ぎで、車両の越冬は「ラジエターから不凍液を抜き、バッテリーをはずし燃料も抜き取っておくこと。マイナス六〇℃でもマスターヒーターで下を温め、逆の手順をしていくと動きます」となっていた。

だが、どこでどう食い違ってしまったのか、誰がどこでさぼっていたのか、この越冬準備がまったくなされていなかったのである。そのため不凍液はラジエターの中で凍りつき、ブルドーザーも一〇トンの雪上車も単なる雪上のオブジェとなりはてていた。

実は、このやばい状態、かなり前に明らかになっていた。そんなときでも、ドームの危機管理人・癒《いや》し君・心のリーダー本山隊員から「大丈夫、そのうち暖かい日が来て、絶対車は動くから……」と心強い言葉があり、なんとなく先送りになっていた。が、大自然は厳しく、暖かい日はついに訪れず、燃料は着実に減っていき、そしてドーム越冬隊最大の危機を迎えることとなった。

緊急を要するとてつもない問題が持ち上がったとき、日本ならどうするか？　まず各担当者より経過説明がなされ、責任はどこにあるのか？　責任をとるべき人間は誰なのか？　等が延々と論議され、肝心の対策については後回しも後回し。二カ月くらい経《た》って、スケープゴートが決まってからやっと本題に入ることだろう。

ここでそれをやったらどうなるか。手持ちの燃料は、泣いても吠《ほ》えても、あと一週間分。だらだら時間をかけていると、議案自体が凍りつくどころか、文字通り人間の方が凍りついてしまうことになる。表だっては責任者の追及はなかった。あくまでも表だっては……。

ミーティングで、食事の席で、居酒屋で、休憩タイムで、ほんのときたま「なぜこんなことになってしまったのか」という話は確かに出た。越冬隊とて普通の人間集団に変わりはない。一人一人が数え切れないほどの仕事を抱えている中で、それにも増して重い仕事がのしかかってくるという事実は、凄《すさ》まじいストレスとなって身に迫ってくる。

当事者の機械隊員とて同じだったろう。いくら日本でさまざまな講習を受けてきたと言っても、マイナス七〇℃で機械がどんな影響を受けるのか、体験できるシミュレートシステムは少なくとも南極観測隊にはない。頼りは、越冬した先輩たちの助言とアドバイス、そして経験。これに頼るしかないのが現実である。厳寒時に大陸を走行することを想定して誕生した、SM一〇〇型の雪上車。キャタピラーを抜かせばすべての稼働部《かどうぶ》がクローズド・システムによって守られ、昭和基地周辺のマイナス四〇℃くらいならばそれこそメンテナンスフリーと言い切れるスーパースペシャルプロトタイプ車も、ドームのマイナス七〇℃の超低温では走ることを許されなかった。

日本でならばミスといえないミス。ほんの数日不凍液の抜き取りタイミングを誤ったばかりに、すべての車両は堅く堅く凍りついてしまった。一番落ち込んで、責任を感じていたのは機械担当「佐藤隊員」。普段から物静かな人物だったが、この時期は深く、暗く沈んでしまい、まさに深海調査船の「トリエステ号」のようだった。

人間落ち込むだけ落ち込むと、体内の安全センサーが作動するのか、「居酒屋」で「非公式ながら慰めよう会」を開催し、アルコールを少々体内に入れた途端、佐藤隊員突如潜水艦からジェット戦闘機に豹変《ひょうへん》したこともあった。

「だからさー、悩んでいたってしょうがないって!!　大丈夫何とかしますから!!」と自信満々断言する彼に、今度は戦闘モードのスイッチに切り替わった別の隊員が「てめえのその態度はなんだ!!」と艦砲射撃&空爆を加える場面も多少あった。普通なら「表に出ろ!!」と大喧嘩《おおげんか》になるところだが、もともとは大風呂敷《おおぶろしき》を広げたと言うよりも、自分自身にエールを送るつもりで無理に朗らかにふるまっていた佐藤隊員。またまた潜水艦に舞い戻り、深く、静かに深海に帰っていった。人間の生態観察の視点から見れば、非常に興味深いのであろうが、今考えてみてこの時期が最も暗く、そしてドーム越冬隊が内部分裂寸前の危機に満ちた、超やばい時だった。

個人批判ばかりしていても、らちがあかないどころか生命の危険すら感じられてきたので、打開策はないものか、それぞれ知恵を出しあって考えていくことにした。人間九人も集まっていると、いろいろな意見が出てくる。列挙すると「そりに何らかの滑りを入れて、人力で基地の近くまで引っ張ってくる」。そりの重量は約一・五トン、それに乗っているドラム缶は一本約一八〇kgで一二本乗っかっているから、一八〇×一二＝二一六〇＋一五〇〇＝三六六〇kg。これを九名で割ると一人当たり四〇六kgにもなる。大仁田《おおにた》も小錦《こにしき》もいない現状ではとても無理なので、否決。

「電動ポンプホースを継ぎ足し、一五〇mのラインを作って直接入れる」。これは楽な方法だが、継ぎ足し用のホースそのものが基地にはないため、涙を呑《の》んで否決。

「ヒアブ（クレーン付き雪上車）のクレーン部分だけなんとか稼働させ、滑車を併用しドラム缶をワイヤーでずりずり引っ張ってくる」。クレーン部分だけ稼働する手間をかけるのだったら、車両を立ち上げた方が早い。将来的には採用の余地を残しつつも、今回は没となった。

「生活空間を限界まで切りつめ、なんとか暖かくなってくれるのを待つ」。これは提案した人があまりの消極案に恥ずかしさを覚えたのか、提案した一秒後に「……すみません。撤回します」であえなくチョン。「サンダーバードを呼んでそりを引っ張ってもらう」と私が提案した寒い冗談は、白い目と冷たい視線の嵐《あらし》を浴びて笑いを誘うこともなく寂しく撤退。

いろいろな提案がなされたが、これと言った決め手はなく暗礁《あんしょう》に乗りかけた頃、サンダーバード2号が救援物資を搭載して飛来する、ことはなかったが、ウルトラマンが現れた。その名は、福田ドクター!!　八方ふさがりで、「どうしようか？」の声もだんだん小さくなってきつつあったある日、福田ドクターがポツリとつぶやいた。

「あのさー、要は燃料を運んでくればいいんでしょ？　そしたらさ、そりからドラム缶を降ろして、転がしてくればいいのじゃないかしら、人力で……」

下がアスファルトで舗装されていて、平坦《へいたん》な地面ならまだしも、気温はマイナス七〇℃。下は雪面とはいえ、気温が低すぎるため摩擦係数も著しく高くなっている。おまけにドームの雪面は軟雪で表面こそ堅いものの、ちょっと重量があるとズブリとめり込んでしまう最悪のコンディション。

小さなそりで引っ張ってくるとの提案もあったが、人力でとなると思わず引いてし

まう環境の中、まさか直接転がしてくるなんて考えもしなかった。「えー、うそー、絶対できないってそんなこと不可能、インポッシブル」。全面否定・到達不能の声が飛び交う中、ドクター、ポツリと一言「あのー、私トレーニングも兼ねてやってみますんで……」。
そしてどうなったか。本当にやってしまった。気温マイナス七五℃、一〇m/s近くの風が吹く凄まじい環境の中、そりからゴロンとドラム缶を落とし、ずりずりとあるときは転がし、あるときは強引に押して、とうとう基地まで持ってきてしまった。前例ができると動き出すのが日本人。次の日から、メンバーは一人増え、二人増え、一人で運べないときは一本のドラム缶を二人で押して、日数こそ一〇日以上費やしたものの、とうとう三そり分、本数にして三六本運ん

だ。この一見アホな思いつきによって、ドーム越冬隊の危機を乗り越えることができた。

専門家と呼称される人に聞いてみると「低酸素・超低温・強風下で行う作業としては無謀なほど危険なことです。事故がなくて幸運でした」とコメントが返ってくるかもしれない。でもドクターが発案して率先して実行したこの「燃料搬入大作戦」は、ドームに覆《おお》い被《かぶ》さろうとしていた暗雲を見事に振り払ってくれた。

羽毛服の下でにじみ出てくる汗と、低酸素の元でこみ上げてくる空咳《からせき》と共にちょっぴり出かかっていた、他人への不信感とストレスを見事に地平線の彼方《かなた》へ吹き払ってくれた。燃料騒動で気持ちに余裕がなくなりかけていたので、久しぶりに料理でちょっと遊んでみることにした。

題して「二泊三日鍋《なべ》」。鍋料理を使い回して三日間つなぐ大計画。一日目はキャベツと豚バラ肉の酒鍋。キャベツから出てくる水分と酒のみで、さっと炊《た》きあげてポン酢で食する料理とも言えない料理だが、これが素朴にして美味。豚肉の油が微妙にキャベツにからみ絶妙な味わいになる。どんな料理おんちが作っても失敗の余地なし、と断言できる一品だ。これで一日目を過ごし、余ったつゆの部分は水を足してとっておく。

次の日の夕食は、だしのたっぷり出たつゆに骨付き鶏《どり》のぶつ切りを投入して、またまたポン酢で今度は「鶏の水炊き」としゃれこむ。ラストナイトは水曜日恒例の「ドックカレー」の日にあたる。またまた今度はスープと名前を変えた水炊きの汁に、カレールーをパキパキと割って投入し、最後の一滴まで食い尽くそうとの「残飯なし、ゴミなし何にもなし」大満足料理にするもくろみであった……。

が、結局この大計画は二日目で挫折《ざせつ》した。熟成されたスープに驚嘆の声を上げた隊員たち、最後の一滴までスープを平らげ、結局ドックカレーはいつもの通り最初から仕込まなければならないことになった。まあ旨《うま》かったのだからよしと言うことで。

ドーム大学

「ドーム大学」が七月一〇日より始まった。越冬隊は、日本全国から多種多様の顔を持った人が集まってくる。その知識や技術をみんなに披露し、単調な越冬生活に彩り《いろどり》を添えるのが目的である。

ドーム大学は、隊員たちがそれぞれ順番に講師となり、自分の体験や研究テーマを

くだけた形で発表する。授業内容は毎回異なり、その道の現役バリバリのプロが新鮮なテーマを話してくれるため、下手な講演会顔負けの内容となる。

まずはトップバッターとして、雪氷学者の本山隊員による「極地と私」。ネパールやノルウェーなど世界中で行っている観測活動を、スライド中心に説明した授業だった。普段はとてもお目にかかれない世界を目にすることができ、楽しい一時間を過ごした。次回からは二人が一組になり、いろいろな講義を聴けることになった。みんなどんな話を出してくるのだろう？ちょっと楽しみになった。

久々に野菜製造担当のりんさんからレタスの入荷があった。焼き肉に巻いて食うのはやったばかりだし、サラダに逃げるのも、なんとなく気が乗らない。冷蔵庫に入れておいたら朝までに間違いなく、顔がでかい福田ドクターネズミに食い荒らされることは必至。なんとか使い切ってしまうことにした。今日の夕食は「牡蠣《かき》の土手鍋」と「浅蜊《あさり》と冷凍グリーンアスパラの和《あ》え物」。それにうまくコーディネートできるもの……三分五〇秒ほど考えて思いついたのが、わが愛妻みゆきちゃんが結婚して最初の夕食時に作ってくれた奴《やつ》。

挽肉《ひきにく》と長ネギと納豆をごま油で炒《いた》め、砂糖をパラパラ振り入れ、みりんと酒で溶きのばした味噌《みそ》をからめて丼《どんぶり》にドーンと盛り、レタスの葉っぱでくるんで食する料理。名前は聞き忘れていたが、これを採用することにした。当直の林隊員が「日誌に記載する都合上名前がないと困る」と言ったために苦し紛れに言ったのが「みゆき愛情スペシャル」。以後、名前は全然付いていない苦し紛れ料理を作ったときには「みゆき×○▲□」を多用することになった。

このレタス納豆巻きの味であるが、意外と深い味わいで、納豆嫌いの人に「ぜひ」と言いたいところだが、「納豆やないかー!!」と罵声《ばせい》をあびせられ、ボコボコにされても責任は持てない。

七月も終わろうとするある日、私と平沢隊員の番が巡ってきた。平沢隊員のテーマは、自分の専門分野から「コリオリ加速と回転球体のなんとかかんとか」。講義が始まると、普段の食い意地が張って、すけべで、恐妻家のおっさんの顔とは大違い。新進気鋭の若き気象学者の姿がそこにあった。

「ミサイルをぶっ放すにも、ただ適当に打っても駄目なのヨ」というのはわかったが、詳しい段階に入ると、筑波《つくば》大学と海上保安学校の偏差値の差か、根本的に脳味噌の活性細胞の数の差かよくわからないが、まじめに考えても、よくわからなかった。

いよいよ私の番が来た。講義内容は「料理の話」「海上保安庁の紹介」「調書の取り方」「飲み屋で絡《から》まれたときの護身術」等々いろいろ考えた。が、料理の話は毎日毎日聞かれても聞かれなくても喋《しゃべ》っている。海上保安庁の紹介というのも「紹介してどうすんだ!!」と言われれば反論のしようがない。調書の取り方も隊員内に学生運動の元闘士がいるとの情報をつかんでいた（本人が喋った）ため、後ろから「官憲打倒!!」と闇討《やみう》ちをくらっても困るし、「飲み屋で絡まれた～」は、手のうちを教えてしまうと酒乱のあの人が暴れたとき、逆手をとられても困るので、やめにした。

ない知恵を絞って考えた末、日本にいるときの私の趣味「キャンプ」をテーマに、「楽しいキャンプと道具の話」と決定。当時ドームで人気のあったビデオ「キャンプで逢《あ》いましょう」を教材とすることとした。

ドーム大学の講義から「楽しいキャンプと道具の話」

えー、皆様こんにちは、今日はまず楽しいキャンプの話からします。

ここではいろいろの年代が集い、暮らしているわけですが、まだ小さなお子さまがいらっしゃる平沢氏、林氏。この世に出現していませんが、持つ可能性のある本山氏、川村氏。お子さまの前にその製造元、お嫁さんを探さなければならない佐藤氏、西平氏。家族と一緒に集うことが何よりの苦手と見ただけでわかる福田氏。キャンプに行っても無口で黙々としているのかどうか、ちょっと興味のある金戸氏。と多彩なメンバーですが、帰国するであろう近い将来、誰かに「キャンプに連れてってー」と言われても戸惑わないよう、最低限のことをレクチャーします。

なお、これは私の私見ですので後で「ちょっと違う!!」と言われても、抗議は一切受け付けませんので悪《あ》しからず……。

まず誰かと一緒にキャンプに行って「楽しかったー」と感謝されるコツです。これは一言で言って奉仕です。徹底的にサービスしてください。特に奥様を同伴したときは、このテーマを錦《にしき》の御旗《みはた》のごとく頭のてっぺんに張り付けて置いてください。

「キャンプなどもう絶対行かない!!」とコメントが返ってくるのは、大抵奥様たちが日常生活をそのままキャンプに持ち込んだときです。親父《おやじ》の仕事はテントを立てるだけで、あとは「自然はいいなー」とのたまって缶ビール片手にごろ寝。そのかたわらで奥様が、普段の生活と同様、炊事を一生懸命している光景をよくキャンプ場で目にしますが、あれはバツ、最低です。

キャンプに行ったら、親父は家族に徹底的につくす。それでなくても奥様方は自分の城である台所から離れて、いつもの設備より格段に劣った環境で作業しているわけですから、顔で笑っても心の中では「なんでこんなところで飯作らにゃあかんのだ」と必ず思っています。

どんなメニューでもかまいません。お湯を沸かして、「ボンカレー」と「食べたらわかるサトウのごはん」でも何でもいいですから、キャンプに行ったら親父が下僕のごとく家族に仕える。まずはこれを徹底的に頭に叩《たた》き込んでください。

楽しいキャンプのコツ……そうです、それはただ一つ。家族が楽しめるキャンプに徹底的にこだわることです。家族が楽しめるキャンプ……。まずはキャンプ場の環境です。女・子ども族というのは勝手なもので、男が「うわー、ここは大自然が一杯で最高だナー」と気に入る場所は、大抵ボツです。

海辺なら、「風が強い。日に焼ける。体がべたべたして気持ちが悪い」。森に囲まれた草原だとしたら「虫が多い。草かぶれがおきそう。そよ風がなくて不快だ」などなど。「おのれたちはやくざかー!!」と怒鳴りつけたくなる数々の因縁をふっかけてくるでしょう。

ベストな環境は、迷わず、キャンプ場ガイドブックを開いてAと設定されているオートキャンプ場を選択してください。それと忘れずに「車の乗り入れ不可」と記載されているところは無条件にパスしてください。車が入れないところは、慣れてくるといいものですが、最初のうちは器材を人力、よくてリヤカーで運ぶことになります。これが想像以上に家族から冷たい視線を浴びることになるからです。Aクラス以上のオートキャンプ場になると区画もきちんと整理され、シャワーやコインランドリーも完備されています。

それと忘れてならないのはトイレ。これもガイドブックでトイレの清潔さが高得点で、しかも水洗トイレでないと、まず確実に貴方《あなた》はクーデターに見舞われることになります。人間、出る物を溜《た》め込んでおくと、ストレスはたまり、イライラが高じて「もうあんたとは離婚するー」という事態にもなりかねません。必ず、トイレ環境も要チェックです。もちろんハイグレードなキャンプ場はそれなりにお金がかかります。でも日本全国の女性と子どもたちの九八・五%は、キャンプ=不便さも楽しむ野外生活とは思っていないことをお忘れなく……。「屋外で過ごすホテル生活」くらいに考えておくのが現実的だと思います。

もちろんキャンプが終わって帰りの車の中では、貴方の体は疲れ切り心の中では「もう二度と来ねえー」との声が聞こえてくるでしょうが、そこは顔では押し隠し「また来ようねー」くらいの声は家族みんなにかけてやりましょう。少なくとも、帰宅してからテレビの前でごろ寝しても、その日は文句が出ないはずです。たぶん。

次に道具の話です。

アウトドアショップに行くと、いろいろな道具が並んでいます。コンパクトに使用できる「まな板がケースになった包丁セット」、屋外で手軽に飲めるよーみたいなキャッチコピーがついた「針金だけのコーヒードリッパー」、柔らかいプラスティック製のポリタンク、虫除《むしよ》けのにおいキャンドル、パーコレーターなど「これさえあれば快適キャンプが!!」と思わずにはいられない小物たち。かつて私もその一見便利さにつられ、買いあさった時期がありました。

そしてどうなったか。駄目、没、使い勝手ははなはだ悪し、金の無駄遣いでした。まず一番の悪い点は、どれもこれも作りがちゃっちいことです。「これ使い捨てかー?」と確かめたくなるほど、アッという間に廃品になってしまいます。包丁セットは台所にあるのをそのまま持っていった方が遥《はる》かに使い勝手がいいし、虫除けキャンドルも笹《ささ》の葉っぱでもいぶすか蚊取り線香を立てて置いた方がずっと実用的です。もし家庭に似たような道具があれば、迷わずそっちの方を選択してください。

食器も無理にお揃《そろ》いのプラスティック製やあの青色点々に着色された金属製の代物《しろもの》をそろえる必要は全くありません。百円均一の店で売られている瀬戸物のマグカップや小丼や洋皿を使った方が、値段もずっと安く使い勝手もいいはずです。間違って壊しても腹が立たないし。

コールマンのツーバーナーストーブがキャンプの調理ストーブの必需品のようにもてはやされている昨今ですが、あれもなきゃないで、無理に購入しなければならない物でもありません。強火が欲しければ、安価で手軽なのが薪《まき》ストーブです。これですと二〇〇〇円くらいで販売されているし、木材店かDIYショップで薪を三束も購入しておけば、一晩の燃料としては十分です。しかも暖房用としても威力十分です。海辺なら流木を拾っても結構でしょう。ただオートキャンプ場では、直火《じかび》禁止となっているところが多いので注意してください。

その際ですが、設備の整ったキャンプ場だと、オートサイトには必ず外部電源がついていますので、これを利用しない手はありません。ハロゲンヒーターか電磁調理器を持って行っちゃいます。暖房の必要のない夏期ですと、瞬間的に火力を得られる電気製品はほんとに便利です。

ただ雨模様のときは、上をタープ（オーニングシート）で覆《おお》うなどの工夫をしてください。これでいくと、ホットプレート・電気炊飯器・コーヒーメーカーなどを持ち込んでも大いに威力を発揮してくれるはずです。

現に私は長期キャンプでも、ホットプレートとハロゲンヒーターでほとんどまかなっちゃいます。表面がテフロン加工してあるこれらの電気製品は、後始末が劇的に楽なので、ファミリーキャンプ初心者には心強い味方になってくれます。

「キャンプらしくない？　便利すぎるのでは？　作るプロセスが……」。心のゆとりは平和を生み出します。現に使い慣れないコッフェルやツーバーナーを持ち込み、不完全燃焼や焦《こ》げつきを起こし、キャンプの一大イベント「夕食」をカップラーメンで過ごす羽目になった家族を少なからず知っています。

キャンプにはあまり高い道具を持ち込まない方がいいと思います。特に小物は前述したもろもろの品物も含めて、紛失しても心の平穏が保たれる金額のものに限定すべきです。キャンプには生活用品をまとめて持ち込んで行くわけですから、いくら注意をしても煩雑《はんざつ》に、ぐちゃぐちゃごっちゃらこになります。そんな場所にとっておきの宝物のカスタムメイドのポケットナイフやジッポーのライター、銀製のフラスコなんかを持ち込んで、無くしてしまったらさあ大変。マーフィーの法則から言っても絶対に出てきません。

ナイフはやや大型の刃をぱきぱき折って使うカッターの方がメンテナンスフリーで便利だし、ジッポーも百円ライターで全然不自由しません。ただ私はこれらの製品を買うな！　使うな！　と否定しているわけではありません。使えばそれなりに雰囲気を盛り上げてくれるものもあるので、各自ご自由にです。

最初はレンタルショップかキャンプ場で貸し出し品をゲットして試し、よかったものを購入するのも一つの手です。裏の購入方法で、安価にキャンプ用品を手に入れる方法を一つ。近頃のキャンパーは調子が悪かったもの、汚れたもの、掃除しなければならないものはよく捨てます。キャンプした翌朝、少し遅めにチェックアウトしてゴミステーションをのぞいてみてください。まず間違いなく大量に捨てられているのが、一度しか使っていない新品同様のバーベキュー用の大型網と鉄板です。

軽く火であぶって、金たわしでこすればよみがえるバーベキュー用品が、惜しげもなく捨てられているのが目に飛び込んでくるはずです。ありがたくちょうだいしましょう。シーズンも終わり頃になると、また来年購入するのでしょうか、シュラフ・グランドシート・テントはもちろん、ツーバーナーのストーブやホワイトガソリンのランプなどが惜しげもなく捨てられているのをみれば、リサイクルショップのオーナーなら、うれし泣きをしながら拾いまくることでしょう。

シュラフはクリーニングに出せば見事に蘇《よみがえ》るし、ストーブやランタンなどは、ワイパーやプラグの交換をできるくらいの知識があれば、簡単に分解修理が可能です。マジックリンを大量にぶっかけるか、灯油を入れた容器にバラバラにした部品を漬けておけば、カーボン類は溶けちゃいます。

ちょっとの恥ずかしさに耐える勇気を持てば、なんとロハでキャンプ用品が揃っちゃいます。なんだか、なんとか商法の親父みたいな言い回しになってきましたが、最後に緊急時の火おこしについて。単一の電池を三本用意します。これを直列につないで、大きく広げたこの細かめのスチールたわしを両接点にポンと当てれば（実演中）このように簡単に種火ができます。子どもの尊敬を簡単に勝ち取るために覚えていてもいいテクニックだと思いますヨ。

時間も押し迫ってきましたので、最後の章に突入です。

料理の話を手短にします。近頃のキャンプ場でよく見かけるというか、定番というか、まず間違いなく上位にランクされるのが、焼き肉とカレーライスでしょう。確かに屋外で食する焼き肉とカレーはうまいものです。でもキャンプ初心者にはお勧めしません。

なぜか。一番の理由は後片づけがめんどくさいからです。炭火で熱せられた焼き肉の鉄板は、後半になるとアスファルトでも塗りたくったようになってしまうし、網もカーボンが真っ黒にこびりつきます。もちろん終わった後にメンテナンスをすれば長く使えるのですが、二日酔いでボヤーッとした頭には、この後片づけは相当つらいものです。

カレーも水だけで後始末するには相当手こずるものの一品です。カレールーで汚れた食器はいつまでもぬるぬるしているし、鍋《なべ》にこびりついた残骸《ざんがい》もなかなか落ちてくれません。また余ったカレーを翌朝に食べるのはホントにうまいものですが、ツーバーナーのストーブでカレーを温めるのは、相性がどうも悪く大抵鍋の中央に焦げ目リングができます。

それでは何がいいのか？　雪上車の中を思い出してください。一日の長い行程を終えて、皆様の一番の楽しみは夕食だったと思います。そこで私が一番気をつけたこと、それは「迅速にパッパーと食べ物を出す」。これにつきます。これを家族キャンプに置き換えてください。最初のうちはどうしてもキャンプサイトの立ち上げは時間がかかります。ようやくそれも終わって、さてこれから食事の支度です。この頃になるとみんなそろそろ腹の虫が鳴り出してきて、「まだできないのー」コールが、貴方の回りに満ちてきます。

そんなときに凝ったものに取りかかると、大抵失敗するはずです。なぜか？　料理は心と時間のゆとりをもって作らないと必ずと言っていいくらい失敗するからです。「うるせー!!　黙って待ってろー!!」と怒鳴ったら、確かにその場の不満コールは消えるでしょうが、反対に大皮肉・陰口光線が貴方に大量に降り注いでくるはずです。

「ケンタッキー食べたい」

「モスバーガー食べたい」

「回転寿司《ずし》はもっと早いぞー」

と悪魔に変身した御子たちは口々に好き勝手なご託を並べ立て、貴方の頭の中では「一家皆殺し!!」の不吉な文字が乱舞し始めることでしょう。そこは男ならグッとこらえて料理にトライしましょう。

さあ決定版「迅速出現キャンプ料理」をお教えします。メモのご用意を……。キャンプで出前迅速・大満足・後片づけ超らくちんの料理なんてあるのか？　これがあるんです。それは鍋料理です。まず、何はともあれ、お湯を大きな鍋で沸かします。カセットコンロでも、薪ストーブでも何でもＯＫ、もちろんツーバーナーでもかまいません。

ここで鶏肉のぶつぎりか、豚バラ肉のスライス、肉が嫌いだったら魚の切り身でも結構、とにかくだしが出そうなものをドカッと投入します。ぐらぐら沸いてきたら火加減の調整なんて要りません。とにかくぶくぶく出てくるあくをすくいつつ、次に野菜の投入です。これも何でもかまいませんが、できればタマネギは使ってください。キャベツ・白菜の葉っぱ類は手でちぎり、タマネギは、皮をむけば洗わなくてかまいません。とにかく何でも大量にドカッ!! です。

ここで水炊《た》きにいくか、味付けにいくか分岐点にさしかかってくるわけですが、これもお好みでどうぞ。水炊きならば市販の「ポン酢醤油《しょうゆ》」でいいし、味をつけるのなら、塩・酒を適当に入れた後めんつゆを投入してください。これは味のベースはある程度できあがっていますので、醬油・酒・みりんなどを別々に持っていく必要がないため重宝します。ただ味付けが結構甘いものが多いので、最初に塩である程度味のベースをつけておいた方がよいでしょう。

野菜が程良く煮えてきたら、次に豆腐を投入です。別にこれは必ず入れなければならないものではありませんが、キャンプで食べる温かい豆腐ってホントうまいんですよー。

さあ、もうどんどん家族に勧めていってください。うまいでしょ？　最後にインスタントラーメンを放り込んで、ラーメンスープもついでに混ぜて熱々のラーメンで仕上げるのもいいし、翌朝に前日の余った御飯かパックライスを投入して雑炊としゃれこむのもおいしいです。極めつけは後片づけがとても楽だと言うことです。お湯とペアで作っていく料理なので、簡単に洗うことができます。豆腐を多く持っていって、「冷や奴《やっこ》」といくのもいいし、切ったタマネギも生味噌でパッパッと和《あ》えれば、ピリ辛のつまみが出現します。

結構便利なのが七輪です。炭を二〜三個おこして、この上で油揚げやシシャモやソーセージをちびちび焼いていけば、だらだら飲んでいたいお父さんには格好のパートナーになってくれるでしょう。

子どもたちが寝静まった後、昔は若かった（？）奥様と七輪で干物《ひもの》なんかをあぶりながら星空を……なんてちょっといいでしょう！　最後にすき焼きもキャンプでやるには、ミスマッチのような気がするかもしれませんが、意外といいもんです。

……とだらだら喋《しゃべ》りましたが、「家族を喜ばせるキャンプ講座」これで終了です。

ご清聴ありがとうございました。

バイキンマンが寝違えた

ドーム大学も何とか終わり、そして平穏無事な日々が続きました……。

とはいかなかった。この時期日本では「南極展」が上野の国立科学博物館で開催され多数の人たちを集めていた。当然ドーム基地からも種々の情報が発信されていたが、担当者である金ちゃんが生来の口べた、無口に加え、コミュニケーション不足から、ほとんどの隊員諸氏に今何が行われているか、どんな情報が日本に送られているのか伝えなかった。そのため、ミーティングの席でちょっとした衝突があった。「すみませんでした」と一言あればなんなく終わったはずなのに、そのときの金ちゃん、虫の居所が悪かったのか「伝わっていると思いました。だから特に口頭では言いませんでした」と嘘《うそ》がばれた国会の「証人喚問」のような答えをしたため、今では「バイキンマン・スピッツ・えてこう・きゃんきゃん・しつこい科学者・カメムシ　りん」と多数のセカンドネームがついたりんさんが吠《ほ》えた!!

「入場者の数等、きちんととりまとめてよく考えて、適当なことを言わないで、情報

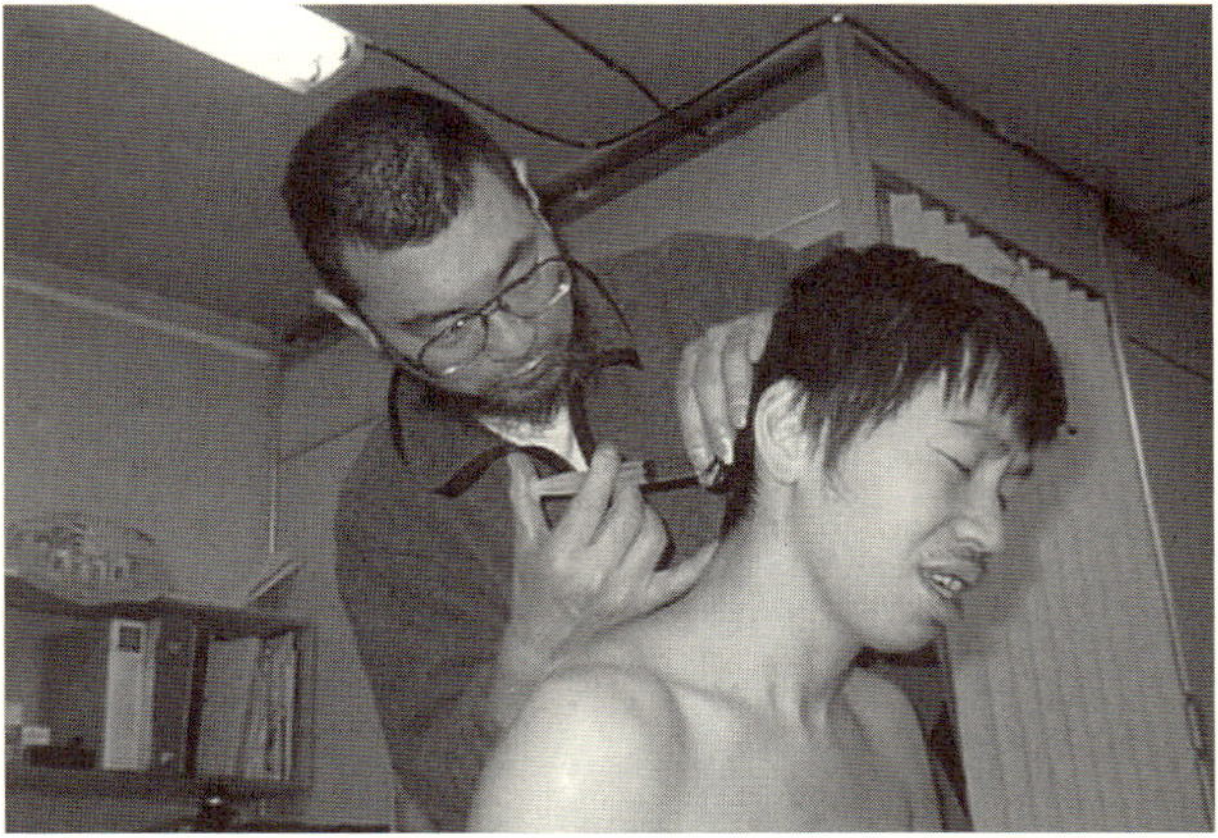

を集めて少しは知らせてください。あまりにも無責任だ!!」

それに対して金ちゃん、「……」と無言で終始した。結果的には多国籍軍の空爆に耐えるイラクのように、一方的な「どかん」で終わったが、金ちゃんが呪《のろ》いのテレパシーでも送ったのか、なんとその夜、りんさんが寝違えてしまった。それも首が曲がらないほどの重症。これは「奇跡の麻酔医　福田ドクター」の首にズブリと突き立てた注射の一発で劇的に治癒《ちゆ》したが、人間感情が高ぶると、体の神経もぎくしゃくしてくるみたいだなあ。

気をつけなくっちゃ。

りんさん、またまた

大気球にぶら下げて、成層圏高く打ち上げる計測器「ペイロード」。見た目は小学生の夏休みの自由研究としか映らない代物《しろもの》だが、一個二〇〇万円の高額商品。これは回収さえできれば何回も使用可能とのことだが、ここでは絶対不可能。事実上の使い捨て状態になっていた。しつこい科学者「りんさん」は資源の有効活用をはかり、これを別の計測に使うことにした。基地近くの鉄塔に滑車をセットして、七mの高さから段階的に地表までの温度を計測するオペレーションを考えたのだ。慢性人手不足のここでは、助手は私・西平盆・川村の兄ちゃんと、最初から競争率〇・八倍で決まっていた。

マイナス七〇℃、風速五㎧の日本で言えば凄《すさ》まじい環境、ここでは普通の環境で、作業開始となった。ペイロードがぶら下がっているところから地表まで、手作業で金属製の巻き尺を使って計る。しかし、なにせマイナス七〇℃。すぐ指の感覚はなくなり、羽毛服を着ていてもすぐ暖めることのできる箇所、へそ下三寸、すなわち金玉を

握って暖をとることを考えついた。変態オヤジみたいに摑《つか》みっぱなしというわけにもいかない。しかもペイロードは意外に繊細で、地表から正確な高さを何回も測って温度を計測するには、スムーズな動きが肝要だ。

「何かいい方法は……」と周りを見回すと、雪原にポツリと立っている雪だるま、じゃなく羽毛服に身を固めた西平盆隊員の雄姿。「このドラム缶のような体を使えないかなぁ」とその場に居合わせた全員が、確かに同時に考えていた。

これは越冬中に発達したシックスセンス、テレパシーがみんなから伝わってきたから間違いない。そしてたどりついた最も能率的な計測法とは……。盆の体に直接滑車のロープを結びつけ「もう少し前、後ろ、その場に止まる」と声で微調整していくのが一番スムーズに作業を進めていけることがわかった。計測の時間が大幅に短縮されて、自分のものを摑む回数が減った。

こうして、画期的なデータを取得できたのかどうかはよくわからないが、「西平盆人力測定器」の八五kgの体重は、このとき大いに重宝したことは間違いない。

盆の誕生会

一九九七年八月一三日、西平盆隊員の誕生会が開かれた。この人、本名は「西平亮《りょう》」と芸名にしたいような奴《やつ》を持っているのだが、たぶんみんな本名は「盆」と思っている。出身は広島県、熱狂的なカープファンで、巨人ファンの私とは怨敵《おんてき》同士になってもいいはずだが、なぜかここでは朝から晩まで側《そば》にいて、何かの時には貴重なセ

コンドシェフとして腕を振るってくれる、私にとって実に貴重な人物だった。
　共同通信社から派遣され、通信担当で、電機通信大学を卒業し、二三区内にマンションを所有し、パソコンも堪能《たんのう》な好青年であるが、なぜか未《いま》だに恋人なし、当然配偶者なし。写真を見れば一目瞭然《りょうぜん》と言うのはあまりにも失礼だから言わないが（言ってる）、とにかく気はやさしくて力なし（？）の好青年ということにしておこう。
　誕生会ではリクエストを取って、その人の好物料理を作ることになっていたため、何でもおいしくいただく「盆」でも一応聞いてみたが、なんと返ってきた答えは、イタリアンだとー!!「おめえはモンゴリアンだろうが。日本人なら米の飯だ!!」と思ったけれど、言わなかった。

方向が決まれば勝ったも同然!!　後は頭に「国会図書館」のようにつまった情報玉手箱から知識を引っぱり出して、作っていくだけ（うそです）。ほんとは「料理の鉄人」や「チューボーですよ！」のビデオを繰り返し見て、何とかイタリアンに近いものをピックアップした。

ドクターが「あのさー、ラビオリという奴を作ってみたいのだけど、いいかしら？」と言ってきたので、「あー、これで確実に二時間は時間を損する」とは思ったが、そこはずるさが身に染《し》み込んだ四〇代。心の中では「雑役夫として使えばいいや」と思いながら表面では、「あっ、それは助かるワ」と満面に笑みをたたえる。ずるいなあ。

準備は進み、できあがったメニューは、

・牛もも肉のカルパッチョ
・鯛《たい》のロースト　香草風味
・スカンピのソテー　ブラックオリーブ風味
・タンステーキ　バルサミコソース
・ブルーチーズのラビオリ　サワークリームソース

・ペペロンチーネ
・フェットチーネ

味はともあれ、食い過ぎた盆、確実にこの夜だけで八kgは増えた。

太陽が出たぞ

一九九七年八月一七日、長く辛《つら》かった冬に終わりをつげるプレリュード、太陽がついに南極の地平線に姿を現した。日本では毎日夜明けがやってくるが、ここでは印象から言えば、出っぱなし・沈みっぱなし・出っぱなしの感じ。おおざっぱに言うと、夏隊は日帰り旅行、越冬隊は一泊二日旅行の感がある。

人間はやはりお天道様《てんとさま》の下で活動するように作られているらしい。気分も浮き浮きしてくる。もう少しで「昭和基地」から補給隊がやって来て、「しらせ」が日本からやって来て、そして帰国の日が確実に一歩ずつ近づいてくる。実際にはまだここの暮らしも四カ月以上残っているのだが、明るい時間が戻ってきたと言うだけで、今まで

日の出

唐天竺《からてんじく》より遠い夢の世界だった下界が、雪上車で一五分くらいの距離に縮まったようだ。

　本屋もレンタルビデオもコンビニもスーパーもワイドショーも何もかも近くなってきたような気がしてきて、歩くリズムもメリハリがついてくるというか、テキパキというか、とにかく何となく体の中からエネルギーが湧《わ》き上がってくるようで、太陽光の温かさが全身に染み通ってくるような一日だった。

　夕食時は気持ちもハイだったせいか「スタミナつきそー」をずらりと並べた。

　メニューは、

・馬刺　ニンニク醤油《じょうゆ》

・肉団子と高野豆腐のスープ　＊高野豆腐は日本から持っていくのを忘れたが基地に大

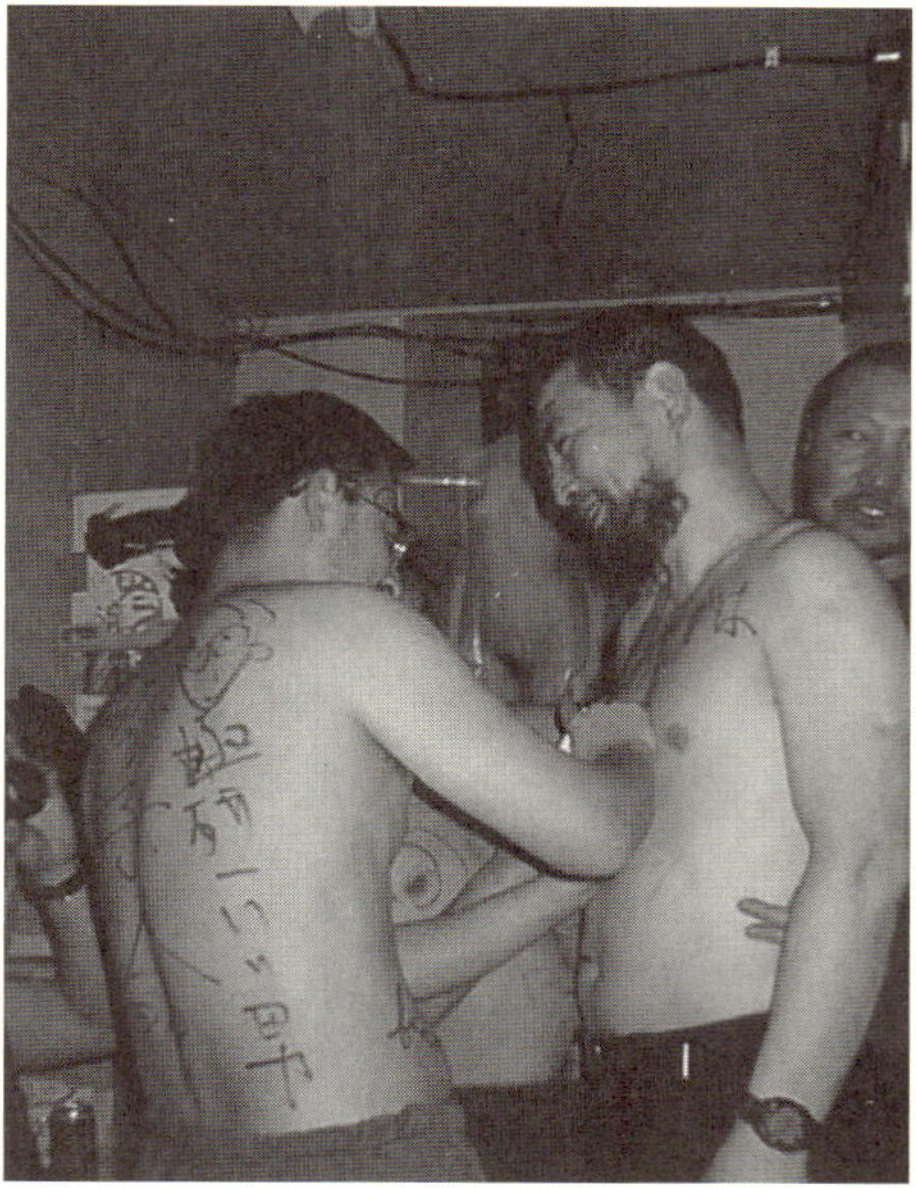

量にあり、重宝した。

・もずく酢
・マグロの山芋かけ
・納豆の巾着《きんちゃく》揚げ

この夕食のせいか、この日開店したＢＡＲ「ピンクのえてこう」（いつも名前が変わる）では深夜までみんなが大騒ぎをし、最後には色とりどりのマジックインクが持ち出され、「大ボディペインティング大会」となった。

どこかの特殊部隊の迷彩模様のごとくみんなの顔は

こてこてに塗られ、おまけに福田ドクター、泥酔《でいすい》のあげく三分間一六〇〇円の衛星電話を、三十数分日本の誰かに延々とかけていた。

九月に入ってますます絶好調になってきたのが、平沢氏と福田氏だった。平沢氏はGPSゾンデの測定や、りんさんの二〇〇万円ペイロードの有効活用に刺激されたのか、これまた小さな気球を凧糸《たこいと》につけたまま上げ下げして観測する「係留観測」を精力的に行っている。そして、休日の朝だけ営業する自分の会社「平沢ベーカリー」の社長職を技術面では二名の社員に大差をつけられたのにもかかわらず、まだ社長職退任の意志はないようで、休日の前になるといそいそと材料だけは食堂に運んで来ている。キッチンエイドミキサーという機械で粉をこね上げて、オーブンで一次発酵していくのだが、どうも平沢氏せっかちなようでちょっと膨らんでくるとすぐ次の過程に移行したがる傾向がある。そのためできたパンは、石かせんべいのようにガチガチになってしまうことが多いのだ。

ドームの住人の強靭《きょうじん》な胃袋は、棍棒《こんぼう》としても使用可能なほど硬度のある「一見パン風小麦粉がっちり焼き」を結構おいしく食している風で、「空腹こそ最良のソースなり」の格言が平沢ベーカリーのパンを見るたびに頭の中に浮かんでくるようになった。

福田ドクターは例の「ドラム缶人力基地内搬送作業」を一日一〜二本のペースで着

実にこなし、大量のドラム缶を基地内にデポしていた。一時は動いたはずの一〇三号車もなぜかまたフリーズしたまま。佐藤隊員の明るいときだけトライする「車両立ち上げ作業」にも、雪上車が力強いエンジンの雄叫《おたけ》びを上げることは未だにない。「補給隊が来たら動けばいいやー」などとの人任せ、他力本願の声もぼつぼつ出始めていた。

福田ドクターは、前述のドラム缶ころがしだけでは身にあふれてくるエネルギーを消化しきれないようで、その後休む間もなく羽毛服を着たままジョギングにかかさず出かけていく。それもマイナス六〇℃の気温も気にしないで実行し続けているのを見ると、絶対この人はウルトラマンに違いないと確信できた。

もう一つの趣味、料理も格段の進歩を見せ、九月一〇日の食事当番のメニューを見ると、

・サザン・ガンボー（オクラのスープ）
・卵とホウレンソウのキッシュ
・ターメリックライス
・カリフォルニアミックスサラダ

とアメリカンキュイジーヌを見事にこなすようになっていた。日本にいるときは、米を炊《た》くときの水加減も知らなかった人なのに……。「こけの一念岩をも通す」格段の進歩、お見事。

私は変な夢を見た。いつものように酒を食らった後テレビの前で寝ていると、夢を見た。余談ながら、この「テレビの前でうたた寝→朝がくる」状態はここではもう定常化しており、やさしい隊員の誰かが必ず毛布をかけてくれた。

その夢だが、ドーム基地の前に大きな丘があって、そこをとことこ越えていくと、なんとなつかしのわが家がぽつんと雪原に建っていた。入っていくとそこにはなつかしい家族の顔が。ベランダの窓越しになぜか「ラッツ&スター」が並び「夢で逢《あ》えたら」を踊りながら歌っていた。パターンだとここで熱い涙がはらはらと頰を伝うところだが、本能で夢だと思っていたのか「いやー、すぐ帰らなきゃならないから、何か作ってくれる?」と愛妻みゆきちゃんに食事をおねだりしていた。

わが奥さんはちっちゃい外見に似合わず、豪快な料理を作ることで定評がある。結婚した当初も、塩辛く普通は小さな切り身にして一匹で五〜六人前はとれるニシンのぬか漬けを一本焼きにして私の度肝を抜いてくれたが、夢の中でも豪快な一品を披露してくれた。それはウナギ丼《どん》とイカ天丼《てんどん》の合体版だった。でっかいウナギの蒲焼《かばや》きに、姿のままのイカが一本カラリと天ぷらに揚げてあるのが、これまたでっかい直径五〇cmくらいの丼《どんぶり》に盛られて出された。

実際にこれを作るとかなり引いてしまう代物《しろもの》だろうが、このときはすごくうまそうに見えた。「さあ食おう!!」と手を伸ばしたところで誰かに揺すられて目覚めた。最初は輪郭がぼやけて、バスケットボールに昆布でも生えたのかと一瞬思ったが、少ない毛をまん丸い顔に張り付けた西平盆の顔だった。

これは天が与えてくれた「何かとんでもなくうまい料理」かもしれないと思い、その日の昼食は、「イカ天＋ウナギ丼」にしてみたが、味はやはり「イカ天＋ウナギ丼」だった。料理の名前を聞かれて「西村さんが夢で見たイカ天＋ウナギ丼」にした。そろそろ里心がついてきたかなぁ……。

昭和基地、みりんがきれた

九月も二〇日を過ぎ、昭和基地から一〇月に搬送してもらう「燃料補給」に付随して、交換しあうもろもろの物品のメール交換が盛んになってきた。食料部門では、昭和基地調理担当の北田隊員から、不足しているもの、使ってしまったもののリストが送られてきた。それによると、昭和基地では「最初から完全にないもの」として、アジの干物・納豆。「切れたもの」みりん・めんつゆ・ほんだし・クリームシチューの素《もと》。「不足しているもの」寿司《すし》ネタ・冷凍小口長ネギ・ジャガイモ、とのこと。

このうち、アジの干物は、最初に昭和基地に飛び立った「昭和越冬隊」のために、私が現場監督で「しらせ冷凍庫」から搬出したつもりだったが、どうやら忘れたらしい。昭和基地の皆様は八カ月「アジの干物」なしで生活していたようだ。そのくせドームの分は忘れないで持ってきているのだから、人間なんて勝手なものである。ドームには三六次・三七次隊で消費しきれないで残った「アジの干物」が段ボールに数箱残っている。今回持ち込んだ分までは到底食べきれないので、気持ちよくドーンと持ち帰ってもらうことにした。

納豆もこれまた最初からなく、朝の食卓に納豆が並べられることはなかったみたいだ。これは搬出時にリストにもなかったことから、昭和基地の調理担当チーフ・鈴木隊員が積み忘れをしたみたい。ドームでは、三六次・三七次分合わせて段ボール七箱分の納豆が、雪洞で堅く凍り付いたまま貯蔵されていた。が、これは落盤した雪洞で、なぜか天井を支えるように縦一列になっている。

越冬初期に「これは後にしよう!!」と見て見ぬ振りをしていたが、なまけ続けてはや八カ月。「昭和基地」のためにも何とかしなければ、と消極的ながら心に誓った。私が密《ひそ》かに練った作戦は、福田ドクターと西平盆を連れていく→ドクターは力持ちなので安全地帯で待機→盆を横に置いて納豆搬出作業→落盤→盆の陰に隠れ彼をショックアブソーバーに使う→ドクターが二人の救出作業開始→その間つぶれた盆の陰でひたすら助けを待つ→無事救出→もしかしたら盆は殉職→涙ながらにお骨は私が日本まで……。と私だけ二重三重の安全対策を講じていた。もしこれを盆が耳にすると、彼との長く続いている友情も終わるかもしれない。

「納豆陰謀大作戦」はともかく、和食の板前である北田隊員にとって、みりんなしは相当深刻そうで、和食の魂「命のだし」がまったく取れない状態だとか。ドームは幸い二四本のペットボトルが手つかずで残っている。

私も真面目《まじめ》にドームではだしを引くつもりだったので調達したが、現地ではゴミをなるべく出さないという不文律があったので、だし引き作業で出てくる、昆布やカツオのことを考えると、とても使えず……と言うのは大嘘《うそ》で、めんどくさいからだしは引いていなかった。

現代科学の勝利と言うか、めんつゆの割加減をうまく変えると、ばれない程度にはごまかせることがわかったのでうまくごまかしていた次第。

Eメールには「ドームもぎりぎりの状態ですが、そこは同じ越冬隊。こちらの分を調整したら二ダースほどはお分けできるので、それでいかがですか？」と表面上は友情たっぷり、実際は北海道弁で「態度とってる」文章を送ったら、北田隊員から「友情に感謝します。久しぶりに胸の熱くなる思いでした」との返事が返ってきた。

結構あせった。でも結果良ければすべてよしにしておこう。協議の結果、昭和基地からこっちにくる食料は、しらたきの缶詰、焼き豆腐の缶詰、牛乳、余っている缶詰。一番うれしかったのは、飲みまくってそろそろ心細くなりかけていた、蒸留酒ウィスキーだった。これも大量に持ち込んでいるのがばれているが「アル中野郎どもめ!!」と思われてもいやなので「ここに貯蔵しておく非常用のウィスキーを分けてくださいい」と送ったが、その量が非常用の常識を遥《はる》かに越え、三〜四ダースと大量だったので、たぶんあきれられていたに違いない。あー、恥ずかしい。

アジ・納豆・みりんなどの余剰物資（？）を放出し、首尾よくウィスキーを手に入れた段階で、土地転がしをして大儲《おおもう》けした地上げ業者のごとく、共通語で「有頂天」、北海道弁で「調子こいた」状態に突入した。「他に何かありませんか？」と聞かれてもいないのに質問のメールを送った。しばらくして返ってきたのは「ないとは思うけれど、長ネギとジャガイモがあったら少し……」との答え。

ありますよ‼　それも山ほど。昭和基地では生鮮野菜をオーストラリアで調達してくる。タマネギ・キャベツ・グレープフルーツ・オレンジ等を何トンも買いつけて、大事に大事に使っていくのだが、越冬も後半に入ったこの時期、芽をふいたり腐ったりして、昭和基地の野菜はほとんど冷凍品以外残っていない。

ドームはと言えば、輸送途中の気温から考えても全部の凍結が予想され、最初から生鮮野菜は全く持ってきていなかった。長ネギは姿と小口切りにして冷凍してもらい、タマネギはスライスやダイスカット、はたまた乾燥品も大量に持ち込み、ジャガイモは北海道が世界に誇る企業「ホクレン」から丸のまま、クォーターカット、賽《さい》の目、ベイクドとさまざまな種類を買い付け、越冬後半といえども大量の在庫がドームの冷凍庫に備蓄されていた。ついでに親子丼用の、冷凍状態でも溶き卵状に解凍される「凍結全卵丼用」のパックも大量に持ち帰ってもらうことにした。

越冬開始の頃は「足りなくなったらどうしよう」と強迫観念にとりつかれ、米の一粒でも確保しておきたくなり、「しらせ」からくれるものでも、物もらいのごとく、がめつく・せこくキープしたが、先が見えてきた安心感と久しぶりに他の人類の顔を拝めるうれしさの相乗効果から、金額にすると一〇〇万円以上もパーッとやってしまうのだから人間の心理とはおもしろいものだ。

ちなみに、日本に戻ってきた現在、この「大盤振る舞いおやじ」はどこかに行ってしまい、「煙草《たばこ》も人にやりたくないケチおやじ」にすっかり戻ってしまった。

平沢隊員誕生会

一九九七年九月二九日、「平沢隊員」三七歳の誕生会が開かれた。毎回の恒例で、誕生日の隊員からは好きなもののリクエストを取り、なるべく希望に添ったものに仕上げることにしている。過去には蟹《かに》・蟹・蟹・蟹とか北海道の魚の高い奴《やつ》とか、日本での経済状態が偲《しの》ばれるようなリクエストもあった。

当の平沢隊員のリクエストはと言えば、「いつものように大皿にどか盛りはしないで人に盗《と》られる心配のないように、一人ずつ皿に盛り、どの皿も高いものを必ず入れること。それとないとは思うけど、栗《くり》御飯が食べたい……ないでしょうねえ」とふってきた。当直の皿洗いが大変なので、小盛りはせず大皿ドカンはそのままにして、そ

平沢隊員

の他のリクエストは採用した。絶対ないと思われていた「栗」だが、業者さんにマニアックと嫌がられた「今回の調達作業」。もとより栗を忘れるわけがない。実はこの栗、極地研の近くの何とか公園から、出港前に密かに竹竿《たけざお》を持って「がめた」というか「断らないで頂戴《ちょうだい》した」というか、とにかく小学生の頃にスイカを畑からかっぱらって以来のスリルを味わいながら、調達してきた苦労の一品だった。

　スイカ泥棒のときは、農家のおじさんに見つかって追いかけられ、肥溜《こえだ》めに足を突っ込んで、たんぼでよく足を洗ったにもかかわらず、あまりの臭さにばれてしまった。今の東京都板橋区に「肥溜め」があるわけもなく、悲惨な経験をせずにすんだが、それでも私は根は真面目な公務員と思っている。見つかったときの言い訳の二〜三種類は用意していた。

とにかく苦労して調達した「冷凍ゆで栗」の出番が、ついにやってきた。誕生日当日、昭和基地から祝電が届き、わが家族からもなぜか祝電が届いたが、平沢隊員の奥様を始め、家族からの祝電が届くことはなかった。「心で通じ合っていますから、いいんです」と顔で笑っていたが、きっと心の中では大雨が降っていたのだろう。

そしてメニューは、

・平目のパイ皮包み焼き　ソース・ド・タルタル
・鯛《たい》の薩摩《さつま》揚げとすっぽんの唐揚げ
・舌平目のガランティーヌ　クリームソース
・ハムとスモークサーモンの盛り合わせ
・栗御飯
・伊勢《いせ》エビのリヨネーズ
・肉まん・桃まん

といつものように食べきれないくらいの量を並べた。

飲んで怒って笑って泣いて

昭和補給隊出発

一九九七年一〇月七日、昭和基地から一六km離れた内陸「S16」から燃料他物資の補給のため「昭和補給隊」が出発した。総行程往復二〇〇〇km。ドーム越冬隊は着けば終わりだったが、補給隊はまた昭和基地まで戻らなければならない。しかも雪面はコンクリート状にガチガチに固まった表層と、グラニュー糖のようにさらさらの軟雪面が繰り返す超悪路が、延々と続いている。

昭和基地の温暖地帯（？）で過ごしてきた体には、骨身にしみる難行苦行の連続であろう。ドーム越冬隊にとってはしばらくぶりに見る下界の人だ。しばらくぶりに逢《あ》う恋人のように、いやそれよりもずっとストレートに、早く逢いたくて逢いたくてたまらない。自然にソワソワ浮き浮き気分が高揚してくるのが感じられる。

現実には一日五〇kmくらいしか走行できないのだから、まだ九五〇kmも遠くにいるのだが、それでも足音と、雪上車のキャタピラーの音がどこからともなく聞こえてくるような気がした。補給隊昭和基地出発。この一報で確かにドーム基地の空気が変わった。体感できる気温とか、その他の自然条件よりもこの知らせは、長く・つらく・寂しく・暗く・そして寒かった冬の季節の終わりを告げてくれた。

冬の終わり……。これは同時に終わりに近づいてきた越冬生活、そして日本が近づいてきたことの何よりも強い証《あかし》であった。うれしさ。確かに帰れるというのは、それのみを目標にしてきたと言っても過言ではない越冬隊員たちにとって、凄《すさ》まじいほどの「心の歓喜」をもたらしてはくれた。が、それと同時に何とも言えない寂しさ・悲しさが、心をサッとよぎったことも事実だった。

昭和補給隊が苦労しながらも確実に距離を刻み、ドーム基地に近づきつつある一〇月一八日、川村隊員の誕生会が開かれた。貴重なドームのバイプレーヤーとして雪氷のアシスタント・庶務をテキパキとこなし、どんなことを頼んでも「まかしといてくんなはれ」の一言で腰も軽く動いてくれる、さわやか兄ちゃん、川村隊員。余談だが、この兄ちゃん、ロン毛と怪しい中国人のようなちょび髭《ひげ》の形態のままオーストラリアまで行ってしまい、愛妻のふみこちゃんと再会。観測隊主催で、ゴールドコーストのレストランを貸し切り、「結婚披露パーティー」をすることになるのだが、白いタキシードと首から上があまりにもあわなかったせいか、子どもたちから「エッチのす

け」と呼ばれることになる。

　さて、話は誕生会に戻る。例によって、シェフが私で、サブシェフは盆。リクエストをとったところ、「高いフルコースで出てくる、小さくてやたら柔らかい牛肉をベーコンでぐるぐる巻きにしたやつを、たくさん・たくさん・たくさん食べたーい」とのご注文。

「ステーク・ア・ラ・トルネードね……。肉料理としてはスタンダードだけど、流行遅れじゃないの？」と思ったけど、兄ちゃんのつぶらな瞳《ひとみ》を見ると、とても口に出しては言えなかった。とっておきの肉を使うことにして、盆と一緒に世界一の広さと低温を誇る冷凍庫へ。段ボールをガサゴソやって、「宮内庁御《くないちょうご》用達《ようたし》中央畜産御推薦松阪牛ヒレ肉六kg肉塊」を発掘した。

　これは調達の段階で、見積りを取ってもらったところ、なんと六kg二〇万円と記載されているのを見て、目の玉どころか脳味噌《のうみそ》から内臓まで飛び出しそうになって、あわててキャンセルの電話を入れたが、もう発注済みだった代物《しろもの》。営業のおじさんに「この芸術品のような肉を探し出すのにどれほど苦労したか……」と泣きつかれ、強引にキャンセルしたら絶対この人に刺されると思い、泣く泣く購入してきた二塊のうちの一つだった。

マイナス六〇℃の冷凍庫内でも「宮内庁御用達中央畜産御推薦松阪牛ヒレ肉六kg肉塊」は「どうだ高くてうまそうだろー」と絶対に他を圧して、威張っていた。たかが肉のくせに生意気な。とにかくステーキは盆が鉄板で焼くことにして、川村隊員誕生会メニューは、

・ステーク・ア・ラ・トルネード　マデラソース
・虹鱒《にじます》のムニエル　アーモンドソース
・ムール貝　リヨネーズ
・鯛《たい》の一匹まんま姿揚げ凄《すご》いだろフライ
・チキンガランティーヌ　オレンジソース
・カツオとロブスターのシーフードサラダ

・ミニオムレツ
・レアチーズケーキ

となった。

概算して総額約五〇万円!!　のおそらく今までで最高の原価だったこの食材も、いつものように豪快に隊員の胃袋に消えていった。なお「超高級ステーキ」は、それに行き着くまでにみんなの胃袋が爆発寸前になって大半が余り、次の日の昼食に「個人で作るサッポロ一番みそラーメン」の具としてその数奇な一生を終えた。

昭和補給隊が着々とドームに近づいて来たある日。福田ドクターが越冬中最高の泥《でい》酔《すい》状態に突入した。事の発端は夕食だった。オーブンで焼き上げたベイクドポテトの上に一口サイズのさいころステーキを敷き詰め、その上にホウレンソウのソテーやニンジンのグラッセなどを彩《いろど》りよく散らしたのをメインとして出したが、この料理にはこれと言った名前がなかった。

当直の川村兄ちゃんに「あの牛の料理、なんて名前ですか?」と聞かれたが、名前がないのだからちょっと困った。「野菜ごっちゃらこ盛りさいころステーキでいいんじゃないのー」といい加減に答えたが、真面目《まじめ》な兄ちゃん、それでは納得しなかった。

「そんな名前じゃまずそうなので何か考えまひょ。そうだ、畑のもの一杯使っていたから、一口ステーキ百姓風ってのはどないでっしゃろ?」

この一言がそばで聞いていたドクターの笑い神経(?)を強烈に刺激した。

「はははははははははははははははははは!! 私は別に農家の人に偏見を持っているわけでもなんでもないんだけど、その言い回しがさ、おかしくて、はははははははは」。このハイテンションのまま、食後に開店したBAR「ピンクのえてこう」まで持ち越され、「その言い方がサー、はははははははは」の言葉と共に、ウィスキー・焼酎《しょうちゅう》・日本酒・コアントロー・ガメリタンスク・紹興酒・ブルーキュラソー・ペパーミントと、見ただけで顔が黄緑になりそうな種々様々の酒を飲みまくった。

一時間ほどこの状態が続き、やがてドクター、ふっとみんなの前から消えうせた。寝たのかなぐらいに考えていたが、三〇分ほどしてまたまたドクターの大声が廊下に響き渡った。

「今サー、日本に電話してるから、誰か出ない? 俺の女房と話せるヨー」

酔うとやたらに家に電話をかけまくり、まだしらふの奥方と話させたがるオヤジはよく見かけるが、福田ドクター、これを衛星電話で日本から一万五〇〇〇㎞も離れたドームでやってしまった。三分間一六〇〇円だから……。おそるおそる受話器に耳をあてると「お父さん、もういい加減にしなさい!! 切っちゃうよ、ほんとに……」と遠く離れても、夫を気づかうやさしい奥様の怒声が流れてきた。「すみません、もう寝かしますから……」と電話を切ったのだが、ドクター、もうすでにこの場所からはいなくなっていた。

将来の姿が浮かんでくるような、徘徊《はいかい》が始まった。狭い基地だから行くところは限られているが、それでも凄いスピードであちこち顔を出しては愛嬌《あいきょう》を振りまいている。結局この騒ぎは朝の三時まで続いた。

翌朝一一：〇〇頃にたたき起こしたが、本人まったく記憶がないようで、「気持ち悪いのだけど、みんな私に何を飲ませたのかしら？ 私は本来あまり無茶飲みはしないんだけど、ブツブツブツ」。この後、越冬終了まで「徘徊オヤジ事件」は二回ほどあったが、これ以上ばらすと日本から優秀な「麻酔医」が一人消えるきっかけにならないとも限らないので打ち止めということで……。

ドック泥酔に続き、今度は盆がダウンした。BARでいつものように軽く寝酒をやった後「さて寝ましょう」と思ったら、急に吐き気がこみ上げてきたのだとか。発電棟の簡易トイレに行ってみると、盆がまん丸い尻《しり》を外につきだし盛大に吐きまくって

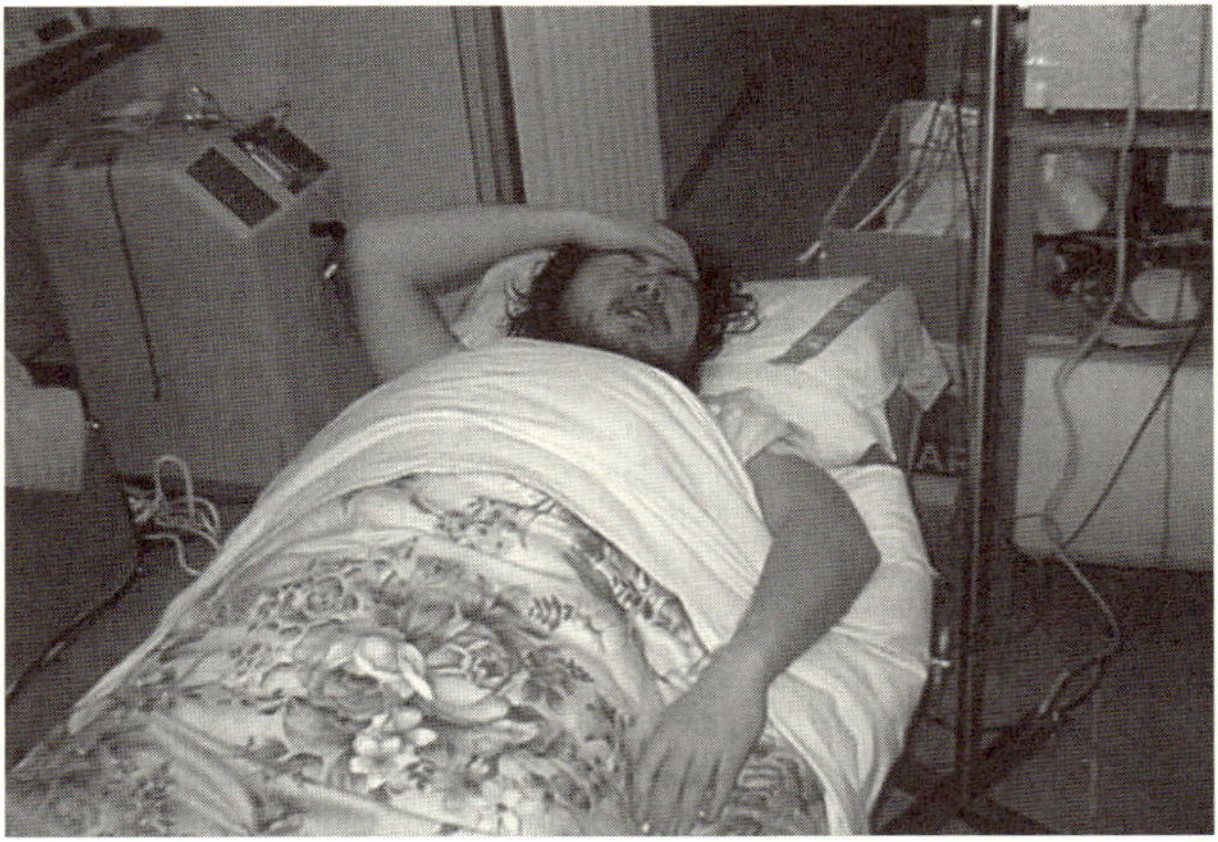

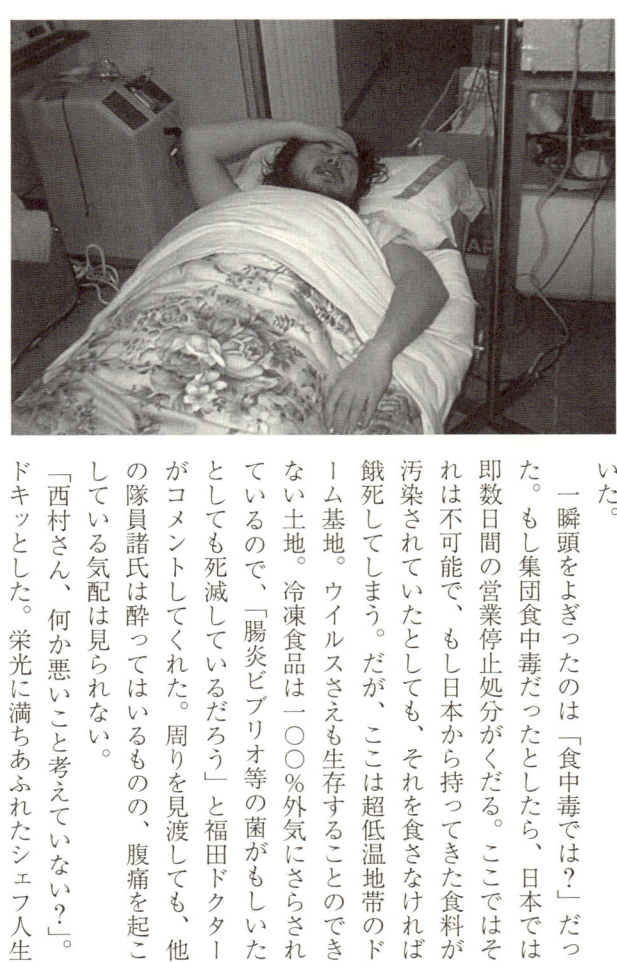

いた。
一瞬頭をよぎったのは「食中毒では？」だった。もし集団食中毒だったとしたら、日本では即数日間の営業停止処分がくだる。ここではそれは不可能で、もし日本から持ってきた食料が汚染されていたとしても、それを食さなければ餓死してしまう。だが、ここは超低温地帯のドーム基地。ウイルスさえも生存することのできない土地。冷凍食品は一〇〇％外気にさらされているので、「腸炎ビブリオ等の菌がもしいたとしても死滅しているだろう」と福田ドクターがコメントしてくれた。周りを見渡しても、他の隊員諸氏は酔ってはいるものの、腹痛を起こしている気配は見られない。
「西村さん、何か悪いこと考えていない？」。ドキッとした。栄光に満ちあふれたシェフ人生を食中毒なんかで汚《けが》したくはない。「いっそ盆、証拠隠滅で始末してやろか……」と心の中にわき上がってきた黒い陰謀を、ドクターに見事見破られた。「西平盆」九死に一生を得た。とにかく食中毒は闇《やみ》の彼方《かなた》にめでたく去り、次の日からはドームのICU、普通に言えばドクターの居室兼診療所兼事務室で治療が行われた。

治療法は「点滴と酸素濃縮空気の吸飲」。疲れ・低酸素症等に有効な治療法である。福田ドクターの公式見解は「疲労からくる低酸素症及び脱力症」。手っ取り早く言えば、「酒の飲み過ぎからくる自家中毒」だった。私の心を乱した罰に「紙パック入り月桂冠《げっけいかん》」を点滴パックと入れ替えてやろうと思ったが、それをやると盆は「確実に死ぬ」と言われたので、あきらめた。が、ホント少しくらいは入れてみたかった。

昭和補給隊到着

一九九七年一〇月二八日、待ちに待った「昭和補給隊」がドーム基地に到着した。まだ春浅い南極大雪原を一〇〇〇㎞も走破して、天国に一番近い基地と呼ばれる南極の奥地「ドームふじ観測拠点」に遂《つい》に到着した。山内越冬隊長他七名、総勢八名のパ

ーティー。

前日はドーム基地から約二〇km離れた、MD710と呼ばれる地点でキャンプを張り、満を持してドームに現れた。昼頃から地平線になびく雪上車の排気煙が視認され、やがて地響きのようにキャタピラーの振動音が伝わってきた。一三：三〇、小さかった点がだんだん形をなしてきて、それが雪上車コンボイとわかる形になってきたのが一四：〇〇ちょうどだった。

久しぶりに見るなつかしい顔・顔・顔……。ほんとにうれしい抱擁・挨拶《あいさつ》・笑いの後、まずはコーヒーブレイクのため、手持ちの荷物だけ持って基地に入ってもらうことにした。ふっと気づくと昭和部隊が遅れていることに気がついた。普通に歩いているはずなのに、みんなが遅れてしまう。おまけにみんなの息づかいがハーハー、ゼーゼー。

ここは標高三八〇〇mで酸素の量も平地より二〇％少ないことを思い出した。思えば、我々ドームの住人もここに着いたばかりのとき、似たような状態だったのだ。人間というものはずいぶん環境に順応できる生物だ、と変に感心した。喘息《ぜんそく》患者をいたわるごとく、歩調をあわせ基地内へ。

一休み後、数グループに分かれて基地ツアーへとご案内したが、昭和基地と比べて大自然のまっただ中というか、原始的というか、ともかくあまりの環境の凄まじさに一同度肝を抜かれたご様子。一風呂《ひとふろ》浴びてもらった後、さっそく大歓迎会が盛大に挙行された。なにしろ久しぶりの大人数、総勢一七名。料理人も勘が狂ったせいか、食べきれないほどの量を皿に盛り上げてしまった。

そしてメニューだが、

・コールドビーフ三色のソース
・小エビのムース入りパイ
・スモークサーモンとキャビアの寿司《すし》ケーキ
・ドーム産フレッシュレタスとフォワグラサラダ　鯛の身薩摩《さつま》揚げ

・帆立のテリーヌアスピック添え
・イカのネギ和《あ》え
・殻付き帆立貝の清蒸
・はも・帆立・イカの梅ソース
・シーフードグリルサフランライス添え
・舌平目のムニエル　クリームソース
・ドームにかかるオーロラ　雪マリモ付きトッピングフラッペ店長できないべSP

と量だけは日本一（？）の宴会となった。

三七次隊がドームを引き上げて以来の大人数の宴会は大いに盛り上がり、夜遅く、いや朝早くまで続いた。翌日は午前中だけ休みとなった。食堂は椅子《いす》とテーブルが片づけられ、「一見大家族用正統和風作り」に模様替えされている。これは大人数用にと、大量に余っている「月桂冠パック」の段ボールを台にし、その上にベニヤ板をのせてテーブルクロスをかけたものだ。

私は同じ海上保安庁から派遣されている通信担当のターミーこと田中結隊員と酒を

酌《く》み交わし、そのまま沈没してしまった。でかい声で語り合い、笑いあったせいか二日酔いにはなっていない。眠い目をこすりながら、朝食兼昼食の支度に取りかかった。

メニューは、

・炊《た》き立ての御飯と温かい味噌汁
・アジの開き
・硬派の卵焼き（バター醤油《しょうゆ》味）
・納豆
・漬け物、佃煮《つくだに》

と日本の家庭の正しい朝食にした。

みんなの食欲は旺盛《おうせい》で二回も電気圧力炊飯器のスイッチを入れることになった。みんなの腹が満たされたところで「昼寝タイム」……となれば、めでたしめでたし。だが、そうは問屋が卸さない。

この日午後から行った作業は、

・燃料ドラム缶そりおろし作業（一〇〇本以上）
・穴あきドラム缶燃料の入れ替え
・昭和基地からの補給品受け取り
・装備、医療、観測、食料各部門
・昭和基地から雪上車のプロをリーダーに車両整備作業

と盛りだくさんだった。

低酸素状態での作業は、ドーム越冬隊は慣れているが、昭和部隊にはさぞつらい作業だったろう。それでも弱音を吐く隊員は一人もおらず、無事作業は終了した。夕食はドーム恒例、マイナス三五℃といささか暖かかったが、外でのジンギスカンパーティーを行った。

本日はご苦労様でした。

三日目も朝から盛りだくさんの肉体労働が続いた。昼食は福田ドクター特製のカレーライス。スパイスをたくさん使った香り高いカレーは大好評を持って迎えられたが、本日のメインは「昭和基地　寿司割烹《かっぽう》喜多田ドーム支店　開業」である。本来は昭和基地調理担当・北田隊員が日本にいるときの専門を生かし、不定期に昭和のBARで開店し、大好評を博していた「御寿司屋さん」だったが、それを本日ドーム基地で臨時営業してくれることになった。食堂を店舗に仕立てて、お品書きもずらりと並び、カウンターをしつらえると、どうしてどうして、立派な御寿司屋さんが出現した。

今日はドーム越冬隊員全員お客様で招待を受ける。BARでアペリチフを飲みながらひたすら席の空くのを待ち続けた。やっと順番が来て、一歩足を踏み入れると懐《なつ》かしい御寿司屋さん特有の酢飯と海苔《のり》の香りがプーンと漂っていた。福田ドクターは「ナースたちとサー、寿司屋に行くと、あー、やっぱり今日は俺が払わなければならないなぁ……なんて思いながら食ってるんだけど、今日みたいに全部タダだとわかってたら、なんとなくスリルがないというかあまり食べられないというか……」と言いながら空席待ちの林隊員から「もういい加減に食べるのやめたら」とチェックが入るほど食いまくっていた。

ただ、またまた余談ではあるが、帰国直後、成田空港近くの「東急ホテル」で軽く寿司をつまみに行って三万四〇〇〇円の請求書を出され、後で密《ひそ》かに怒り狂っていたのを私は知っている。輸送コストだけ見ても、おそらく世界一高い寿司をたらふく食べるという思いがけない贅沢《ぜいたく》を味わい、ドーム越冬隊一同、満足、満足、大満足の一夜だった。

大量の越冬物資の交換、観測共同作業、寿司店開業、共同雪入れ、マイナス五〇℃での露天風呂、野外ジンギスカンパーティー、そしてたくさんのたくさんのお喋《しゃべ》り。どこにそんな話題があったのだろうと思うほど、話の種が次から次へと湧《わ》いてきた。その夢のような六日間も過ぎ去り、いよいよ昭和基地へ向けての帰路につく前日を迎えることとなった。

本日の夕食は、私と北田隊員の共作パーティーメニュー豪華組み合わせとなった。林隊員と昭和機械担当・関口隊員の誕生会も併せて実施することになった。

共作メニューは、

・鯛と平目の舞踊りお造り花咲蟹《はなさきがに》添え
・マグロの鉄火巻き飾り巻き
（以上　北田隊員）
・きんき・カレイ・イカの焼き物盛り合わせ　わたり蟹の揚げ物チリソース
（以上　私）

と明らかに私の手抜きメニューとなった。

特製チーズケーキのカットが行われ、関口隊員にはプレゼントとして「ドームの周辺の土地三〇〇万坪」が贈呈された。「不動産原本」が贈られたが、帰国後法務局に届け出を出したかどうかは定かではない。パーティーは深夜まで続き、明日にせまった「別れの日」を忘れるように飲み、かつ語り合った。

昭和補給隊との別れ

一九九七年一一月三日、「昭和補給隊」が昭和基地への帰路につく。たくさんの笑いと、人に出会う喜びと友情と貴重な補給物資を運んで来てくれた仲間たちが去っていく日が、ついに来てしまった。「昭和補給隊メンバー」を紹介しよう。

【山内隊長】三八次南極観測隊総隊長である。あだ名は「殿下」。上品さと優しさで観測隊を包み込んでくれている人物。

【東隊員】京都大学から参加の地磁気の専門家。ご高齢のため帰りは骨になって戻ると見られたが、元気いっぱい最後まで笑い声が基地中に響き渡っていた。親善麻雀《マージャン》大会で、勝負師の資質で冷酷に役満をあがったのもこの人。

【竹内隊員】山梨大学から参加のオーロラの専門家。時期的にもうオーロラは出ないので、今回の旅行中はもっぱら観測や調理のアシスタントとしてご活躍。温厚な人柄は補給隊の貴重な潤滑剤となったようである。あだ名は「たけちゃん」。

【木津隊員】気象庁から参加。ジムで鍛えた屈強な体力で、定常観測を黙々とこなした。「寿司割烹　喜多田」の脇板《わきいた》としても活躍。あだ名は「きーちゃん」。

【関口隊員】大原鉄工所から参加の雪上車のプロ。夏旅行でもサポート隊で参加。ドームは二回目の登場。どんなときでも落ちなかった旺盛な食欲は、見る人を幸せな気分にしてくれた。あだ名は「セッキー」。

【田中隊員】海上保安庁から参加の通信担当。我々がドームに出発するとき無線で「北の国から」を熱唱し、感動のプレゼントをくれた人である。海の機動隊「特警隊」出身の頑健な体から、ターミネーターならぬターミーと呼ばれる。

【小関隊員】機械担当で頭を似合わない茶髪にしたため「チャパ」と呼ばれる。優しい人柄で観測隊員の「いやし君」として貴重な存在。

【北田隊員】調理担当。和食の板前さん。あだ名は「店長」。あくの強いキャラクターは隊員間に笑いと、そして嵐《あらし》をもたらす。給料明細を見比べて「国家公務員は給料が

高い!! 訴えてやる!!」といつも言っていた。
以上八名が次々と雪上車に乗り組み、出発のクラクションが鳴らされ、夕刻の地吹雪舞う「ドーム基地」を次々に出発していった。たけちゃんが泣いている。ターミーが泣いている。店長が泣いている。
そして、ドーム隊員は……笑っていた。
「昭和補給隊」は大きなオペレーションの半ばを成し遂げ、この辺境の地で暮らしてきた仲間のことを想《おも》い、そしてまた置き去りにするすまなさなどが交錯して、頬を伝う涙になったのであろう。が、それを見送る我々は、別れる悲しさ、寂しさよりも、ようやく終わった長い冬、そしてやっと最後が見えてきた越冬生活に対する達成感が胸の中から湧き上がってきて、三七次隊がここを後にしたような寂しさはなかった。

ハイになっていたのである。

涙・涙の「昭和補給隊」は、笑顔で見送る「ドーム越冬隊」の見送りを受けて地平線の彼方《かなた》に消えていった。

そして私たちは、また九名になった。

しらせ、出港

一九九七年一一月一四日。「第三九次南極地域観測隊」を乗せた「しらせ」が晴海《はるみ》埠頭《ふとう》を出港した。いよいよ日本が近づいてくる。家族からの手紙や写真、新しいビデオや本。ドームには関係ないが、生鮮野菜、そして大量の人類を乗せて、「しらせ」が出港した。と言ってもドームの生活は変わらず、淡々と、観測作業、そして生きるための作業が続いていた。

「三九次隊に女の子がいるんだってさー」

「へえー、越冬して大丈夫なんかい？」

「それなりの顔と性格してるの連れてくるんじゃないの」

と日本で言えば明らかにセクハラ発言が取り交わされていたが、「ここは地の果てドーム基地」。今となってはもう時効。

正直この日は新しい隊を想って密かにエールを送る……どころではなかった。当直者が造水槽循環ポンプのスイッチを入れ忘れてしまい、循環水が凍結してしまったのだ。当然温度はぐんぐん下がり、そのままだったら戒名が全員についてしまうところだったが、命が危ないと必死になるのは人間の常。みんないろいろのアイデアを出し、なんとか夕刻には解凍作業に成功した。この日の夕食は一年前の出港日、「しらせ」で出された第一食「赤飯弁当」を思い出して、再現した。隊員諸氏、出港のＦＡＸよりこちらの方がうれしそうであった。

なお、ポンプ凍結の罪滅ぼしというか、当事者の通信担当隊員（一人しかいない）からインマル電話の裏技のご教授があった。インマル電話をかけて相手が留守番電話だったら、メッセージを入れずに無言で切ると料金はかからない、とオペレーターのお姉さまが教えてくれたとか。今となってはどうでもいいが……。

一一月一九日、「しらせ」と「昭和基地」間の定時交信の様子がドームでも聞き取れた。まだ数千キロの彼方だが、着実に南極に近づいているのが感じられた瞬間だった。一一月三日に涙・涙で旅立っていった「昭和補給隊」も無事出発地点のＳ16に到

着し、今日は久しぶりに温泉のような昭和基地の風呂《ふろ》で、旅の疲れを癒《いや》していることだろう。
気温はマイナス三五℃ながら、太陽の光がぽかぽかと暖かく、まるで春のようだった。春真っ盛りと言っても、ここにはサラサラ流れる小川はなく、スミレやレンゲやタンポポも咲いておらず、白一色の雪原が広がっているだけ。でも、この無愛想な景色の中にも、どこかしら優しさが加わったようで、Tシャツ一丁で昼寝としゃれ込んでみたかった。が、たちまち「汚いオヤジ丸ごと冷凍死体」が完成してしまうのが目に見えていたので、〇・五秒でその考えは没にした。
昼近くになると気温はぐんぐん上がり、なんと越冬史上最高のマイナス二五℃を記録。川村の兄ちゃんはそのカリンコリンの体にもかかわらず、Tシャツと短パン姿で基地内を移動していた。それを見て、なんとなく自分も暑く感じられ、下は羽毛服、上はTシャツの季節不明姿で「カチンコチンドーム」の整理作業を行ったが、出てきた汗がたちまち凍り付き、肌がじゃりじゃりしてきた。肌荒れになると困るので、やむをえず上も羽毛服を着用した。

この好天の機会をとらえ、間近にせまってきた観測旅行の用意を一気に進めることにした。この日頑張ってやった外作業を列挙すれば、

・コア（三七次隊まで掘っていた地底の氷）——避難小屋からブチル庫までの搬送作業
・竹竿《たけざお》運搬（スノーモービルにて）
・観測旅行用燃料ぞり整備
・燃料庫へJP5（航空燃料——ここでは灯油の代わりとして使用）搬入
・浅層掘削用機械そり積み
・電子レンジを一〇六号車に設置
・一〇三号車油漏れチェック
・GPSゾンデ放球

・オレンジ御殿除雪

そして最後に、福田ドクター特製「ドックカレー」の仕込みのスーパーバイザー。忙しかった一日の幕がやっと降りた。

春の観測旅行

一一月二二日、観測旅行に出発。メンバーは本山隊員をリーダーに、佐藤・平沢・西村の総勢四名。雪上車二台に分乗しての旅立ちである。この旅行は二回予定されており、いずれも雪氷の観測が目的だった。詳しいルートなどは省略するが、ドームの周辺約数百㎞を走破し、その間ＧＰＳによるルートの再測定・一〇〇本雪尺・三ｍピットなどが予定されている。

天気は快晴。私と平沢隊員が乗車する一〇六号車は回転数は順調だが、水温がすぐ一〇〇℃に達するのが気になる。しかし、機械担当・佐藤隊員の「だいじょーぶだと思いマース」というコメントを信用して、なるべくナナメから水温計を見ることにした。こうすると九八・五℃くらいに見えないこともない。

雪上車のトラブルはともかく、久しぶりに基地の外に出るのはいかにも快適で、胸の中がどんどん軽くなってくるのが感じられた。

最初はルートの再設定から始まった。過去の隊が天測などで位置を出し、竹竿を道しるべにしているが、ハイテクマシンGPSで測定してみると、最低で五m、最高で二㎞ものずれがあることがわかった。今回は数字的には正しいルートを新しく作ることはせず、先人に敬意を表して竹竿を新しく立て直し、位置のずれを修正して地図に記入することにした。しかし、古い竹竿は雪面に一〇㎝くらいしか頭を出していない地点も多々ある。近くまで行って双眼鏡で探しても結局見つからず、停滞することもあった。

そんなとき威力を発揮したのが、本山隊員の超能力と言っても過言ではない眼力だった。

佐藤隊員曰《いわ》く「もとさんが双眼鏡でポイントを探しているときに横から見ると、目が飛び出していた」。たぶん日本で目にレドームをねじこんできたのだろう。キャンプ地に入ると、通信も兼任していた私は、食事の準備を本山隊員か平沢隊員にお願いして、すぐＨＦアンテナの設置に取りかかった。

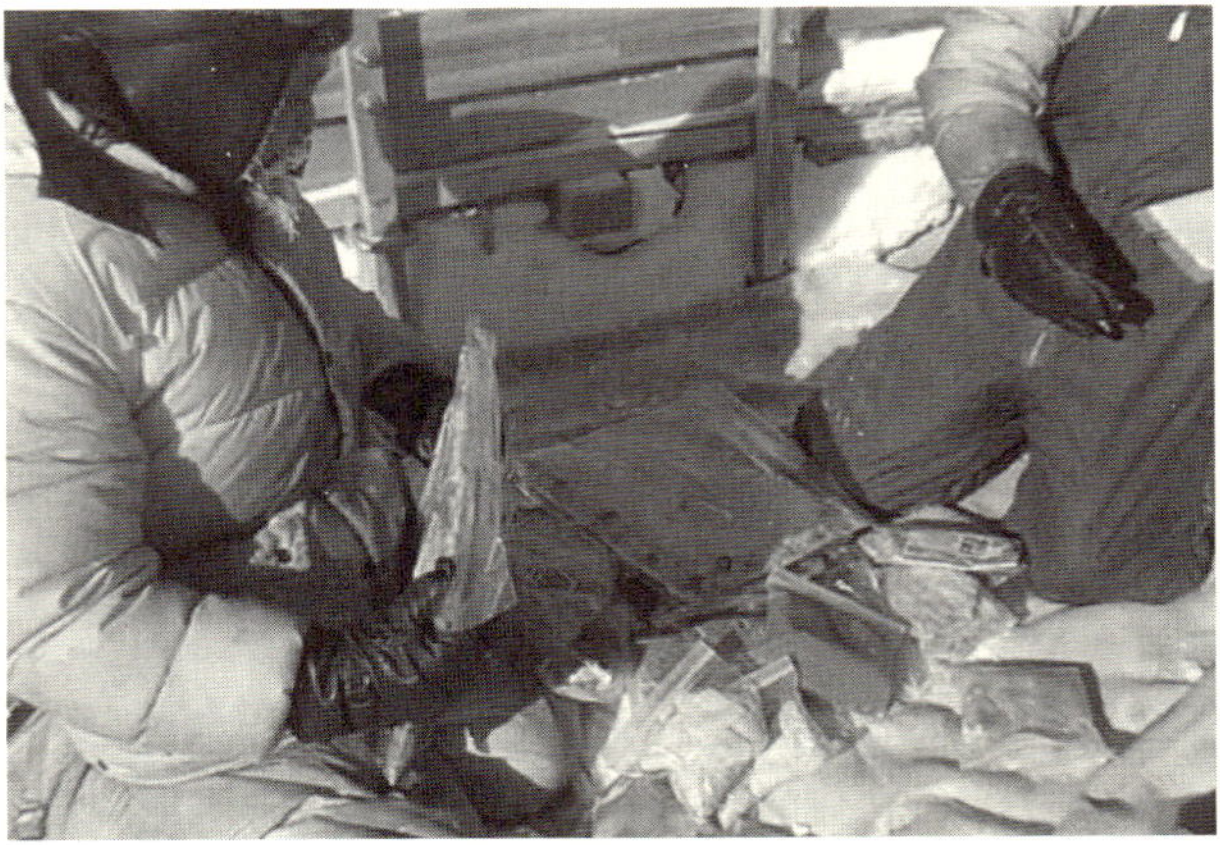

食材はほとんど基地でレーションにし、冷凍で持ってきているので、電子レンジでチンするだけで温かい食事にありつくことができる。三〇分くらいで宴会を開けるのだから「しらせ」からもらってきた食料を調理していた夏旅行と比べると、雲泥《うんでい》の差である。

定時連絡はとても楽しく、ドーム基地との電波の状態が悪いときは、昭和基地が中継に入ってくれる。数分で終わるはずの予定が一時間以上喋《しゃべ》ってしまうこともしばしばであった。昭和補給隊のなつかしいメンバーもしばしば登場し、ドーム旅行の想い出で盛り上がった。ドームから数百km離れ、昭和基地からも一四〇〇～一五〇〇kmの距離を考えると、札幌と名古屋ぐらいの距離で話していることになる。しかし、感覚的には車で数分くらいの距離に感じられた。

六日間の慰安旅行（？）もアッという間に過ぎ去り、一一月二七日にドーム基地に帰還した。旅行中は毎日ぽかぽかと気持ちよく、「こんな旅なら二年くらいやってもいいなあ」と思っていたが、基地に戻るとなると話はまた別。長い航海を終えて帰路につく気分になっている自分に気がついた。

最終日ともなると雪上車のスピードも無意識に上がり、二〇kmオーバーになることもしばしば。この速度は車に比べるとかたつむりの歩みのように思えるが、キャタピラーをつけた一〇トン車が同じくらいの荷物を引っ張って突き進むことを考えると、これはもう凄《すさ》まじいオーバースピードである。推奨速力は五〜一〇kmなので、設計者が聞くと立ちくらみを起こすほどの速度違反で基地を目指した。

やがて地平線の向こうになつかしいわが家「大雪原の小さな家」が見えてきた。近距離用のVHF無線機にも明瞭《めいりよう》に基地の声が伝わってきた。なにやらあわてているご様子。後で聞いたところでは、夕方の到着を見越していたので、帰着祝いのパーティー料理の段取りが全然できていなかったとか。

「ちょっとお待ちください」で一五分以上の沈黙があったのは、みんなで本日のメイン料理「餃子《ぎようざ》」を、泣きながら包んでいたからと後でわかった。留守番部隊五名のお迎えを受けて、一六：〇〇無事基地到着。さっそく一風呂浴びて旅の疲れを落とした。

久しぶりに浴びる温かいお湯よりも、みんながあせって包んだ餃子の方が温かく、胃袋はもちろん心にも染《し》み込んできて、あやうく涙がこぼれそうになった。この日留守部隊が作ってくれたおいしい夕食のメニューは、

・餃子（二〇〇個以上）
・肉まん・あんまん・桃まん
・ちんげんさいと帆立貝のあんかけ
・絹さやとベーコンの炒《いた》め物
・エビすり身の中華スープ

真心のこもった素晴らしい夕食でした。ごちそうさまー!!

一二月だ

一二月に入ってすぐ、昭和基地から病人が発生したとの知らせが入ってきた。詳し

い病名などは「尿が出なくなった」以外は不明だったが、福田ドクターの見立てによると、「とにかく人間、入るところと出るところのトラブルが一番怖い。最低でも昭和基地での治癒《ちゆ》は望み薄だと思うから、なんらかの手段で日本に早期帰国させるのが望ましい」との見解だった。

「しらせ」はまだオーストラリアのフリーマントルに停泊中だし、これと言った大きなトラブルもなく過ごしてきた三八次隊だが、終盤にきてにわかに緊張度が高まってきた。幸いドーム越冬隊は、外見こそホームレスよりも汚い状態の人と、アルコール依存症と、過食に悩んでいる人はいるものの、総じてみな元気いっぱいだった。

占星術と天のお告げにより、昼まで睡眠を取ることになった某機械隊員を除いて、朝から第二次観測旅行に備えての、レーションの積み込みおよび整理を手空《てす》き総員で行った。今回私は留守番だが、あの透き通るような爽快感《そうかいかん》と高揚感が懐《なつ》かしい。ちょっとうらやましかった。午後からは、通信の西平盆隊員が旅行に出るので、その間担当する無線機のレッスンを受ける。昭和基地との定時交信等の喋《しゃべ》る方は、アルコールをちょっと体に入れると、スラスラとできることがわかったが、根が真面目《まじめ》な盆はちょっと渋い顔をしていた。メカニックの方は全然、ぜんぜーん、わからなかった!!

どこかの配線がおかしくなれば、どこかをつなげればいいとまではわかったが、そのどこかがわからない。わかったふりをして、もしやばくなれば昭和基地に電話して代行業務を頼もうと密《ひそ》かに決めた。モールス信号は、思いがけずボーイスカウト時代に覚えていたのでなんとかこなすことができた。何が役に立つかわからないものだが、小学校卒業から三〇年以上経過して「チカトーキ・ルールシュウセイス・ヘ」なんてことをやろうとは……。

使い慣れない頭を使いすぎ、アミノ酸が減ってきたので、夕食は米沢牛のヒレ肉を使い、ドーム名物「掟《おきて》破りの韓国焼き肉」にした。良性のタンパク質を補給しすぎたせいか、夕食後の居酒屋「盆」では、アルコールを摂取したときだけ元気になる佐藤隊員に柄にもなく説教をたれた。

「越冬終盤にさしかかった今、君ははたして胸をはって日本に帰れるか？　いすゞ自動車にメカニックとして大きくなって帰ってきたと言い切れるか？　うだうだだうだ」

自分で喋っていても、昔の青春ドラマのような臭いセリフに、さすがに恥ずかしくなってきた。が、ふと気づくと佐藤隊員、目に涙を溜《た》めてウルウル状態になっていた。言葉だけで人を感動させた記憶はあまりないので、覚えておきたかったが、アルコールぼけした頭では二分三〇秒くらいしかハードディスクに溜めておけず、きれいさっ

ぱり消去されてしまった。

一二月八日、「第二次観測旅行隊」がドーム基地を後にした。メンバーは前回に引き続き本山隊員をリーダーに福田・川村・西平隊員総勢四名。今回は前回ほど距離は走らないが、南緯八〇度付近での浅層掘削の実施と、その付近で一九六〇年代に放棄されたアメリカの前進基地「プラトー基地」の確認が主な目的となっている。

人口の半分近くがいなくなった基地は、急に空間が広くなったような気がした。残った隊員諸氏も人恋しいのか、いつもよりひんぱんに食堂を出たり入ったりしているようだ。午後からは早速、昭和基地との定時交信で無線機の前に陣取った。

「しらせ」は無事にフリーマントルを出港した

ようだ。さらに「昭和基地」には思いがけないゲストが訪れたとか。カナダのAdventure Networkのツインオッター機が飛来し、二〜三日滞在するとの情報だった。例の急病人の搬送もそれを使ってなんとかと検討されているようだが、ここへきて、そんな冒険をおかすかどうか。極地研と文部省のお手並み拝見、といったところだ。

無線で聞けば「世の中は動いているなぁー」と実感できるが、まわりを見渡すと、人口が少なくなったドーム基地と真っ白い大雪原が三六〇度広がっているだけで、体感度は限りなくゼロに近い。あわただしくなっている昭和基地とは対照的にドームの時間はゆっくり、のんびりと流れていた。

またこの日は「しらせ」艦上より、越冬こそしないが、引継ぎで夏期間ドームを訪れる「三九次隊　ドームリーダー山田隊員」より問い合わせのＦＡＸが届いた。

山田隊員は、本山隊員の大先輩で五〇代後半のご高齢の方である。なんでも今回のドーム旅行隊は平均年齢四四・五歳だそうで、あの超スーパーハードな一〇〇〇kmの行程を走破できるのか若干気になる。自己評価で「非常なる弱体チーム」「ゴムが伸びきった余裕が全くないチーム」「疲労困パイの末ドームに着くと思われる」と送ってきた。

こういうチームはえてして、プロフェッショナルが揃《そろ》っていることが多い。「あまり舐《な》めてはこっちがやられる」と人生の裏街道をたっぷり見てきた性格のひねているおじさんは、やや伸びかけたパンツのゴムをちょっとだけ締め直した。

三九次隊、昭和基地に入る

一二月一六日、昭和基地に第一便のヘリコプターが飛んだことが判明した。「いいなー」。「しらせ」から飛ぶ第一便。生鮮野菜、ビール、家族からの手紙、ビデオなどを満載して飛んでくる、日本からの幸せを運んでくるサンタクロース便。次の隊も数人来るが、これよりも何よりも、越冬隊はまずヘリポートで缶ビールのプルキャップを引き抜き、新鮮な炭酸の刺激を楽しみ、その日の夕食は生卵かけ御飯、オニオンスライス、コールスローが食卓をにぎわすこととなる。

三〇次隊のときは、春の建物の補修作業をしていた。本来は手空き総員で行っていたが、この日はたまたま同じ海上保安庁の谷川隊員とパワーファイターで錆《さび》の掻《か》き取り作業をしていたら、どこからともなくほんとにふわふわとタマネギの香りが漂ってきた。

その後数分して、バタバタバタとヘリのローター音が耳に飛び込んできた。超能力・霊視・予知などとは無関係に人生を過ごしてきたが、そのときは本当にタマネギの香りが空間を満たしていた。ともかく一〇〇〇㎞の彼方《かなた》「昭和基地」では、今日を境に次第に人口が増え、建設音が響き渡り、新しいウイルスにより風邪引き患者が発生し、急速に帰国へと進んでいくことになるが、ドームではそれもなんとなく他人事《ひとごと》で、五名でのひっそりとした日常生活が営まれていた。昭和基地の急患はこの後、三九次隊ドクターおよび隊員が東オングル島に入り、物資の陸揚げを行った後、当人と三八次隊・山木戸ドクターが「しらせ」に乗艦。そのまま南アフリカのケープタウンに向かい、そこから空路帰国と決定した。

病人本人は、早期に治療を受けることになったからいいが、一緒に付き添いで帰国してしまう山木戸ドクターは越冬の疲れをいやす暇もなくご帰国とはほんとにご苦労様と思うしかない。

一二日間にわたりドームを留守にしていた「第二次観測旅行隊」が帰ってきた。浅層掘削のサンプリングは五万六四三五mまで掘り進み、貴重な資料を多々採取。また、今は使われていないアメリカの「プラトー基地」は三二mの鉄塔こそ視認できたものの、入り口を発見するまでには至らず、ちょっと残念。建物の屋根が一部露出していたところがあり、福田ドクター、一生懸命掘ったとか。

クリスマスの飾り付けの電飾ライトが建物に巻き付けられていたらしい。ドクター曰《いわ》く「いやー、ああいう辺境の地で、しかもメカニック的に今よりも余裕の無かった六〇年代でさえ、クリスマスを祝うため飾り付け用品を持っていく、アメリカ・USA・ユナイテッドステーツの凄《すご》さというか余裕というか、ユーモアというか、とにかく私は圧倒されました。南極の思想とやら訳のわからないことを、頭の上を通信衛星が飛ぶ現代でさえ唱えている、某国の某研究機関に教えてあげたいような気持ちでしたヨ。とにかくアメリカ凄い!!」。クリスマスの電飾だけでこんなに感動した人は、その後の人生でもまだ現れていない。福田ドクター一人だけである。南極の大自然は「鬼瓦権三《おにがわらごんぞう》」のような人でも瞳《ひとみ》を少年に戻し、気持ちを天使のように洗ってくれたようだ。

それはともかく、帰ってきたら宴会をしなければ……。この日のメニューは「旅行中絶対食べられなかったでしょう」メニューにした。「金ちゃんの誕生会」以来の寿《す》司《し》屋の二階で開く宴会料理を並べさせていただいた。

お品書きは、

・きんきと真鱈《まだら》のちり鍋《なべ》
・造り盛り合わせ（帆立・マグロ・ブリ・紅トロ・牡丹《ぼたん》エビ）
・鶏皮《とりかわ》の煮こごり
・牛たたき　グリーンウエーブ添え
・北寄貝《ほっきがい》とワカメの酢物
・鯛《たい》の塩焼き

久しぶりの顔合わせで、白夜の南極に遅くまで、いや早くまでとにかくずっとみんなの笑い声が続いていた。

クリスマスイブなのに……

ドラム缶を掘り出して、そりに積み、別の場所に並べ替える新しい拷問《ごうもん》、じゃなく作業が延々と続いている。三六次隊のときから外にランダムに放置されていたゴミ・廃油ドラム缶の整理作業である。その数二〇〇本以上!!

気温はマイナス三五℃前後なのだが、羽毛服を着てドラム缶掘り出し作業をやっていると、すぐ汗だらけになってしまう。脱いでTシャツ一丁でやると、最初は快適なのだが、やがてシャツが凍り付き、ばりばりの糊《のり》をつけすぎたYシャツのように硬化してくる。

風の噂《うわさ》では三九次隊はS16を出発し、ドームに向かい始めたらしいが、当面片づけなければならないのはこの半ば埋もれかけたドラム缶の整理作業だ。おまけに今日はイエス・キリスト聖誕祭、早く言えばクリスマスイブ。が、午前中の段階ではそんな気分にとてもなることができなかった。

際限もない作業を延々としていると、腹が立ってくる人と、黙々とこなしていく人が出てくるが、どうやら私は前者のようだ。他人の残したゴミを整理しているとだんだんムカムカしてきた。

娘の言葉を借りると「むかつく」と言う奴《やつ》か。

「きちんと前もって分別して整理していけばなんということもないのに……藤沢所!!　うまくないものばかり作るからこんなに生ゴミばかり出るんだ!!」と何の罪もない三六次と三七次の調理担当隊員まで心の中でののしっていた。

それでも肉体労働が終わると爽《さわ》やかな汗とともにそんな感情はどこかへ飛んでいき、

午後遅くではあるが、ぼちぼちとクリスマス準備を始めた。最初はターキーか北京《ペキン》ダックを焼き上げようと思っていたが、ブルーベリーソースを作るのは面倒だし、北京ダックも水飴《みずあめ》と酢を塗って干しておくのを忘れていたので、「今日は忙しかったからー」で気持ちよく手抜きをすることにした。

ケーキはオーストラリア製の冷凍完成品でごまかし、チキンと舌平目と伊勢《いせ》エビをオーブンでいっぺんに焼き上げ、それぞれグレービー・バター・アメリケーヌの三種のソースをかけてごまかした。いつもは甘すぎて、口の中が〇印になる強烈なオーストラリア製の冷凍ケーキも、外での長時間肉体労働をした体にはそんなにくどくなく、ほのかな甘さだった。

ともかくこの「手抜きイブ」のメニューは、

・ローストチキン　グレービーソース
・ポテト　リヨネーズ
・舌平目のムニエル　バターソース
・伊勢エビのロースト　ソース・ド・アメリケーヌ

と見る人がみればバレバレの内容だったが、ドームの住人は「忙しかったのによく作ったねー」と称賛のエールを送ってくれた。めでたし！　めでたし！

大《おお》晦《み》日《そか》

一九九七年一二月三一日、大晦日。

日本だと正月休暇も真っ盛りで、どことなく活気のある一年の最後の日。だが、ドームでは御用納めも関係なく、いろいろの作業が同時進行していた。まず筆頭にくるのが「基地撤収準備」だった。先発隊と後発隊二隊に分かれ、ドームを後にすることになっていた。先発隊の出発予定日まで、あと二週間余り。「しらせ」がケープタウンから帰ってくるのに合わせて、雪氷部門の大事な資産、「コア」を迅速に輸送しなければならない。

その他、
・基地内、および私物の整理
・基地に残していく物品、消耗品の調査
およびリスト作り（食料部門は早くからこれに取りかかり、五～六名の人数が六カ月は暮らしていける食料があることがわかっていた）。

旅行に備えてのそり作り作業（これは原則として旅行隊が自分で作らなければならない。四名で三〇台余りのそり編成、点検作業を進めたが、これが大変な重労働でしばしば夕食後も残業となった。終わったときは○：○○を回っていることも日常茶飯事だったが、帰国準備ということもあり、アドレナリンがガンガン体内に放出されたのか体のきつさはあったものの精神的な疲れはほとんどなかった）。

盛りだくさんの作業が時間との競争で行われていった。ほんとに人手不足で、昭和基地のように周囲にアザラシやペンギンでもいれば、ロープをつけて荷役人夫として、マジに使いたかった。が、ここにはウイルスもいないのでかなわぬ夢だった。

ともかく今日は大晦日。昼から「ちょっと悪いなあー」と思いながら肉体労働から抜け、基地内に戻ってきた。誰もいないはずの午後のドーム基地内……。目の前をなぜか湯上がりの爽やかな顔で佐藤隊員が横切っていった。

私「何してるの？　みんな外で仕事してるのに」

佐藤「いやー、今日は体の調子が悪くて。車両は午後からだし、ちょっとよくなってきたので風呂に入ったら体調が戻るかと○×▲□」

越冬隊言葉で「自主休業」、公務員用語で「職場放棄」。その場は時間に追われていたので、食堂に戻り大晦日の用意に取りかかった。時間をかける煮物などは、この時期余裕がなかったので短時間でできる火の料理「中華」で年末・年始を過ごしていただくことにした。

そして残業後二〇：〇〇頃から始まった「大晦日スペシャル」は、

・前菜盛り合わせ
・春雨と平目の清湯スープ
・スペアリブの蒸し物
・ロブスターの二色ソース
・鶏の唐揚げ
・鴨《かも》と葱《ねぎ》の中華ピラフ
・肉まん・中華ちまき
・エビシュウマイ
・春巻き
・杏仁《アンニン》豆腐
・林隊員特製、手《て》垢《あか》一杯混入手打ちそば

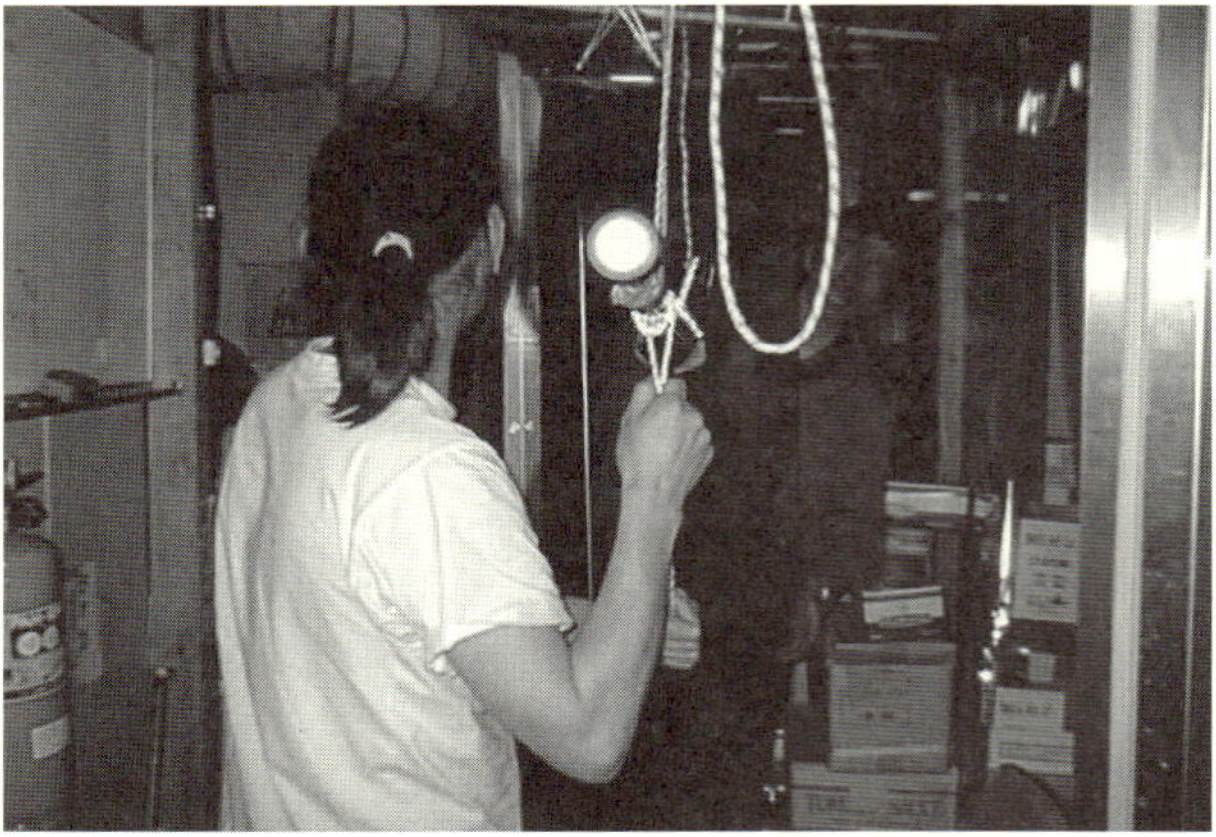

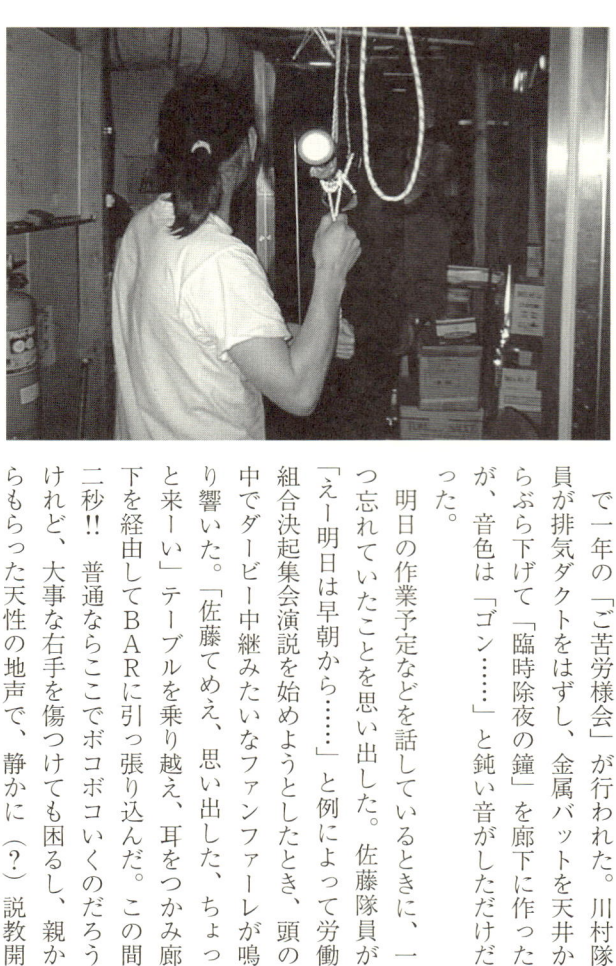

で一年の「ご苦労様会」が行われた。川村隊員が排気ダクトをはずし、金属バットを天井からぶら下げて「臨時除夜の鐘」を廊下に作ったが、音色は「ゴン……」と鈍い音がしただけだった。
明日の作業予定などを話しているときに、一つ忘れていたことを思い出した。佐藤隊員が「えー明日は早朝から……」と例によって労働組合決起集会演説を始めようとしたとき、頭の中でダービー中継みたいなファンファーレが鳴り響いた。「佐藤てめえ、思い出した、ちょっと来ーい」テーブルを乗り越え、耳をつかみ廊下を経由してBARに引っ張り込んだ。この間二秒!! 普通ならここでボコボコいくのだろうけれど、大事な右手を傷つけても困るし、親からもらった天性の地声で、静かに(?)説教開

始タイムとなった。

何を喋《しゃべ》ったのかはもう記憶にないが、他の隊員たちもすわ傷害事件発生防止とばかり駆けつけてきたのは覚えている。なぜかすぐ引き上げていったのも覚えているので、きわめて紳士的に、冷静に喋っていたのだろう。ただ当の佐藤隊員、二〜三日して本当に熱を出して寝込んだので、さぞ恐ろしい思いをしたのだろうと思うと、ちょっぴり心が痛んだ。

そして一九九八年

目を覚ますと新年になっていた。

肉体労働が続く毎日であったが、今日だけは休日日課になった。それでもみんな朝から何かごそごそ作業をやっている。「去年の今頃は」と考えると、毎日毎日雪上車に揺られ、まだ見ぬドーム基地のことを不安半分でぼんやり考え、変わらぬ白一色の世界を眺め続けていた。

朝の九時から真夜中まで走行し、その日の食卓当番の手を借りて夕食の準備を毎日していたのだが、へたをすると夕食が午前二：〇〇になるなんてことも少なからずあった。精神論を述べても何にもならないが、隊員全員緊張して毎日を送っていたのだと思う。そんなときには不思議にケガをすることなく、病気にもならなかった。これから一年間ドーム基地で越冬しなければというプレッシャーが大きかったせいか、肉体的には眠る時間もあまりなく、すさまじくつらい毎日だった。が、それも今となっては夢の彼方《かなた》へ去ってしまった。

前回越冬したときは、無我夢中で一年を過ごし、なんだかアッという間に終わってしまったが、今回はそのときよりもいくらかは余裕を持って臨めたので、一年間は一年間の長さとして感じることができた。それにしても初めての越冬隊参加でここに来た、福田・川村・平沢・西平・佐藤各氏は想像を絶する一年間であったろう。

平沢氏は科学者の立場で、十分楽しみ、そして研究の成果を上げられたことと思う。「まずはやってみよう」をモットーに、時にはドジったが、目的に向かって突き進む姿には教えられることも多かった。次回南極に来たときは、立派なリーダーとして観測隊を引っ張っていくことだろう。

医者として参加した福田ドクター。普段は「先生、先生」とナースや患者に尊敬をはらわれて暮らしているのだろうが、ここでは体力おばけのオヤジとして、いい味を

川村隊員

出してくれた。年も近いことから茶飲み友達になったが、医術以外のことを覚えたいと思って参加したのはご立派である。越冬終了時の現在は「サードシェフ」として、その地位を揺るぎないものとしている。この人がいたから、私のストレスも半分で済んだと言い切れる。

西平隊員の「盆」というニックネームは、私が名付け親である。弟のようにいつも一緒にいた。出港前に彼のおばさんから「亮は体力がないので、よろしくお願いします」と頼まれたが、体力の限界まで頑張ったのはこの男と言ってもよいくらい一生懸命頑張ったと思う。ただ欠点は広島カープの大ファンということで、巨人命！　の私の大ひんしゅくとののしりを常に買っていた。でも彼にしてみたら、私の欠点は巨人ファンということになるのだろう。

新妻ふみこちゃんを日本に残し、南極にやってきた川村氏は、おそらく一番帰りたがっていた一人ではないかと思う。その軽妙な関西弁とウィットに富んだユーモアは、隊員間に爆発一歩手前の衝突が起きそうになったとき、何度ショックアブソーバーになってくれたことか……。その反面、ほんとの自分の感情を包み隠して、隊員たちのために立ち回ってくれたような気がしないでもない。帰国したら奥様のご機嫌を伺う日々が続くのだから、南極で一回くらい爆発してもよかったのに。

機械担当・佐藤氏。おそらく私のことを煙たいオヤジと思っていることだろう。怒って、怒って、怒りまくった一年間だった。彼のエネルギーはドーム旅行で使い果たしてしまったような気がする。せっかく来た南極なのに、はなはだ残念だった。正直この人、途中で死ぬと思った。なんとなく毎日遠くの方角を見ているようで気になってしかたがなかった。こんなときはエネルギー注入に限ると思い、ちょっといやだったけれど、憎まれ役をやることにした。喜びと相反する強烈なエネルギー源は怒りである。

「てめえコノヤロ!!　働かないのなら飯食うな!!」。こんな暴言にも黙って耐えていた。泣きながらかかってくるようなら、もう少し楽になったのになあ。でも私の知性のかけらもない悪口雑言をよく我慢してくれました……ごめん!　てなことをベッドの中でぐだぐだ考えているうちに、早くも昼近くになってしまった。いけない、雑煮を作らないと!!　とこんな感じで私の一九九八年はスタートした。

三九次隊が来た

一九九八年一月八日、御年五六歳の山田隊員をリーダーとする三九次夏期旅行隊がドームへやってきた。平均年齢四四・五歳のご高齢部隊だから、かごにでも乗ってやってくるかと思ったらちゃんと雪上車に乗ってやってきた。次々に三台の雪上車から降りてくるが、補給隊のときとは違い、不思議となつかしさは覚えない。これが初対面だからと言えばそれまでだが、なんだか平和な生活を乱す侵入者がやってきたようで、ちょっとイライラした。

だが、そりからいろいろの荷物が下ろされる頃になって、一気にそんな感情は崩壊した。なんと艦止めと言われていた「第一便」を持ってきてくれたから。ばんざーい!! うれしーい!! おまけに「しらせ」からのプレゼント、キャベツとタマネギまでが出てきた。

「第一便」はさっそく食堂に集められ、各自に配布されたが、どうも自分の段ボールが他の人よりも多い気がする。「第一便」は段ボール一つと決まっているが、私のは上から見ても、下から見てもどう見ても四つある。愛妻みゆきちゃんが札束でも入れてくれたのかと思ってこっそりあけてみると、なんと新作のビデオテープが一〇〇本以上出てきた。最初は「しらせ」留め置きの予定だったが、映画好きの隊員がどうしても見たいと思い、なんとか場所を作って運んできたのだとか。

本日は到着したばかりでもあり、メンバーの体力も考えて夕食は、

・キャベツとタマネギとハムのサラダ
・ニンニクの芽のお浸《ひた》し
・牛肉たたき
・和風ロールキャベツ

・トラウトサーモン塩焼き
・鮭《さけ》の粕汁《かすじる》

とお総菜風のささやかメニューにした。

後片づけもそこそこに、久しぶりの映画館「みゆき座」の上映会が始まった。白夜の南極にこの日は遅くまで『インデペンデンス・デイ』のサラウンドが響き渡った。先発隊の出発が一週間後とせまったある日曜日、「作業も忙しいが思い出づくりをしましょう」ということで、ドーム恒例屋外ジンギスカン大会が挙行された。

キャベツ・タマネギを大量に入れ、雪原に正しいジンギスカンの香りが漂った。三九次隊の皆様は、せっかく持ってきた生野菜が、サラダではなく火を通してガンガン消費されるのが不思議そうである。昭和基地からサポートでついてきたパイロットの河端隊員も「いやー、せっかくの生野菜がもったいないなぁー」とちょっと怪訝《けげん》そう。ここでは生野菜は鮮度も追求されることを三九次隊はご存じなかった。

ドームでは三六次隊が持ち込んだ「野菜製造器」がフル稼《か》働《どう》状態で、越冬中はおそらく昭和基地の四～五倍は確実にレタス・貝割れ・もやし・グリーンカール・リーフレタス・サラダ菜・サニーレタスが製造され、豊富に食べていた。したがってせっか

くの「しらせ」からのおみやげのキャベツ・タマネギも一カ月遅れの処分品となってしまい、最初は物珍しげに箸《はし》を出していた隊員たちもすぐあきて、味噌汁やシチューの具となってしまった。

ジンギスカンの最中に、野菜担当・林隊員が誇らしげに凍結防止のアイスボックスから取り出した、サニーレタスを見たときの三九次隊員一同のびっくりした顔といったら……。長年連れ添った奥様が、ある日パンツを脱ぐとそこに自分より立派な逸物が生えていた……以上の顔だった。表現が下品だなぁ……。

はるか昔に南極越冬隊の経験を持つ山田隊員曰《いわ》く「あのころこれを出したら家一軒と交換してもこれ食べたいって言う人が絶対いたヨ」と一言。家一軒はあんまりなので「葉っぱ一枚とウィスキー一本交換してもいいよ」と真面目《まじめ》にふったのに、みんなに見事、無視されてしまった。欲をかきすぎたかな……。

旅立ちの日

一九九八年一月一七日。いよいよ一年間過ごしてきた「ドーム基地」とお別れの日がやってきた。前の日はたぶん寝られないだろうと思っていたが、夕食後コテッと爆睡してしまった。〇六：〇〇に目が覚めて食堂に行くと、ドクターと、三九次の報道オブザーバー・毎日新聞の「斉藤翁《おう》氏」が抹茶を飲んでいた。早速ご相伴になりいろいろな世間話を……。

福田ドクター「いやー、西村さん。いよいよ旅立ちだネ。いやこの一年、いろんなことがあったけど……」。正直私はまだ、この段階で越冬が終わったとは露ほども考えていなかった。ナビゲーターで下界に降りるパイロットの役を仰《おお》せつかっていたから……。

「ほんとに着けるのだろうか？」とまじめに考えていた。「ほれドック、早く準備し

日の入り

ないとおいていくよ、ほんとにもー、最後までブツブツブツ」。私の小言も慣れたもので、このおじさんひたすら自分の世界から出てこなかった。昼出発の予定が、なぜか一五：三〇までかかり、それでもようやく出発準備が整った。記念写真をみんなで撮影し、いよいよ出発時間がきた。先頭車の私がクラクションを鳴らし、アクセルペダルをぐっと踏んだ。力強い鼓動とともに、いよいよ帰国への第一歩が始まった。

金戸さんが手を振っている。本山隊員が走りながら何か叫んでいる。林隊員が手を振りながら泣いている。佐藤隊員も泣いている。助手席のドクターが……泣いている。私は……嬉《うれ》しかった。ほんとに嬉しかった。一生懸命頑張ってきたこの一年、後悔なんか何もなかった。ほんとに嬉しいとき、泣く人と、笑う人に分かれるというが、私は笑っていた。やがて「ドーム基地」は小さくなり、あっけなく視界から消えていった。

ドームから二〇㎞ほど離れた地点でキャンプということになり、用意してきた「特製出発祝い折り詰め弁当」をみんなでつつき、早寝をしましょうと外に用を足しに出たとき、はるか地平線の彼方に煙が一条立ち上っているのが見えた。

それが私たちを一年間守ってくれた「ドームふじ観測拠点」だとわかるのにちょっと時間を要したが、地平線の彼方に建っている小さな小さな建物が「一年間ご苦労様、私はずっとここにいるから、またいつでもいらっしゃい」と語りかけ、そして微笑《ほほえ》んでくれているようで、急に湧《わ》き出してきた涙を止めることができなかった。

南極の大雪原で、確かにあの瞬間私たちは別れの言葉を交わしあっていた。

さようなら　そしてありがとう　「大雪原の小さな家」。

エピローグ

はたして無事に着くかと思われた「先発隊」だが、なんとかS16までたどり着くことができた。専門メカニックがいないにもかかわらず重大なトラブルに見舞われることもなく、三台の雪上車は南極の雪原を一〇〇〇km走って下界に戻ってきた。

途中でSM一〇七号車のオルタネーターのブラシが破損し、一時は雪上車を一台放棄か……ということもあったが、リミッターをはずしてエンジン直結にしたことにより、暖房こそ効《き》かなくなったものの走行を続けることができた。これも一年間知らず知らずのうちに蓄積されていった「応用力とチームワークとパニック対処法」を発揮できた成果だと思う。これを除けば帰路旅行はきわめて快適に進み、朝は三九次隊報道オブザーバー斉藤氏がたてる抹茶を味わい、夕食は、焼き肉・すき焼き・刺身の盛り合わせなどを作り、福田ドクターに至っては「クロスカントリースキー」を楽しむなど、肉体的にも、精神的にも余裕を持って南極最後の旅を楽しんだ。

S30では、「しらせ」乗員との一年ぶりの再会を果たし、私たちのあまりの変わりように、海上自衛隊諸氏のびっくりした顔が印象的だった。ヘリコプターにピックアップされた際、風向を知らせるのに大型発煙筒を焚《た》くのだが、手に持って歩いている途中、転んで安全ピンを抜いてしまい、大いにあせったことも今となっては笑い話になってしまった。

ヘリコプターはあっけないほど簡単に我々を文明社会に引き戻してくれた。上空から見る南極大陸は、あくまでも広くそして清浄で、私のような凡人が、まがりなりにも「南極観測隊」の一人としてここで過ごすことができたのも、この懐《ふところ》の深い大自然だったからこそ、などとヘリコプターの乗員からもらった缶コーヒーのほろ苦さ・甘さとともにぼんやり考えていた。

「昭和基地」にも二日間ほど滞在できたが、近代化が進み、三〇次隊のときの「工事現場の宿舎」の面影はほとんどなくなっていた。特にションドラと呼称されていた「簡易小便器」がほとんどなくなっていたのは驚きで、近代的なＢＡＲに行ったときもいくら探してもションドラは見当たらず、専用の水洗トイレができているとはわかるわけもなく、あやうく漏らしそうになった。内部も素晴らしく近代化がされており、ドーム住人肩を寄せあってささやいた言葉は「ここなら通路でも寝られる」。でも「せっかく南極に来たのに、これなら日本より生活環境がいいじゃねーか」とも少し

思った。

ドームで過ごした一年間、一言で言っておもしろかった。とにかく何にでも顔を突っ込んでやってみたので、やり残したことはなんにもなかった。四〇を過ぎてからでもこんなにやれる。この達成感はその後の私に、少なからず自信を与えてくれたように思う。

「昭和基地観光ツアー」を二日間行い、「しらせ」はやがて北上を開始し、帰国の途についた。四〇日あまりの船旅を楽しく過ごし、「しらせ」は一九九八年三月二一日、シドニーに入港した。お迎えツアーで来ていた両親・妹の美子《よしこ》・成長しちょっぴり生意気になったが、それでもやっぱり可愛《かわい》かった娘の友花《ゆか》と息子の航《こう》、そして私を二回も南極へ送り出してくれた最愛の妻であり親友のみゆきちゃんの笑顔を見たとき、私の

心の中で「第三八次南極地域観測隊　ドーム越冬隊」のシーンに静かに幕が下りてくるのが感じられた。

ホテルに向かう途中、黒いヘリコプターが飛んだり、降りたりしていた。救難訓練でもやっているのだろうと思っていた。休憩していたレスキュー隊員らしき、顔が小さくて足がやたらに長い男がなにやら話しかけてきた。よく聞くと「サインしてやるべ」と喋《しゃべ》っているらしい……。別に野郎のサインをもらわなくてもいいので、「ノーサンキュー」と言ったら一瞬「えっ？」と驚いた顔をされたあと、「ＯＫ」と笑いながら冷えた缶コーラをくれた。世の中には変な奴《やつ》がいると思ったが、喉《のど》も渇いていたのでありがたくいただいた。

……が。それが映画『マトリックス』をロケ中の「キアヌ・リーブス」だったとは!!

あとで教えてもらったが、時すでに遅し……文明から閉ざされているとやっぱりどこかに弊害が出るものだ、とちょっぴり後悔しながら思った。

そしてオヤジに戻ったぞ——あとがきに代えて

キアヌ・リーブスから缶コーラをもらい、秋のシドニーの景色を楽しみつつ常夏《とこなつ》のゴールドコーストで越冬の疲れを家族と共に癒《いや》すはずであったが、大変なことを一つ忘れていた。それは川村隊員の結婚式……。

ドームである日の夕食時、コンクウィスキーでハイになった（いつも飲むと気持ちは天国まで行っていたが）私は、川村兄ちゃんが南極に来る前に新妻の「ふみこちゃん」とまだ結婚式をあげていないことを耳にし、

「結婚式やろ!!　南国のリゾート地、ゴールドコーストで、頭にハイビスカスでもブーゲンビリアでもラフレシアでも何でもいいから、とにかく頭にでっかい花をつけたふみこちゃん……可愛いでー!!　教会から披露宴会場までこっちで心当たりあるからさー」

……なかった……。確かにサーファーズパラダイスなる地に、遊びに行ったことはあった。そこでは別に結婚式を挙げることもなく、コンドミニアムを二棟借り、レン

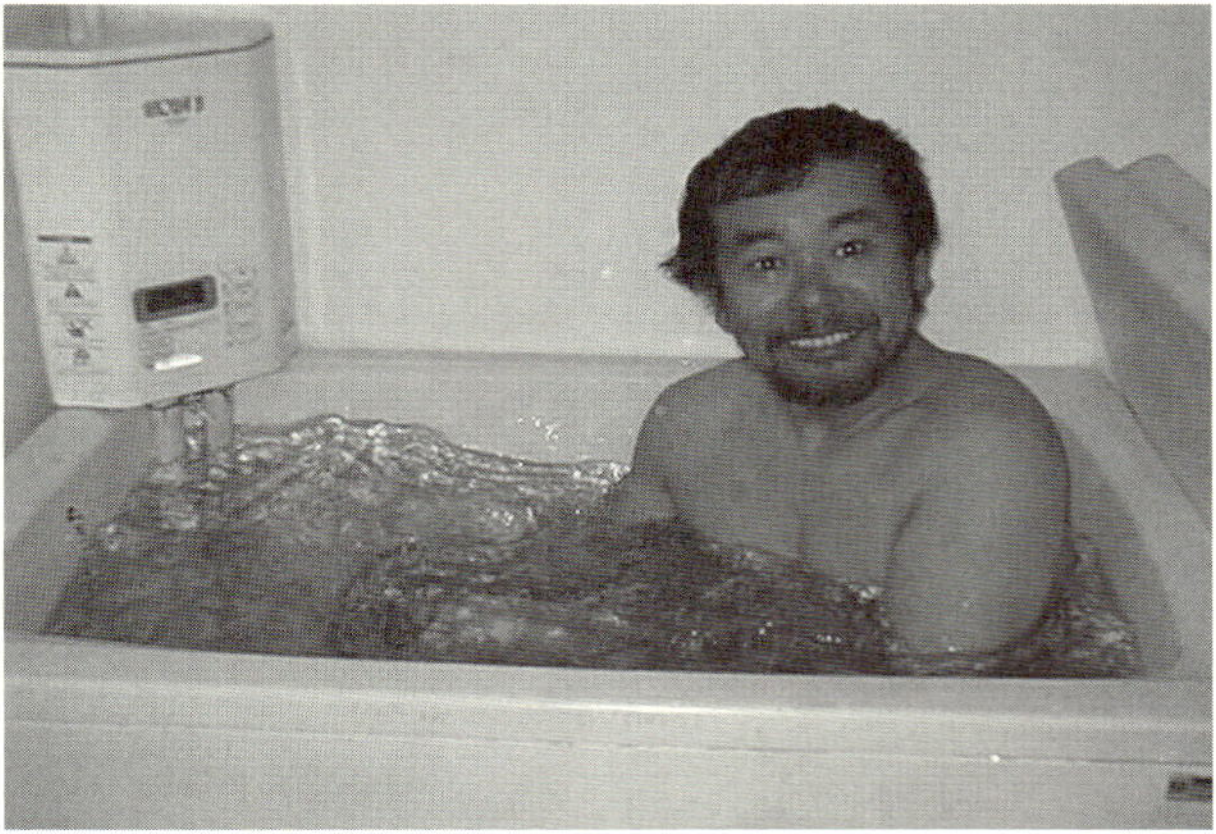

タカーで毎日気ままに遊びほうけていただけだった。南極の自然と、コンクウィスキーの酒精は脳細胞をとろけさせるらしい。〈現地に行った。同行は新婚カップル二組。湖の横に建つ白いコンドミニアム、湖に突き出た瀟洒《しょうしゃ》なレストラン、格安で毎日通ったＢＡＲの経営者と客がみんな外人、こんなところで結婚式をあげたらいいだろうなあ……、あげられるんじゃないの？　やろう!!〉と変異していった。

殺伐としたドームとは対照的な、ソフトであまりにもロマンチックな話題にみんなは酔いしれてしまったらしく、「それいい!!　やろう!!」と一気にムードは最高潮に盛り上がってしまった。当の本人はと見てみると、いつもはちっちゃな金壺眼《かなつぼまなこ》をパッチリと見開き、両眼は星印に変形し、少女漫画のように周りには★☆★☆★

☆★☆が飛び回っていた。頭の中では〈ハワイで白いウェディングドレスとタキシードに身を包み、ワイドショーのリポーターに取材攻めにあう芸能人〉にわが身をオーバーラップさせていたのであろうが、言い出しっぺの酔っぱらった私は、いつもの放言癖・大言壮語・酔った上での軽口くらいにしか考えていなかった。不言実行・寡《か》黙《もく》・男は黙って……など従来男らしいと言われている生活態度から三万八〇〇〇㎞くらい離れた性格の私は、思いついたことはすぐ口に出してしまう性癖を持っている。

数日して当人から「あのー……結婚式のことですけれど……嫁に（関西ではハニーをこう言うとか）話したら結構乗り気で、進めて欲しいのですけど」と言われた。一瞬、今の小生意気なガキのごとく「ハアー？？？」と言いかけたが、詭《き》弁《べん》と取り繕うテクニックだけはピカイチのおじさんは「あーあれね？？　まかしといて。もう日本に問い合わせしているから」と瞬間的には答えたが、「誰の結婚式？？」の答えを出すのにこの後数日を費やすこととなった。あわてて日本にＦＡＸを送り、ＪＴＢの有能なエージェント・大岩女史に頼み込んだ。テンポがドームと日本では、格段に違っているのか、日頃わがままな旅行客の調整に携わっているためか、日数にして二日、受け取り側のタイミングでは、ホント瞬間的に答えが返ってきた。それもいろいろの教会をピックアップして大きいのから小さいのまで写真付きで情報を送ってきてくれた。

川村隊員、少し安心してくれた。この少しと言うのがみそで、越冬も後半戦に突入する頃にはみんなの性格は裏の裏まで見え見えで、気まぐれであきっぽく、無責任な私の性格はすでにバレバレ状態だった。「ここで手綱をゆるめると、新鮮なビールと金髪のオージーギャル、それに久しぶりに家族に会ったらこの男は間違いなく目の前から消える!!」と踏まれていたらしい。

この後、帰路旅行中から「しらせ」艦内、「明日はシドニー」の前日まで、いや入港してからも、川村の兄ちゃんは私にストーカーのようにつきまとい「ここで消えたら笑いごとやおまへんで」の嵐《あらし》を聞かされることになった。

そしてどうなったか……。空港で新妻のウェディングドレスが別の空港に行ってしまっていたり、みゆきちゃんが風邪からくる気管支炎でささやく程度の声しか出なくなってしまっていたり、若干のハプニングはあったものの成功した。それも大成功……。

教会の結婚式にはなぜか地元の新聞社が取材に訪れ、結構ど派手に報道してくれた。パーティーはセンターレストランを調理場付きで借り切り、私と、はるばる一二〇〇㎞の距離を駆けつけてくれた店長こと北田隊員と料理の共作をし、コンドミニアムの前に建っているスーパー「コールズ」の材料をなんとかかんとか「見た目は派手よ結婚式料理」に変身させ、目の前の湖にお約束の新郎投げ入れタイムも用意し、ついでに福田ドクターも叩《たた》き込んで、盛り上がった。そんなこんなで幕が下りたはずの観測隊モードをまだ持続したまま日本に帰ってきた。

コロッと普通のオヤジモードに切り替わってしまったのは、なぜか床屋だった。前から通っている紋別市の理容院「イサム」に出向き、虎刈《とらが》りの頭をチョキチョキやってもらっているうちに、ローションの甘い匂《にお》いと共に、「西村ドーム越冬隊員」は小さなウィンクを残して鏡の向こうに手を振りながら去っていき、普通のお父さんが戻ってきた。その夜の「おかえりなさいＪＵＮちゃん会」で、私が密《ひそ》かに「紋別市のレストランの良心」と呼んでいる「トアンクル」に家族と出向き、久しぶりにフィリピンから来ている隠れた名料理人「シェフ・ミゲルさん」のチキンの唐揚げとオニオンリングを肴《さかな》にビールを飲んでいると、今度は心の中にまだ残っていた「毎日みんなに何か食わせなければならないヨー」モードがパチリと音を立てて「明日からはレストランもコンビニも出前もピザも寿司《すし》も何でもあるぞー」モードに切り替わった。

今まで、現実に暮らす場所、生きている場所として目の前にあった「南極大陸」がたった一杯のビールで一万五〇〇〇㎞の彼方《かなた》へ遠ざかっていった。

紙面を借りてではあるが——

私の二回、通算四年にもわたる越冬隊生活を支えてくれた愛妻にして高校時代からの親友みゆきちゃん、再会するために頑張れたと言っても過言ではない子どもたちの友花と航、二度の越冬隊生活を支えてくれた頑健な体を与えてくれた両親、留守家族をがっちりサポートしてくれたみゆきちゃんのご両親、原稿の初稿を読んで「おもしろーい!!」とエールを送ってくれた村上陽子さん、二度の越冬中もう一人のお母さんのように子どもたちと接してくれたみゆきちゃんの双子のお姉さん・まゆみさんと迎えにオーストラリアまで来てくれた旦那《だんな》様の小森さん、留守中にわが一家と遊んでくれた長縄、永田、渡辺、青木、前田、菅原、成田各ご一家、地元紋別でそれとなく気づかってくれ温かい支援をくれた畑中、小場、溝口、久保家の皆様、親父《おやじ》のいない運動会を見に小樽《おたる》から駆けつけてくれた高坂氏と奥様のしげみちゃん、「体だけ無事なら、おみやげはいらないヨー」と笑顔で送ってくれた妙子さん、「ホントにオモシロイッ!!」と聞いただけで感動してくれた愛すべき格闘家・山田範幸君、この本を世に出すきっかけを与えてくれた日刊WEB NEWSの岡島氏と毎日新聞の斉藤清明氏、佐《さ》呂間《ろま》町から温かいメッセージを送り続けてくれた一番弟子の尾崎仁美さん、高校の後輩にして鮭《さけ》の親方・成瀬御夫妻、「しらせ」出港時、みゆきちゃんより大泣きしてくれた九州のタイガーウーマンゆっことやさしい旦那の栗山君、「海上保安官が本を出す」この単純にして複雑な仕事でいろいろお骨折りをいただいた、紋別海上保安部巡視船「そらち」の長島船長と米沢通信長、お迎えツアーで、なぜか名古屋に緊急着陸した御一行様を引き受けて、抜群の危機対応能力とプロ魂で見事定刻通り、シドニーになつかしの家族他七〇名を連れてきてくれたＪＴＢ札幌・大岩女史、パトロール中にもかかわらず、なぜか指揮する巡視船で「しらせ」を見送ってくれた池田耕治氏、高校を卒業して三〇年経《た》ってもなおずーっと担任の温かい目で見守ってくれている網《あ》走《ばしり》南ヶ丘高校の恩師・町田先生と奥様、晴海《はるみ》埠頭《ふとう》から北海道まで、持ち帰り物資の手配を一手に行ってくれた北見上ヶ島自動車の重役・平井孝夫氏、マニアックでしかも勝手なリクエストをいとも簡単に引き受けてくれ、オーダーよりはるかに高い質の食料を提供してくれた南極食料積載のプロ、東京港船舶食糧品（株）の千葉氏と稲田氏、手探りで始めた食料調達作業で好評必殺アイテムとなった「北海道の魚」をずらりとそろえてくれた小樽柴田船舶食糧の柴田徳彦氏、滋賀県から熱いメッセージを送ってくれた大切なファン（？）ＴＡＲＡＫＯさんこと宮川達子さん、シドニーに着いた「しらせ」に誰よりも早く駆けつけてくれた愛する妹・西村美子さん、南極観測船

「しらせ」でサポート・飲み会・何でもかんでも、わがままなリクエストをすべて聞いてくれ盛大な送別会を開いてくれた「しらせ」の石川曹長と小山調理員長と「しらせ　四分隊」の皆様、大量のキャベツの千切りととびきりの笑顔で我々を迎えてくれた中下海曹、再び南極観測支援の業務にはげんでいる松平海曹、一時はお蔵になりかけた原稿を発掘し、世に送り出してくれた春風社の皆様、そして最後に一緒に泣いて、笑って、いろんなことをして、一年間をあの寒地「ドーム」で一緒に過ごし、この本の主役となっている「ドーム越冬隊諸氏」を始め、一〇〇〇㎞離れた「昭和基地」から完璧《かんぺき》な支援体制をとってくれた「昭和基地越冬隊の皆様」、別れるときはホントに悲しかった三八次夏隊の皆様、怠け者で文才もない私が、まがりなりに

もこの原稿を仕上げることができたのはひとえに、皆様の応援と出演と御助言があったためです。

本当に、本当にありがとうございました。

出演料は払えませんが心からの感謝をこめて、この文章を贈ります。

文庫版「あとがき」かな？

春風社より、『面白南極料理人』が世に出て早や三年。

よもやあの新潮文庫になろうとは、つゆ程にと言うより、分子・原子の単位でも考えていなかった。

装丁は和田誠氏、解説は佐々木譲氏と誠に豪華絢爛《けんらん》な顔ぶれになると、もはや「うれしい！」なんて単純な言葉で表現できるはずもなく、正直な気持ち「過剰包装」なんて語句が目の前を飛び回っている。でも産まれた子供が着実に成長してくれているようで、相変わらず酒好き・遊び好き・怠け者が身から抜けない駄目親父としては、「よく育ってくれた」とハラハラと落涙しながら、すがりつきたいような気持で一杯である。

本人が言うのも変だが、今手にとってこの本を「買おうか？　買うまいか？」と迷っている貴方、この本は絶対おもしろいし、お買い得だと思う。だまされたと思って、ぜひ御熟読を。「ハハこのオッサン達アホだわ」と、笑い飛ばした後に何とも言えない良い気持になれるよ……多分。

最後に熱心な読者であり、この文庫の影の筆者と言っても過言ではない、新潮文庫三室洋子氏と、文庫化を「よかったねー」と、相変わらずのニコニコ顔で、喜んでくれた配偶者「みゆきちゃん」に、心からの謝意と愛情と尊敬を込めて、「ありがとう」の一言を送ります。

台風18号が接近している沖縄石垣島より

解説

佐々木譲

あなたは、マイナス八十度、という気温を想像できるだろうか。あるいは、半年のあいだ昼間がなくなってしまうという土地での生活を、ありありと思い描くことができるだろうか。また、ほかの人類から一千キロも離れた大雪原の中で、男が九人だけで一年間を過ごす、という状況を具体的にイメージできるだろうか。

わたしにはできない。最初の問いについてだけ言えば、一応マイナス三十度までは知っているけど、そんなもの比較の対象にもならんことでしょうね。

いや、世の中には、想像できるよと、あっさり答えるひとがいるかもしれない。けれど、まずまちがいなくそんなものは勘違いだ。わたしたちが想像できるのは、せいぜい「きっと大変なんだろうな」ということだけだ。その厳しさ、過酷さ、息苦しさ、ストレス、それにたぶん不安や心細さについても、その「すごさ」の程度をわたしたちは想像しえない。わたしたちのなまじっかな経験なんてものが何の役にも立たない極限状況なのだから。

本書『面白南極料理人』は、そんなふつうの日本人が想像もできないような状況で一年間暮らし、隊員のために料理を作った海上保安官の体験記。シチュエーションの過酷さとは裏腹に、著者の視線はあくまでも日常的で、どこにでもいる日本のおっさんの目の高さ。文体のほうときたら、口の悪い居酒屋の親爺《おやじ》の口調そのものだ。でも、そんなまなざし、そんな文体でなんの見栄《みえ》も遠慮もなく語られた一年間の体験は、あえて四文字熟語を使えば抱腹絶倒、腹がよじれて苦しくなる。絶対に本書を電車の中で読んではいけない。

さて、著者の西村淳さんが越冬したのは南極の観測基地。それも文化的で快適な小都市、昭和基地じゃないのだ。昭和基地から内陸に一千キロも入った高地、標高三千八百メートル。富士山よりも高い場所だ。そこに小さなドームを設置した基地があって、著者は、ここでほかの隊員八人と共に一年間を過ごしたのである。

西村さんは、このドーム基地での越冬は南極体験二度目。一度目は第三十次南極地域観測隊の越冬隊員として、昭和基地をすでに体験している。なのにそのときの体験は原稿にまとめていないのだから、逆にこの二度目（第三十八次）の体験がいかに「語るべきことの多い」「印象深い」体験であったかがわかるというものだ。

一緒に越冬した隊員九人のうち四人が研究者。あとの五人は、設営隊員（サポート要員）である。

研究者たちは、気象庁とか大学、国立極地研究所などの機関から派遣されてくる。設営隊員の出身は、民間企業がいるし、病院もいる。著者のように、海上保安庁という男っぽい職場から派遣されてきた者もいる。

つまり、研究員も設営隊員も、みなそれぞれの分野のプロフェッショナルなのだ。それぞれ自分の専門性については、絶対の自信を持っていることだろう。もっと言ってしまえば、鼻っ柱も強いはずである。しかも出身母体の「文化」を背負っている。

そんな男が九人、狭いドーム基地で一年間を暮らすのだ。わたしは、酷寒よりも猛吹雪よりも、そのことのほうに恐れおののく。自分が参加したら三日目で派手な喧嘩《けんか》をやってしまうだろう（わたしは自分が四泊六日ハワイ観光パックツアーにも耐えられない人間であると自覚している）。

著者は、本書を一読されるとわかると思うが、基本的には陽性であり（それも、むちゃくちゃに、という形容詞をふたつみっつつけておいてもかまわないぐらいだ）、決して神経質ではなく、よく言えば大変アバウトであり、とことん豪気なひとである。しかも、巡視船勤務という「狭い男の職場」に慣れたひとだ。だから西村さんが隊員に選抜された理由は、ストレスに強いその性格と、やや特異な職業体験のせいではないか。

越冬隊のような生活は、基本的な人間のタイプとして、精神のタフさと「いい加減さ」がないと、できるものではないぞ。もちろん研究者のほうは、性格よりも学問的実績が重視されるだろうから、逆に設営隊員のほうはいっそうキャラクター重視でなければ、隊としての安定がはかれない。

じっさい本書にも、越冬隊九人の男所帯の中で、ボイラーに圧がたまってゆくようにストレスが蓄積されていって、何度か爆発事故寸前まで行ったことが記されている。

こういうとき、わたしの体験では、男性ばかりの社会では合う合わないというのはけっこう個人差があって、いまの小学生の女の子のあいだのような、いじめがひとりに向かうということはないと思うが、ちがうだろうか。

つまり誰かひとりのストレスの源は誰かであるが、べつの誰かのストレスの源はまたちがう人物、という組み合わせになるのだ。べつの言いかたをすると、おれにはやつが我慢できないのに、ほかのメンバーは必ずしもそうでもない、ということがしばしばある。となると、これはこれでストレスなのだ。どうしてみんな、おれと同じように感じてくれないのだ、と。

さすがの著者も、隊の中の某隊員にはそうとう我慢がならなかったようだ。本書中、少しずつ小出しにその隊員の「困ったお客さま」ぶりに触れているのだけれど、次第に読者が予想する通りの展開となってゆく。ラスト近く（大晦日《おおみそか》）、ついに著者も切れて、「てめえ、思い出した。ちょっと来ーい」とテーブルを飛び越え、相手の耳をつかんで部屋の外に引っ張りだすのである。そこまで書かれると、そのあとが「静かに説教」と記されていても、わたしは額面通りには受け取らないぞ。ましてや、そのあとくだんの隊員が熱を出して寝込んだと記されている以上は。

もちろんこの話は本書の主題ではないし、著者が特別熱心に語ったエピソードというわけでもないのだけれど、妙に印象的だ。わたしの関心が、極限状況下の人間関係ストレスに向き過ぎているせいだろうか。

とまれ、少しずつ高まってきたサスペンスはこの爆発がクライマックス。読者もきちんとカタルシスを感じたところで、あとは一気にドーム基地とのお別れという感傷的な章へと移ってゆくのである。

そんな一年間、著者の立場は、越冬隊員の中では料理人といういわば「場を作る存在」である。越冬基地という小さな社会で、料理人は最高のエンターテインメント・ディレクターであり、芸人であり、司会役であろう。しかしその役割と同時に彼は、カウンターの後ろのひとりだけ冷静な観察者・記録者である。つまり、料理人存在の二重性。お、わたしもたまにはいいことを書くじゃないか。

それはともかく、著者がそのような立場にいたからこそ、あまり語られることもないこのような越冬隊の実態についての、身も蓋《ふた》もない率直な、いや、冷徹な観察力と類《たぐい》まれな日本語表現能力による優れた、爆笑ものの記録が書かれたわけである。

ところで、閉鎖された極限状況で、ほうっておけばどんどんストレスの圧がたまるとき、ガス抜きには何がいいか。日本の男社会なら、当然酒である。宴会である。ドーム基地でもそうなのだ。と言うか、ほかに何がある？

たとえば職場の雰囲気が悪くなったなと察した係長が、午後の四時四十五分ころ、デスクにみんな揃《そろ》ったころを見はからって言う。

「きょうあたり、みんなどうかな。軽くやっていかないか」

そういう「察し」の心と「協調・奉仕の精神」が、日本の男の職場には必要なのだ。

著者は料理人であるから、こういうときの張り切りようは大変なものがある。ただでさえ圧が高まっているときに、つまらない物を作って出しては、宴会が一瞬にして修羅《しゅら》場に、という可能性だってあるのだ。逆にメニューと出来が雰囲気にぴったりだったとき、宴会は最上最高のガス抜きとなる。いや成功した場合は、その仲間たちのあいだには、指輪を無事に噴火口に投げ入れて人類を救ったあのチームのような、友情と共感と団結力が生まれるのではないか。

宴会が終わろうとするとき、隊員の誰かが言うかもしれない。

「いつか勇気が挫《くじ》けて、我らが友を裏切るときがあるかもしれぬ。だが、いまはそのときではない」

その言葉にみなが涙ぐみ、そうだそうだとうなずく、そんな強固な共同性すら生まれるのでないかと思う。残念ながら、わたしは自分の生涯では一度も、そんな最高の料理と雰囲気に恵まれた宴会は経験していないが。

ドーム基地では、隊員ひとりひとりの誕生会、冬至祭り（宴会を含めて各種記念イベントが一週間続いたそうな）、クリスマスに大晦日、正月、そのほか不定期の宴会が必要に応じて開かれたという。

著者が、こうした宴会のたびに、メニューの決定から材料選び、そしてじっさいの調理から宴会そのものの様子までを記すときの文体は、幸福そのものである。読んでいて、口の中に唾《つば》があふれてくる。その場におれもいたかったと思ってしまう（とくに六月合同誕生会の「豪華蟹《かに》づくし日本で食えば一万五〇〇〇円コース」が、ビンボーなわたしには生唾ものだった）。環境が環境なだけに、著者がこんなときに作った料理は、食べるひとに人類愛を目覚めさせる奇跡のような御馳走《ごちそう》だったはずである。

もっとも、わたしはこれらの料理を羨《うらや》むけれども、その代わり一年間ドーム基地で過ごす気はあるかと問われれば、うつむいて黙り込んでしまうことだろう。ここに記された御馳走の数々は、ヒグマも辞退するであろう極限状況と引き換えにして提供されたディナーなのだ。羨むだけにとどめよう。

でも、読んだあとに、じつはわたしは本屋へキャンプ料理の本を一冊買いに行った。本書は確実に、今夜はおれも何か作るかな、という気持ちにさせてくれるのだ。料理ができる男って格好いいよなと思わせてくれるのだ。そういう種類の本である。

最後に書いておこう。本書は、最初はＷｅｂ上に連載され、ついで春風社という、まだ新しい小出版社からソフトカバーで刊行された。そして評判を呼び、このたび新潮文庫に入ることになったのだ。最近ではけっして珍しいことではないけれど、本書、新しい時代に新しい形で生まれて、その後も「きちんと育った」いい本だなと思う。読書好きとしては、こんなふうに成長した本を読めるなんて、なんとなくうれしい。

あ、繰り返すけれども、絶対に電車の中では読まないほうがいいと思う。


（平成十六年八月、作家）

この作品は平成十三年五月春風社より刊行された。

須川邦彦著
無人島に生きる十六人
大嵐で帆船が難破し、僕らは太平洋上のちっちゃな島に流れ着いた！　『十五少年漂流記』に勝る、日本男児の実録感動痛快冒険記。

阿川佐和子著
残るは食欲
季節外れのローストチキン。深夜に食すホヤ。とりあえずのビール……。食欲全開、今日も幸せ。食欲こそが人生だ。極上の食エッセイ。

阿川佐和子著
魔女のスープ
―残るは食欲―
あらゆる残り物を煮込んで出来た、世にも怪しい液体――アガワ流「魔女のスープ」。愛を忘れて食に走る、人気作家のおいしい日常。

佐々木　譲著
ベルリン飛行指令
開戦前夜の一九四〇年、三国同盟を楯に取り、新戦闘機の機体移送を求めるドイツ。厳重な包囲網の下、飛べ、零戦。ベルリンを目指せ！

佐々木　譲著
エトロフ発緊急電
日米開戦前夜、日本海軍機動部隊が集結し、激烈な諜報戦を展開していた択捉島に潜入したスパイ、ケニー・サイトウが見たものは。

北　杜　夫著
どくとるマンボウ航海記
のどかな笑いをふりまきながら、青い空の下を小さな船に乗って海外旅行に出かけたどくとるマンボウ。独自の観察眼でつづる旅行記。

新潮文庫の新刊

ガルシア＝マルケス
鼓 直 訳
族長の秋

何百年も国家に君臨し、誰も顔を見たことのない残虐な大統領が死んだ――。権力の実相をグロテスクに描き尽くした長編第二作。

葉真中 顕 著
灼熱
渡辺淳一文学賞受賞

「日本は戦争に勝った！」第二次大戦後、ブラジルの日本人たちの間で流血の抗争が起きた。分断と憎悪そして殺人、圧巻の群像劇。

長浦 京 著
プリンシパル

悪女か、獣物か――。敗戦直後の東京で、極道組織の組長代行となった一人娘が、策謀渦巻く闇に舞う。超弩級ピカレスク・ロマン。

O・ドーナト
鹿田昌美 訳
母親になって後悔してる

子どもを愛している。けれど母ではない人生を願う。存在しないものとされてきた思いを丁寧に掬い、世界各国で大反響を呼んだ一冊。

東崎惟子 著
美澄真白の正なる殺人

『竜殺しのブリュンヒルド』で「このラノ」総合2位の電撃文庫期待の若手が放つ、慟哭の学園百合×猟奇ホラーサスペンス！

R・リテル
北村太郎 訳
アマチュア

テロリストに婚約者を殺されたCIAの暗号作成及び解読係のチャーリー・ヘラーは、復讐を心に誓いアマチュア暗殺者へと変貌する。

新潮文庫の新刊

松家仁之著

沈むフランシス

北海道の小さな村で偶然出会い、急速に惹かれあった男女。決して若くはない二人の深まりゆく愛と鮮やかな希望の光を描く傑作。

荻堂顕著

擬傷の鳥はつかまらない

新潮ミステリー大賞受賞

少女の飛び降りをきっかけに、壮絶な騙し合いが始まる。そして明かされる驚愕の真実。若き鬼才が放つ衝撃のクライムミステリ！

彩藤アザミ著

あわこさま

―不村家奇譚―

あわこさまは、不村に仇なすものを赦さない――。「水憑き」の異形の一族・不村家の繁栄と凋落を描く、危険すぎるホラーミステリ。

小林早代子著

アイドルだった君へ

R-18文学賞読者賞受賞

元アイドルの母親をもつ子供たち、親友の推しに顔を似せていく女子大生……。アイドルとファン、その神髄を鮮烈に描いた短編集。

藤崎慎吾・相川啓太
佐藤実・之人冗悟
八島游舷・梅津高重著
白川小六・村上岳
関元聡・柚木理佐

星に届ける物語

―日経「星新一賞」受賞作品集―

夢のような技術。不思議な装置。1万字の未来がここに――。理系的発想力を問う革新的文学賞の一般部門グランプリ作品11編を収録。

宮部みゆき著

小暮写眞館（上・下）

閉店した写真館で暮らす高校生の英一は、奇妙な写真の謎を解く羽目に。映し出された人の〈想い〉を辿る、心温まる長編ミステリ。

面白《おもしろ》南《なん》極《きょく》料《りょう》理《り》人《にん》

新潮文庫　に-17-1

平成十六年十月一日発行
令和七年三月五日二十六刷

著者　西《にし》村《むら》淳《じゅん》

発行者　佐藤隆信

発行所　株式会社新潮社
郵便番号　一六二—八七一一
東京都新宿区矢来町七一
電話　編集部(〇三)三二六六—五四四〇
読者係(〇三)三二六六—五一一一
https://www.shinchosha.co.jp

印刷・錦明印刷株式会社　製本・錦明印刷株式会社

ISBN978-4-10-115351-3 C0126